福建省高校人文社会科学研究基地——基础教育与教师教育研究中心（福建师范大学）研究项目。

课堂教学技能

教师教育课程系列教材

余文森 连榕 洪明 总主编

必修模块

王晞 等 ◎ 编著

海峡出版发行集团
福建教育出版社

教师教育课程系列教材编委会

主　任 / 黄汉升
副主任 / 余文森　许　明　黄志高
委　员 / 连　榕　黄宇星　洪　明
　　　　叶一舵　黄仁贤　陈伙平
　　　　王　晞　谌启标　张荣伟
　　　　王伟宜　王东宇　丁革民

序　言

教师教育课程体系的构建和教材的编写是教师教育的基础性工作，是决定教师教育质量和合格教师培养的核心环节。当前，随着教师专业化进程的推进，教师教育课程教材改革迎来了一个全新的时代。那么，如何构建教师教育新的课程体系？如何编写教师教育新的教材？我们的做法是：

一、以新课程为导向，提高教师教育课程教材的针对性和适应性

我国于2001年启动的新一轮基础教育课程改革是新中国成立以来规模最大、最全面、最深刻，也将是最有影响的一次课程改革。教师是课程改革的主力军，"课程改革成也教师，败也教师"。教师的观念态度、业务素质和专业精神是课程改革的根本支撑，是保证课程改革运行的内在动力。作为培养中小学师资的重要基地，如何培养适应新课程的合格教师，这是师范院校面临的重要课题。教育部印发的《基础教育课程改革纲要（试行）》明确要求："师范院校和其他承担基础教育师资培养和培训任务的高等学校和培训机构应根据基础教育课程改革的目标与内容，调整培养目标、专业设置、课程结构，改革教学方法。"师范院校的教师教育要为基础教育课程改革与发展提供良好的师资保证，必须主动实现与基础教育课程改革的对接。这种对接，既是师范院校教师培养的自身改革，也是对基础教育课程改革的主动适应。

本套教师教育课程教材体系特别注重在教育理念、课程内容和专业素养上与基础教育课程改革对接。第一，把新课程倡导的各种新理念特别是新的教育观、学生观、教师观、课程观、教学观、评价观、研究观等作为教师教育课程教材编写的理论导向，从而帮助师范生确立新课程所倡导的教育理念。第二，把新课程改革涉及的新的内容，如课程结构的调整、综合实践活动的设置、学习方式的变革、综合素质的评价、校本教研制度的建设等纳入教师教育课程教材之中。此外，还将综合实践活动作为独立设置的一门教师教育课程（教材），使师范生不仅对本次课程改革的亮点有系统的了解，而且为今后在工作岗位上有效开展综合实践活动奠定坚实的基础。第三，把新课程对教师专业素养提出的新要求，如教师的教育智慧、人文精神、人格修养和研究能力等作为教师教育课程教材编写的依据和内容，既为师范生打下必要的基础，又为师范生指明努力方向。

二、以教师教育课程标准为依据，构建教师教育课程教材新体系

为培养和造就符合时代要求、具有合格专业素养的新型教师，教育部决定调整和改革教师教育课程，以构建体现素质教育理念的新的教师教育课程体系。教师教育课程是指教师教育机构为培养和培训幼儿园、小学和中学教师所开设的教育类课程。教师教育课程标准体现国家对教师教育课程的基本要求，是制订教师教育课程方案、编写教材、积累发掘课程资源，以及开展教学和评价活动的依据，对规范和促进我国教师教育发展具有重要意义。研制和颁布教师教育课程标准是近年来我国教师教育课程改革和建设的重要举措。

教育部2007年工作要点第30条指出：大力推进教师教育课程与教学改革，颁布和试行《教师教育课程标准》，加强教师培养的专业指导和质量评估，加快教师教育精品课程资源建设。

依据教师教育课程标准的主要精神和基本要求，我们构建以下的教师教育新课程体系（不含见习和实习课程以及学科类的教育课程）：

（一）必修课程（6个模块，每个师范生必修）。模块名称为：《教育基本原理》、《发展与教育心理学》、《课程与教学论》、《课堂教学技能》、《班级管理与班主任工作》、《现代教育技术》。

（二）选修课程（6个模块，每个师范生选修若干模块）。模块名称为：《中外著名教育家简介》、《教师专业发展》、《学生心理健康教育与辅导》、《教育科学研究方法》、《考试与评价》、《综合实践活动课程导论》。

相对而言，必修模块的《教育基本原理》、《发展与教育心理学》、《课程与教学论》三门课程和选修模块的《中外著名教育家简介》、《教师专业发展》两门课程侧重理论，必修模块的《课堂教学技能》、《班级管理与班主任工作》、《现代教育技术》三门课程和选修模块的《学生心理健康教育与辅导》、《教育科学研究方法》、《考试与评价》、《综合实践活动课程导论》四门课程侧重实践。

这一课程体系彻底地走出了传统"老三门"（公共教育学、公共心理学和学科教材教法）的模式，以新时期中小学教师必须具备的各种教育专业素养为核心对教育类课程进行了有机的整合，大大地强化了教师教育课程的内涵和外延，为提升师范生的素质提供了全新的平台。

依据上述课程模块，我们组织编写了相应的教材。本套教材的编写力求反映和体现以下特征：

第一，时代性。传统的教师教育课程教材，大到整个理论体系，小到具体表述，多是老套陈旧的东西，不仅学生学起来不新鲜，就是教师也教得厌烦。本套教材编写则十分注重从当代教育科学和心理科学研究的最新成果中筛选适合"公共课"性质与要求的内容和观点，十分注重反映新课程精神并提供新课程改革所需要的教育学和心理学的内容和观点。这使得本套教材富有时代气息，具有时代特色。

第二，基础性。传统的教师教育课程教材大多只是专业课教育学和心理学教材的简单移植、翻版或综合，很少考虑到"公共课"的性质和特点，致使课程内容大而全、杂而乱。本套教材则以打造未来教师的教育学和心理学基本素养为宗旨，以21世纪中小学教师必须确立的教育教学观念为主线，精选教育学科和心理学科的基础知识和基本理论。不求面面俱到，不在概念和原理上兜圈子、做文章，而是在提高师范生的认识和能力上下功夫。

第三，实践性。传统教师教育课程教材偏重教育学和心理学概念和理论的抽象阐述，片面追求课程教材内容的系统化，偏离了教育学和心理学得以实现生长和发展的生活根基和人文轨道。这种课程教材缺乏感召力，缺乏对实践的有效引领，存在严重的"实践乏力"。本套教材注重实践品质和人文关怀，全书一以贯之地体现以人为本的教育思想和回归生活的教育理念，使教育学和心理学的理论阐述一方面渗透人文精神，另一方面反映教育教学现状和发展要求以及中小学生的心理特征，唯其如此，才有可能让师生真切感受到教育学和心理学的指导意义、真切关怀和现实帮助。

本套教材的编写得到了福建师范大学重点教改项目的资助，福建教育出版社对本套教材的编写也给予了热情的鼓励和具体的帮助。本套教材在编写过程中参阅和引用了大量其他研究人员的成果，在此一并表示深深的谢意。

本套教材只是重写教师教育课程教材的一种尝试。由于编写者认识水平和专业理论水平的局限，这种尝试必定存在诸多缺漏和遗憾，我们恳请同行提出宝贵的批评意见。

教师教育课程系列教材总主编：余文森、连榕、洪明

2011年1月

目 录

第一章 导入的技能……………………………（1）
　第一节 导入的功能……………………………（1）
　第二节 导入的方法……………………………（7）
　第三节 创设有效的课堂教学导入 ……（17）
第二章 讲授的技能 ……………………………（28）
　第一节 讲授的意义 ……………………………（28）
　第二节 讲授的基本形式 ………………………（33）
　第三节 讲授的运用要求 ………………………（37）
第三章 观察与倾听的技能 ……………………（59）
　第一节 观察的技能 ……………………………（60）
　第二节 倾听的技能 ……………………………（69）
第四章 提问的技能 ……………………………（90）
　第一节 提问的意义 ……………………………（90）
　第二节 提问的类型 ……………………………（94）
　第三节 提问的运用……………………………（101）
第五章 板书的技能……………………………（124）
　第一节 板书的内涵与功能……………………（124）
　第二节 板书的类型……………………………（132）

第三节　板书设计的原则与要求 ……………………… (139)
第六章　演示的技能 …………………………………… (151)
第一节　演示技能的内涵与功能 ……………………… (151)
第二节　演示技能的类型 ……………………………… (158)
第三节　课堂演示的原则与要求 ……………………… (168)
第七章　巩固与强化的技能 …………………………… (177)
第一节　巩固、强化技能概述 ………………………… (177)
第二节　巩固技能的运用 ……………………………… (182)
第三节　强化技能的运用 ……………………………… (190)
第八章　结课与作业设计的技能 ……………………… (212)
第一节　结课的技能 …………………………………… (213)
第二节　作业设计的技能 ……………………………… (224)
第三节　作业批改的技能 ……………………………… (235)
第九章　组织教学的技能 ……………………………… (245)
第一节　组织教学的意义 ……………………………… (245)
第二节　组织教学的途径 ……………………………… (248)
第三节　组织教学的技巧 ……………………………… (254)
第十章　说课、听课与评课的技能 …………………… (271)
第一节　说课的技能 …………………………………… (271)
第二节　听课的技能 …………………………………… (285)
第三节　评课的技能 …………………………………… (291)
主要参考文献 …………………………………………… (311)

后　记 …………………………………………………… (314)

第一章
导入的技能

动听的歌曲要有前奏,动人的戏剧要有序幕。课堂导入影响着教学的效果,是课堂教学成败的关键。导入也是一门艺术,精彩纷呈。教师通过激发学生的兴趣将其引向知识的殿堂,将"要我学"变为"我要学"。虽然它仅仅是一个小小的开头,却熔铸了教师的智慧,凝聚了教师的心血,体现了教师的素养。对于教师,深入了解导入技能的丰富内涵,可以提高其对导入设计的重视,并逐渐在实践中探索出有效导入的经验智慧。

第一节 导入的功能

教师是教学的工程师,在现代教学设计中,教师应更多地针对学生的特点和特定的教学内容等创设精彩的导入，以调动和引导学生参与学习活动。精彩的导入让教学散发出魔力，开启学生探究、学习的热望。

一、什么是导入

　　导入是教师在一个新的教学内容或教学活动开始时，激发学生学习兴趣，引导学生进入学习状态的一种教学行为。正如俗语所言，良好的开端是成功的一半。一个精妙的导入可以激发学生求知的欲望，激活学生的探究性思维，极大地提高教学的效率。

　　每一节课开始时，教师都要选择与本节内容相关的、适应学生心理特点的导入形式，以提高学生的学习兴趣。这也是组织教学的一个重要环节。一般来说，每一节课都有其特定的结构，如组织教学、复习旧知识、学习新教材、巩固新教材、布置作业等。但是上课没有固定不变的结构和模式，教师不能把课模式化了，也不能将导入模式化了。

　　导入与情景创设有些相类似，但二者还是存在着相异之处。导入是课堂教学之初的教学行为，情境创设则是可以贯穿于整个教学过程的。导入的类型有很多，情境创设是导入的一个重要的指导思想，但除此之外还有一些非情境化的导入方式。现代教学观强调知识的情境化和个人的主观建构。因此，情境创设是导入的一个很重要的原则。

二、导入的结构

　　一般而言，课堂教学的导入由以下几个内容构成：[①]

---

　　① 资料来源：http://blog.sina.com.cn/u/44f79263010008qb.

(一) 引起注意

导入的构思与实施,要千方百计地把学生的心理活动保持在教学行为上,与教学活动无关的甚至有碍的活动能迅速得到抑制。当学生专心于导入活动,才能从教学之始,就得到鲜明而清晰的反应,注意学习,获得良好的学习效果。

(二) 激起动机

学习动机中最现实、最活跃的成分是认识兴趣,即求知欲。青少年对周围世界有些了解,但知之不多。因此创设引人入胜的情境(例如:演示镁带燃烧等魔术般的化学实验、变幻莫测的物理实验,展示从未见过的生物标本等),能激发他们的学习兴趣。自觉性是学习动机中的重要成分,教师一方面可提出严格的要求,另一方面要说明学习这部分知识和技能的意义,只有学生清晰地意识到自己的学习的社会意义,才能产生学习的自觉性,迸发出学习的极大热情,表现出听课学习的坚毅精神。学科知识与生活、生产实际相联系,也是创设良好学习情境的方法。例如,化学课中PH值的教学,教师通过提问"你知道人身上流动的血液的PH值吗?你胃液里有胃酸,它的PH值是多少呢?"两个常识性的问题,立即引起学生的好奇,心理上产生求知的愿望,在此基础上兴趣盎然地进行探究。

(三) 组织指引

导入要给学生指明学习任务,安排学习进度。这样可以引导学生思考,使学生有目的、有意义地开展学习。例如,在化学肥料碳酸氢铵的教学中,教师用"你们知道碳酸氢铵(俗称气肥)的性质、贮存、运输和使用的注意事项吗?"这一问题,让学生明确要研究的课题。然后教师给学生讲了一个碳酸氢铵不翼而飞的小故事,让学生领悟碳酸氢铵的性质等问题。

导入要提出学习进行的方法。例如，说明本节课是先使问题具体化，接着做实验，再共同归纳、订正，最后结合新问题，进行练习、运用，使学生对学习程序做到心中有数。在教学过程中，教师要不断设法保持教学重点，沿着重点环环相扣地完成教学目标。

（四）建立联系

导入的设计，要充分了解并利用学生原有的知识和能力，要以其所知喻其不知。从学生实际出发，通过教师的主导作用和学生的主体作用最佳的结合，就能以较少的精力和时间，有效地达到教学目标。温故知新的方法很多，教师可设计提问问题，学生逐步解答，随着答题的深入，旧知识同新知识发生了联系，从而引入新课。如让学生写出各种酸的分子式，再写出它们的电离方程式，在异中求同的基础上，学习酸的概念。教师也可以对学生已有知识进行概括描述和启发之后讲新课。如在描述易挥发物质的扩散现象的基础上讲"分子"。

导入所采用的资料和内容要与课堂教学的中心问题紧密联系，否则导入再新颖，再能引起学生的注意和惊奇，也是无意义的，反而会把学生的注意引向枝节问题，达不到良好的效果。

三、导入的功能

导入是课堂教学的一个有机组成部分，是实际教学的前奏，起着"引子"的作用。导入的功能主要在于将学生的思维注意引到教学中来。具体来说，导入的功能体现在以下四个方面：

（一）激发学习兴趣，引起学习动机

学生的学习受到多方面因素的影响，其中最主要的是受学习动机的支配。"学习动机是直接推动学生进行学习的一种内部动力,是激励和指引学生进行学习的一种需要。"[①] 学习兴趣是学生学习动机的一个方面的内容,是激发内在学习动机的主要因素。有效的导入可以激发学生对所学知识的兴趣,使学生积极主动地参与学习活动。学生带着兴趣主动去学习,既可以满足内心对知识的渴求,同时伴随着相应的情绪体验,它比被动接受性学习效果好得多。苏霍姆林斯基说:"如果教师不想办法使学生产生情绪高昂和智力振奋的内心状态就急于传授知识,那么这种知识只能使人产生冷漠的态度,而使不动感情的脑力劳动带来疲劳而已。"所以,"善导"的教师,在教学之始,就千方百计地诱发学生的求知欲,使学生有一种力求认识世界、渴望获得知识、不断追求真理的意向。

(二)引起对所学课题的关注

良好的注意力,是大脑进行感知、记忆、思维等认识活动的基本条件。在学习过程中,注意力是打开我们心灵的门户,门开得越大,学到的东西就越多。而一旦注意力涣散了或无法集中,心灵的门户就关闭了,一切有用的知识信息都无法进入。因此,可以说注意力影响着人的成长和发展。就中小学生的身心发展阶段而言,他们自觉集中注意力的能力还未成熟。此外,在上课开始时,大多数学生的状态还停留在课前的闲散自由里,也有些学生陶醉在课间游戏的余绪里。一个合适的导入可以集中学生的注意力,也可以为学生打开知识殿堂之门。

(三)为学习新知识做铺垫

导入,不是单纯的为导入而导入,其目的是"引人入胜",

[①] 陈琪. 教育心理学〔M〕. 北京:北京师范大学出版社,1997:120.

即引导学生进入学习新知识的过程，为学生学习新知识做铺垫。对于新知识的学习，如果只是一味平铺直叙地提出，很难激起学生的兴趣。尤其是那些难于理解的、相对孤立的知识，直接呈现给学生则更显得费解、突兀。但是，在经由情境化或是直观化的导入后，便可以在学生的头脑产生相关的感觉、经验或问题，这样就很自然地进入了新知识的学习过程。导入充当着激发学生学习新知识的桥梁的作用，这里的新知识也不是凭空而起，而是与学生原有的认知结构建立起实质性的联系。

例如，在初中世界历史课中，教师单刀直入地发问："金字塔是什么？"可使学生的思绪立即飞到四五千年前的古老时代，因为这是小学时已熟悉的知识，学生不仅能说出那是国王的坟墓，更能具体描绘它的宏伟高大，赞叹古代劳动人民的智慧和力量。"那么这个奇迹般的伟大工程出现在哪里呢？"……"开场白"并不多，但是把学生的兴趣一下鼓动起来了。想知道，愿意学，这就有了自觉性。又如，利用已知的素材作"引子"能自如地导入新课题；通过对实例、实验的观察导入，经分析、综合、抽象和概括等思维加工，提出的新概念就容易理解和掌握。

（四）明确学习目的

教学是师生共同参与的活动，不仅教师要有明确的教学目的，学生也应该有清晰的学习目的。让学生明确学习目的，可以使学生对与学习目标有关的知识形成联想，促进学习的持续和迁移。导入可以将学生带入所要学习的知识领域，为学生的学习产生定向的作用。通过导入，学生能够明晰本节课的教学内容和教学目标，能够自觉地以目的为方向来监控、调整自己的学习，整理自己的思维，这样即是提高了学生学习的心向。这种目的导向功能，还可以让学生增强对自己学习行为的认知与反省，进一步学会学习。在知识迅猛发展的时代，提高学生的学习能力是十分必要的。

第二节　导入的方法

知识所承载的文化以及现代的教学手段的发展使课堂的导入表现出更多的类型。不同的课型可以有不同的导入方式，同一课型也可以有不同的导入方式。关键在于教师对教材的理解和对学生的研究，要根据教材的特点与学生的心理特征来精挑细选导入的方式。

一、直接导入

直接导入往往在一个相对独立的教学内容的起始课中使用，或在使用其他导入方法有困难的时候才使用。导入时教师用简捷明快的叙述或设问，直接把新旧知识的冲突展现在学生面前，以引起学习动机。在新课程改革的过程中，强调知识的情境化、生活化，因此比较注重丰富的导入形式，但是有时候直接导入比故弄玄虚更容易将学生引入求知的领域。强调多种形式的导入，并不是排斥直接导入。

如在教学《桂林山水》时，教师可以这样导入："我们的祖国是美丽的。她有连绵起伏的崇山峻岭，有壮阔秀美的江河湖泊，还有一望无际的良田沃野。祖国南方的桂林更是以山清水秀的风景闻名于世，有'桂林山水甲天下'的美誉。现在我们一同来领略桂林山水的美好风光。"教师言简意赅、简洁明快的导入能引起学生的有意注意，激发他们的求知欲望，调动学生学习新课文的积极性。

二、经验导入

经验导入是以学生原有的生活经验为出发点，教师通过生动而富有感染力的讲解、谈话或提问引起回忆，从而引导学生发现问题的导入方法。间接性是学生学习的一个重要特点，学生学习的通常都是别人体验过的、别人总结发现的知识，而经验的导入可以拉近学生与知识的距离，并在学习的过程中产生切己的情绪体验，深入理解知识的意义与价值。由于经验导入非常贴近学生的生活，学生很容易对所学的新课题感到亲切，这在某种程度上也降低了学习的难度。另外，从认知心理学的角度来说，经验导入是一种同化学习，它有利于知识的迁移，可提高概念学习的质量和效率。

关注学生的经验，这是经验导入必须进行的工作。如某教师在进行小学数学《认识图形》教学设计时，对学生做了这样的分析："学生64人，其中一部分来自城镇，受过较好的学前教育，对四种基本的平面图形已有了一定的认识。他们基本能分清不同的平面图形，但对平面图形和立体图形的关系还不了解。而另一部分学生来自农村，所受学前教育较差，对平面图形的认识还不够清楚明了，对平面图形和立体图形的关系更是一无所知。"在这段分析中，教者对来自城镇和农村的儿童的知识经验水平作了比较，找出了他们存在的差异，这样有利于合理安排教学活动，使全体学生都得到应有的发展。如果教者对城乡学生已有知识经验缺乏正确的估计，不能做到心中有数，教学时就只会"盲人骑瞎马"。

三、旧知识导入

"学生在学校里所学的不是零散的、片面的知识，而是'提炼浓缩'又'易于消化'的系统的、整体的知识。任何知识都是整体网络上的一个点或一个结，离开了网络，也就丧失了存在的基础。知识只有在整体联系当中才能真正被理解、被掌握，从而体现其有意义的价值。"[①] 中小学教材在内容的选择和编排上，注意单元与单元之间的联系，而且本单元的知识也有内在的关联。教师在教学过程中要有针对性地指导学生运用旧知识为新授知识引路。在讲授新课时教师可以依照教材本身内在的逻辑关系，设计出既能联系旧知，又能提示新知的导语，从而降低学生学习的坡度，激发学生求知的欲望。为此，教师必须努力钻研教材，了解学生的实际情况，在学生已有的知识经验的基础上循序渐进、逐步深入地把新材料同学生已有的知识经验联系起来，以加强学生的注意力。

例如在讲授茅盾散文《风景谈》时，可与学生在初中所学的茅盾的另一篇散文《白杨礼赞》联系起来，可以设置下列一些问题：两篇文章写作的背景相同，主题是否相近？《白杨礼赞》写白杨从黄土高原起笔，《风景谈》又为何从星星峡外的沙漠写起，各有什么用意？两文在结构安排与写作方法上有何异同？通过这些启发，就有可能把新材料与学生原有的知识联系起来，加强学生的注意力。

---

① 余文森. 课堂教学〔M〕. 上海：华东师范大学出版社，2006：128.

四、实验导入

实验导入所提供的生动、直观、新颖的学习情境，不仅能够引起认知需要，而且由实验向概念和原理的概括过程中也为学生推理能力的成熟和科学思想的学习提供了一条极佳的认知途径。实验导入既可以是老师演示实验，也可以是学生实验。这种导入在科学类的教学内容中运用得较多。

例如，在物理教学中，老师在讲固体的熔解热时，让学生观察冰水混合物的熔解情况和程度。学生在观察中发现，在冰完全熔化之前，虽然加热在进行但温度计的指示数不变。物体吸收热量温度会升高，这是学生原有认知结构中的旧有经验，而实验结果却是冰在熔解时虽不断吸热但温度却不升高。教师利用这两者的冲突设计实验，使矛盾表面化：为什么固体熔解时会有这种情况呢？学生期待着问题的明了化。

五、直观导入

这种导入方法是在讲授新课题之前，先引导学生观察实物、样品、标本、模型、图表、幻灯片、电视片等，引起学生的兴趣，再从观察中提出问题，创设研究问题的情境。学生为解决直观感知中生成的疑问，产生了学习新知识的强烈要求。采用这种方法需注意以下两点：

第一，实物、模型、幻灯、电视等蕴涵的内容必须与新教材有密切的联系。

第二，观察过程中，教师要及时、恰如其分地提出问题，指明学生观察中的思考方向，促进他们的思维，为学习新教材做好准备。

例如，有位教师在讲植物学"种子的结构"的时候，她先请同学们辨认几种植物的种子。接着她说："世界上绿色开花植物有20多万种，多数都是由种子发育而来的。现在我们看到的只是几种，非洲东部塞舌尔有一种复椰子树，一个种子的直径有50厘米，重达15公斤，可算是世界上最大的种子；还有一种叫斑叶兰的植物，它的种子一亿粒才重50克，可算是世界上最小的种子。尽管这些种子的大小、形状、颜色各不相同，把它们种在适宜的环境里，都能长成一棵新的植物体。这是为什么呢？是因为它们的结构基本上是相同的。今天我们就通过观察常见的菜豆种子和玉米种子来学习种子的结构。"（板书课题）

在学习《鸿门宴》时，教师首先让学生听歌曲《霸王别姬》。音乐声响起，学生立即被歌曲中所体现出来的项羽对虞姬的柔情以及英雄末路的无奈深深吸引，然后教师问："曾经是'力拔山兮气盖世'的项羽，怎么会沦落到这样一种下场呢？让我们来看一下司马迁是如何告诉我们的。"这样便将学生的思维引入了恰当的轨道，让他们在不知不觉中进入角色。

六、设疑导入

"学起于思，思源于疑。"疑是学习的起点，教师疑问的设置为教学以及学生的思考确立了一个起点，学生在困惑后容易产生探究的欲望。疑问式的导入可以培养学生独立思考的能力，并砥砺学生的探究素养。在运用设疑法导入课程时，应该注意到两个问题：一是巧妙设疑。要针对教材的关键、重点和难点，从新的角度巧妙设问，如此学生能在问题的引导下展开思索。如果疑问让学生摸不着头脑，则教学过程可能偏离教学最初的目标。二是以疑激思，善问善导。设疑质疑还只是激疑导入法的第一步，设置疑问的更重要的目的是激发学生的思维。因此，教师必须抓住学生的好奇心理，巧设悬念，以疑激学，并掌握一些提问的技巧，善于引导，促使学生在高昂的求知欲望中探求知识，引发学生学习知识的兴趣，使学生学会思考和解决问题。

例如，教学四年级《带刺的朋友》这篇课文时，教师先设疑："带刺的朋友是谁？"学生不约而同地回答"刺猬"。然后，通过图片和文字简单了解刺猬这种动物。"为什么作者把这种浑身长满刺的小家伙称为朋友呢？"这样巧设疑问，把学生带入一个有障碍但又并非不可逾越的境界，使学生思而不解，欲罢不能，顿生强烈的求知欲。

七、事例导入

"课堂譬花果，社会乃其根。土沃椒兰茂，源开江海深。"① 教学走近学生的生活世界是当下课程改革所强调的一种思想，它要求教师在教学过程中注意将知识向社会生活以及学生的实际生活延伸。选择学生生活中熟悉或关心的事例来导入教学，能使学生产生一种亲切感，起到触类旁通的功效，也可以将学生的学习向生活世界延伸。运用事例导入时，需要教师细心选择新颖、醒目的事例，为学生创设引人入胜、新奇生动的学习情境；还要注意事例所渗透的思想价值意义，使学生在教学的过程中受到思想的启发。

例如，在教学《小数的认识》一课时，全国人民（包括学生）都在关注2008北京奥运会，关注我国体育健儿能否再创辉

---

① 刘国正．一种立意高远的语文教育思想．《大语文教育论集》序，人民教育出版社，2001.

煌。于是，教师要求学生自己讲讲历届奥运冠军的成绩，然后在学生发言的基础上进行归纳、总结。这样，充分调动了学生学习知识和参与活动的积极性。

八、悬念导入

提出带有悬念性的问题来导入新课或问题，能够激起学生的兴趣和求知欲。在悬念中既巧妙地提出了学习任务，又创造出探求知识的良好情境。悬念的设置要恰当适度，不"悬"会使学生一眼望穿，则无念可思；太"悬"学生无从下手，也就会无趣可激。只有在悬中寓实，才能引起学生开动脑筋，琢磨思考，兴趣盎然地去探究。

在教学《藤野先生》时，教师设计了这样一个导入：1937年11月17日，在日本一个偏僻的乡村诊所里，来了两个不速之客——两位中国记者。他们递给一位苍老的医生一份报纸，报纸头版头条刊登了"鲁迅先生逝世"的内容。老人抬眼看时，两眼发直，拼命摇头，不敢相信，而后潸然泪下。你们知道这个老人是谁吗？他为何有这种反应？这样一来，学生的热情一下子高涨了，急不可待要进入课文的学习。

九、故事导入

故事导入，即通过讲故事的方法来导入新课，这种导入符合学生的认知心理，能够激发他们对即将学习的新课产生浓厚的兴趣。许多老师都有这样的感觉，课堂上提到课本外的内容时，学生的积极性很高，对这些内容特别感兴趣。教师课堂中如能根据学生的这一特点，以一些故事来导入课文，无疑会起到事半功倍的效果。

在教《皇帝的新装》时，教师设计了这样的导语：丹麦有位著名儿童文学家安徒生，今天，老师讲个有关他的故事。有一次，他被邀请去参加舞会，一位小姐对他仰慕已久，于是大献殷勤，问他："你觉得我这件衣服怎么样？你喜欢吗？"安徒生冷冷地说："谈不上喜欢。"小姐又问："那你觉得我穿什么样的衣服好呢？"你们猜猜安徒生怎样回答的？他说："皇帝的新装。"今天，我们就一齐来欣赏《皇帝的新装》。在一片欢笑声中，学生们被引入新的教学情境。

十、表演导入

学生具有活泼好动的天性，教学中可以利用学生的这一特性，采取表演的方式导入教学。表演式导入不仅可以让亲身参与的学生产生真实的感受，也通过形象的表现感染观看的学生。相比较而言，表演导入是运用较少的导入形式，因为比较费时，但如果组织合理，会收到良好的效果。采用表演式导入需要注意挖掘表演活动与所教学内容的相关性，不能为了表演而表演，将教学引入形式主义的误区。

例如教《谈笑》一文时，教师叫了四位笑的表情不一，但乐于表演的学生站在讲台上，要求其他的学生观察他们的面部表情。然后，教师讲述了一个特能引人发笑的故事，引起了大家的哄笑。最后，教师让台下的同学描述台上同学的面部表情，让台上同学刻画台下同学的身体形状，进而得出"笑的方式很多"的结论，顺势导入："笑是什么呢？这节课我们也来谈谈笑。"这个导入的设计，确实让学生们在笑中思考，达到了开篇激趣的目的。

十一、随机事件的导入

上面列举的几种导入方法,都是教师在进入课堂之前设计好并做了相关准备的。教师除了预设课堂导入,也可以根据课间发生的一些随机性的事件启动课堂教学。由于随机事件是刚刚发生的,学生的感受和体会都真切而深刻,以此来导入教学更容易激发学生的学习兴趣。这种导入方法需要教师对学生的举动保持高度的敏感,并且能够充分挖掘随机事件的教学价值。

> **一节由飞蛾事件引发的导入**[①]
>
> 上课铃声响了,我像往常一样走向六(3)班的教室,这是一节美术课。
>
> 我才走进教室,就听到教室里一片喧哗。原来,由于阴天,美术室光线暗,同学们开了灯引来了一只蛾子。这只蛾子从灯管这头飞到那头,凭学生如何驱赶,就是不往外飞。同学们有的兴奋地尖叫着,有的跳跃着,桌子、凳子东倒西歪。
>
> 同学们看到我走进教室,一个个像旋风般"扫"回到自己的座位上,教室里逐渐安静下来,气氛显得有点紧张。大家睁大眼睛,有点忐忑地望着我,等我说话。
>
> 我没有批评他们,而是用平静的眼光扫视了全班一下。当眼光再次扫到那只蛾子时,我忽然灵机一动,有了主意:这一节课的内容是《向动物朋友学习》,其中要讲到动物和仿生学的有关知识,我何不借此机会……

---

① 资料来源:http://www.jysx.cn/blogt/user1/93/archives/2004/2112.html.

于是我问学生:"你们刚才看到了什么?""一只蛾子。""它老朝着日光灯飞,赶也赶不出去。"同学们七嘴八舌地说起来。

我转身在黑板上写了两个字"飞蛾",然后问道:"谁能用'飞蛾'来说个成语?"大家异口同声地说道:"飞蛾扑火。""讲得好。"我夸奖道,"可是,你们知道飞蛾为什么会去'扑火',会向着日光灯飞舞呢?"同学们一时哑然。一个同学说:"老师,是不是动物的趋光性所致?有些昆虫看到亮光就要飞过去,这就是动物的趋光性。""对,你知道的知识可真多。"我夸奖道,"那现在老师给你一个任务,你想个办法把蛾子赶出去好吗?"只见那同学走过去把电灯关了,然后拿起扫把轻易地就把蛾子"驱逐出境"。我借此教育学生:"平时我们遇到事情千万不能慌乱,要冷静下来动脑筋思考,才能巧妙地解决问题,尤其是在我们上课的时候。"同学们会意地点点头。

解决了思想问题,我又把话题一转:"飞蛾有趋光性,所以它喜欢扑向灯光。还有哪些昆虫也有趋光性呢?"同学们纷纷回答:"蚊子、螟虫、蝼蛄……"

"对,所以人们利用昆虫的这种特性发明了一些灭害工具,比如——""灭蚊灯。"早有学生抢着回答。趁着学生的兴致我展开了话题:"聪明的人类就是受动物的启发发明了许多工具材料。我们把模仿动物进行创造发明的研究叫仿生学。你们能谈谈生活中你所了解的有关仿生学方面的创造发明吗?"

同学们争先恐后地回答:"飞机是模仿鸟儿发明的。""轮船是模仿鲸鱼发明的。""潜水服是仿照鸭子的蹼做成的。""雷达是受蝙蝠的启发发明的。"……

学生思维的亮点像开了闸的水汹涌而出。我笑着说:"同学们说了这么多,能不能把它们用绘画的形式表达出来呢?"同学们兴致勃勃地构思起来,一会儿,画纸上出现了一幅幅别开生面的画:知了和吸管,老鹰和滑翔机,潜艇和鲨鱼……

"飞蛾事件"是学生亲历的充满情感色彩的活生生的教学活动,如果当时我只是把它作为一件"事件"草草地甚至粗暴地处理,我就失去了一次教育教学的良机。我因势利导,把"事件"转变为教学的有利材料,使之成为点燃孩子兴趣和创造力的火花,这样,"事件"有了价值,师生有了默契,教学便有了活力。一节原本理性较强的美术课在"飞蛾事件"的导入下进行得生动、有趣而自然。

第三节 创设有效的课堂教学导入

在实际的课堂教学中,可以采撷、总结出很多导入的实例,有些精彩的导入成就了精彩的课堂,但有些导入使课堂教学越走越远。导入的设计不能只考虑到形式,更应该对导入自身的有效性做深入的思考。

一、创设有效导入的基本原则

教师设计导入要考虑学生的学习状况,要把导入与本课的教学内容相结合。导入应该遵循以下三个基本的原则。[①]

---

① 王荣森. 重视课堂导入,提高教学效率. http://blog.cersp.com/userlog5/78222/archives/2007/406874.shtml.

（一）趣味性

课堂导入既要充满童趣，符合学生的年龄特征，也要充满意趣，引导学生不断地去研究。苏霍姆林斯基认为："教学的起点，首先在于激起学生学习的兴趣和愿望。"从心理学角度讲，兴趣是认识事物过程中产生的良好情绪。兴趣对学生的学习可以起到定向、维持、内驱和强化的作用。一个人的兴趣越浓，他观察就越仔细，感知、思维、记忆、联想等智力活动就越有成效。如果课堂导入充满趣味性，学生便会把学习看作是一种精神享受，因而更加自觉积极地学习。

师：同学们，我们现在一起来玩一个有趣的活动，好吗？把你们听到的画下来，看谁画得最棒！

生：好！（准备好纸笔）

师：今天的天气真好，天上有几朵白云在飘，远处有一座山，山下住着几户人家，房前有两棵桃树，桃花正在开放，一阵轻风吹过，桃花香味扑鼻而来。（教师有感情地缓慢地讲述）——谁来把自己的画给大家展示一下？

（学生展示介绍）

生："天气真好"我画了太阳，"白云在飘"我画了云朵，还有一座山、几间房、两棵桃树开了花……

师：你画出了这么多，很棒！还有什么没画出吗？

生：香味画不出来。

师：香味没画出来，没关系，因为这太难了。但是风能画出吗？今天我们就来学习一下《画风》，看看这几个小朋友是怎么画的？也许学习了课文，我们也能把香味画出来的。

教师板书课题"画风"……

（二）针对性

课堂导入时要注意针对性。课堂导入首先要针对不同的教学内容和教学对象，确定不同的导入方式。但首要前提是必须引起学生的注意力，明确课堂教学的目的，千万不能为了导入而导入。导入的目的是调动学生的积极性，让学生对学习内容产生内在的动机，并体验到知识本身的力量。

（三）新颖性

新颖的导入往往能产生"出奇制胜"的效果，因为令学生耳目一新的新异事物，可以有效地刺激学生的感官，吸引学生的注意指向。现在的学生对新事物都有好奇感，新颖的富有时代性的事物能引起他们的兴趣。材料越新颖，越贴近学生的生活，学生参与的兴趣就越浓，效果也就会越好。

二、创设有效导入的具体要求

导入在课堂教学中所占的时间不长，但却可以体现教师的匠心。

（一）符合教学的系统性

不论从教学的静态因素看，还是从教学的动态过程看，教学都是一个系统。导入、呈现、理解、巩固和结束的教学过程实际上是一个整体，构成了完整的教学，各个教学程序之间具有一定的联系性，要把导入与整个教学过程综合起来考虑。如果只重视课堂导入，而忽视其他环节，那么，再精彩的课堂导入也不能达到预想的结果。所以一堂课开始就要引起学生的兴趣，集中学生的注意力。一旦学生学习的自觉性被调动起来，就要抓住这个教学过程的"黄金时刻"，形成教学的高潮，完成教学任务。另外，课堂教学是由人、时间、空间、教学任务等多种因素构成的系统，导入的设计也要考虑到这些多维的系统因素，争取全体成员的参与和时空的有效利用。

（二）符合教学内容本身的科学性

导入的设计要符合具体学科的特点，从教学内容的科学性出发。违背科学性的导入，尽管非常生动、非常精彩，也不足取。导入的构想，要以充分理解教学内容为基础，教师对于教学内容的理解不仅仅是认知层面，还包括内在于知识符号的思维过程和情感价值观。在理解教学内容之后所设计的导入，可以更深层地打动学生的思考。

（三）从学生的实际出发

学生是教学的主体，教学内容的好坏要通过学生的学习来体现。从学生的实际出发是整个教学工作的起点，因而导语的设计要从学生的实际出发，要照顾到学生的年龄、性格特征。在设计导入的形式与内容时，教师要尊重学生的主体地位，立足于学生的心理特征、问题视阈来选择学生普遍感兴趣的、发生在学生身边的、学生直接面临的社区问题或学生关注的重大社会问题作中介，注意联系学生生活世界，激活学生的生活经验，由此来拨动学生理解与求知的心弦。

（四）从课型的需要入手

导语的设计要因课型的不同而不同。根据一堂课中预计完成的教学任务，可以将课分为新授课、练习课、复习课、检查课、实验课等。新授课要注意温故知新，"架桥铺路"；讲授课要注意前后照应，承上启下；复习课要注意分析比较，归纳总结。导入时要注意具体课型的特点，不能用新授课的导语去讲复习课，也不能用复习课的导语去应付新授课，否则就起不到导语应起的作用。

（五）导语尽量简洁

导语的设计要短小精悍，时间过长就会喧宾夺主。导课的基点在"导"，因此在情境设置上不要故意绕圈子、走弯路，语言上不滔滔不绝而不着边际，应一语中的，切中要害，简洁明快，起到立竿见影的效果。毕竟，各种课堂导入方式的目的只是想方设法让学生快速集中注意力，激起他们强烈的求知兴趣，同时创造愉快的学习氛围，使他们"愿意学"、"乐于学"。

（六）形式要多种多样

"导"无定法，切忌生搬硬套。课堂教学不能有固定的套路，导入也不能千篇一律，导入也要常"新"。只有"新"，才能营造良好的师生互动。导入的方式很多，设计导语时要注意配合，交叉运用。在教学中，我们应该从学生生理、心理发展规律出发，采取多种多样的方法，不能每一堂课都用一种模式的导语，否则就起不到激发学生兴趣、引人入胜的作用。

三、导入的误区

随着教学观的转变，课堂导入逐渐成为深受教师重视的一个环节。尤其在新课程改革过程中，学习方式及教学观的转变使得课堂发生了很大的变化，导入呈现出形式新颖活泼的特点。但是，有一些老师对于导入的设计，尚存在错误的理解，走进了导入的误区。

（一）"自以为是"——忽略学生的反应

教师在设计导入时，从自己的理解和预想出发，忽视学生的实际情况和他们可能出现的反应。教师将导入构想付诸课堂教学实际时，对学生的问题考虑不周而无言以对，由此可能导致课堂的混乱。有的教师将课堂教学一厢情愿地继续下去，但学生的思路却随着自己的问题发散开了。

> 我们在设计导入时,也许只把目光放在导入的过程上,注重了知识的衔接或情感的激发,而忽视了知识点的储备,有些时候会发生意想不到的事情,直接影响到教学的效果。比如:我在教学《长城》一文时,设计了如下导入的过程:①同学们,你们知道在月亮上看地球,唯一可以看到的建筑物是什么吗?②长城是世界八大奇迹之一。③今天,我们就一起去领略一下长城风光吧!当进行到第二步时,有学生突然站起来问:"老师,你刚才说的世界八大奇迹是哪些呀?"我一下子愣住了,我只知道其中的一两个,怎么办?于是发挥了点小聪明,"课后老师带大家一起到图书馆去查阅有关资料好吗?"其实,我对这个知识点准备不够,没有预计到学生会问这样的问题。我们应该在备课时在大脑里模拟一下教学的过程。学生的兴奋点也正在这里,他们对未知事物的好奇心没有得到满足,自然就起不到激趣的效果了。假如我当时能如数家珍地一一道出,相信学生对长城的神秘感、好奇心也就油然而生,在那种强烈的求知欲望下一定能够积极主动地开展各种思维活动。

(二)"故弄玄虚"——忽视导入的有效性

导入是课堂教学的第一个环节,教师总是想方设法地努力打响"第一炮"。然而,教师在设计的过程中,也存在着"故弄玄虚"这样的误区:只追求"艺术"的花哨,不讲究"实用"的效果。尤其在某些教学观摩课中,授课教师过多地考虑听课者的"好奇",不去理会学生的感受。教师在选择导入形式时,要把本节课的教学目标与所设计的导入结合考虑,不能脱离教学而"故弄玄虚"。

> 一位贵州的老师在上《手捧空花盆的孩子》（北师大版第三册）时，她的新课导入是这样的：
>
> 师：小朋友们，你们喜欢听故事吗？老师为大家带来一个非常有趣的故事：从前有个国王，将根据种花的情况来挑选继承者。三个月过去后，有的孩子种出了五颜六色的鲜花，可是有一个孩子却抱着一个空花盆来见国王。到底谁当上了未来的国王呢？让我们继续走进这个故事……
>
> 师：这就是我们要学习的课文。（老师板书课题，学生跟着书空，提示"捧"的写法，注意"孩"的"子"字旁。读课题。老师在黑板上贴出空花盆）
>
> 这个新课导入乍一听很自然也挺吸引人的，可上课的学生没有什么反应，因为学生已经预习过了，对课文的大致内容也都有所了解。我想，再在这里重复着课文的内容，就有多此一举的感觉，学生自然提不起兴趣了。这种现象在我们的身边可以说比比皆是，很值得我们反思。

（三）"不知所措"——模糊了导入的目的性

课堂导入是为了让学生将兴趣与思维集中到教学内容来，但有些教师的导入却是兜圈子、"猜谜语"，让学生不知所云，反而影响和干扰了学生的学习。导入的形式可以是多种多样的，教师运用导入应该遵循"形散而神不散"的基本原则。有的老师的导入看似离题万里，但实际上仍然围绕着教学的目标展开。但有的老师设置了让学生困扰的问题，不仅没能激发学生开放性的探究欲望，还使教学过程僵化死板。

《乡愁》教学片段[①]

有位教师上《乡愁》一课时，设计了一个提问导语，目的是想让学生说出课题来。于是他叫起一个学生，启发道："如果有个人到了一个遥远的地方，时间一长，他开始想念自己的亲人，这叫做什么？"

学生答道："多情。"

"可能是我问得不对，也可能是你理解有误。好，我换个角度再问：这个人待在外乡的时间相当长，长夜里他只要看见月亮就会想起自己的家乡，这叫做什么？"教师又问道。

"月是故乡明。"学生很干脆地答道。

"不该这样回答。"教师有点急了。

"举头望明月，低头思故乡。"学生回答的语气显然不太自信了。他抬头一看，教师已是满脸阴云，连忙换了答案："月亮走我也走。"

"我只要求你用两个字回答，而且不能带'月'字。"教师继续启发道。

"深情。"学生嗫嚅道。

好在此时下面有同学接口："叫做'乡愁'。"教师才如释重负。

[①] 余文森. 课堂教学〔M〕. 上海：华东师范大学出版社，2006：136.

【教师手记】

故事导入，情动辞发①

不久前，作为一名小学语文教师的我听了一节初中语文课。年青老师执教的是冰心经典作品《纸船》，是一首描写母爱的现代诗。整节课的导入，给我留下了深刻的印象。这样的导入设计对小学语文教学同样不无启迪。

教师一上课，亲切而自然："刚才上课前，有同学问老师，你会不会讲故事。老师现在就给大家讲个故事，想听吗？"全班学生目光炯炯。

教师叙述道："从前在华山脚下，有一户人家，母子俩相依为命。母亲含辛茹苦地抚养孩子长大成人。孩子爱上了深山老林里的一位姑娘，没有想到，姑娘竟是森林里的狐狸精。一天，狐狸精饿了，就对儿子说：'我想吃你母亲的心。'儿子为了取悦姑娘，二话没说，就把母亲的心挖了出来。捧着母亲那颗红通通的，还在扑扑直跳的心，儿子兴冲冲地向姑娘跑去，不料，一只脚绊到了路上的一块大石头，'扑通'摔倒在地，心飞了出去。"教师停顿了一下，望着完全沉浸在其中的学生，"此时，心说话了。你知道是谁在说话吗？"学生异口同声："是母亲。"教师望着大家："你们猜猜，母亲的心会说些什么？"

老师有意卖关子，使学生一下子兴奋了，纷纷发表见解："儿子，你太残忍了。那是母亲我的心啊。""孩子，你怎么为了一个狐狸精而伤害母亲呢？""为了一个女人，你怎么这样糊涂？"

---

① 陈杰. http://www.blog.edu.cn/user2/32683/archives/2006/1095262.shtml.

"同学们说的是人之常情，都有道理。但并不准确。"望着大家，老师继续一字一顿，用情地说，"这颗心在说：儿啊，你小心啊，你摔疼了没有？"

教室里静谧无声，但此时无声胜有声。出乎意料的结尾直抵学生的心灵，竟有孩子眼噙泪花。

"当听到这里，你想说什么？"教师再次甩出轻巧却又富有分量的问题。

学生的发言竟那样水到渠成："母爱是最无私的。""母亲最先想到的永远是儿子的安危，而不是自己。""母亲最疼孩子，孩子却常常不懂。"

教师停顿了一下，娓娓道来："是啊，母爱是博大的、无私的、深沉的。今天，我们就来学习百岁老人冰心奶奶描写母爱的作品《纸船》。"

……

【反思】这一节初中语文课的导入设计，令我们动容。他至少带给新课程背景下小学语文课的导入设计几点启迪：其一，让导入"新奇别致"。案例中教师立足于学生喜欢听故事的特点，用一个嫁接而成的"聊斋"式的故事激起了学生的极大好奇心，在课一开始就能紧紧抓住学生的心，令他们不知不觉沉浸其中。其二，让导入"不偏轨道"。富有情趣的同时，要注意不能拉远"焦距"，不能游离于文本之外而另搞一套。本案例就以课文为本，紧扣课文意蕴，立足于课文中心的有效延伸，使导入与新课的学习一脉相承，一气呵成。其三，让导入"有话可说"。教师讲故事过程并没有平铺直叙，而是充分利用故事情感铺垫，给学生大片留白，铺设了情感倾诉的平台，让学生在猜一猜"母亲的心会说些什么"的过程中产生强烈的情感体验，从而情动辞发。

同时，为课文学习营造了良好的情感基调。而老师"话锋一转"式的结尾揭示，与学生的猜测形成强烈反差，更激起了学生学习、探究课文的欲望。课伊始，趣已生，情已浓。这一切，为新课的学习打下良好的基础。

【思考题】

1. 在一堂课里，导入起着怎样的作用？
2. 导入的基本结构是什么样的？
3. 结合你的教学观察，谈谈如何设计有效的导入。

【技能训练】

1. 阅读这位教师的课堂导入案例，谈谈你的看法。

"同学们，老师告诉你们一个消息。"我停顿了一下，说，"因为工作需要，我有可能要被调走，不能继续教你们了。"学生听后目瞪口呆。我继续说："以后我和同学们见面的机会就很少了。当同学们想我的时候，怎么办？我们可以通过什么方式来互相联系呢？"说完我得意地等待同学们的回答——"书信"。因为当时农村几乎没有电话等通讯设备，所以我自以为学生们肯定会说出"书信"这个答案。可是事与愿违，教室里一片寂静，有的学生眼里已经涌动着泪珠。我想，完了，本想引发学生学写书信的积极兴趣，可是学生都沉浸在"师生离别"之痛里。我只好说："同学们，不要伤心了，老师说的事是假的，目的是想教你们学写书信，学会用书信的方式同远方的亲人和朋友联系。"同学们紧张的心情平静了下来，这堂课才得以继续上下去。

2. 在中小学所使用的教材里，选取一课时的教学内容并设计导入方法。

第二章 讲授的技能

讲授是最古老而又最具生命力、应用最广泛的教学方法。自从有学校开始（甚至在学校产生之前），讲授就伴随着教学活动而存在，而且不管教学方法如何变化，讲授都没有也不可能被其他任何方法所取代，它只是随着时代的进步而不断更新和完善。

第一节 讲授的意义

一、讲授概述

（一）讲授的概念

讲授是指教师通过口头语言，系统连贯地向学生叙述事实、描绘现象、解释概念、论证原理和阐述规律，并使学生理解的活动方式。从信息传播方向上看,讲授行为的传递活动具有单向性,它不要求学生有对应的互动行为。

在教学活动中,教师要有效地发挥主导作用,就离不开讲授,其他教学方法如谈话法、讨论法、演示法、实验法、欣赏法、发现法等以及现代多媒体辅助教学,都离不开教师适时的、联系学生实际情况所作出的讲授,否则教学就达不到它应有的效果。同时,讲授也是教学活动中最基本的教学方法。美国教学研究专家弗兰德斯(Flanders,N.A.)曾在大量课堂观察研究基础上提出了"三分之二律",即课堂时间的三分之二用于讲话,讲话时间的三分之二是教师讲话,教师讲话的三分之二是向学生讲话而不是与学生对话。[①] 通过对我国中小学高成效教师课堂观察后也发现类似结果,讲授平均占课堂时间的65%左右。所以,对一名教师来说,掌握讲授技能至关重要。

(二) 讲授的优缺点

讲授的特点是,教学中以教师为中心,教师通过口头语言直接向学生系统地传授知识。讲授教学的这种特点,使之与其他教学方法相比,具有明显的优点和独特的作用,同时,也具有其局限性。

1. 讲授的优点

(1) 教师具有较充分的主动性,易于控制所传递的知识内容,有利于教学活动有目的、有计划地进行。

(2) 能使教师在较短的时间内最大限度地向学生传授丰富的知识,在时间上是一种最经济的方法。讲授以定论的形式(而不

[①] 转引自施良方,崔允漷主编. 教学理论:课堂教学的原理、策略与研究〔M〕.上海:华东师范大学出版社,1999:174-175.

是问题的形式或其他形式）直接向学生传递知识，避免了学生在认识过程中的许多曲折和困难，比学生自己去摸索知识少走不少弯路，因此具有时间少、容量大的特点。

（3）有利于帮助学生全面、深刻、准确地掌握知识，并保持知识的系统性，促进学生智力的发展。通过传授知识发展学生的智力是教学的一项重要任务，完成这一任务，要求教师正确把握传授知识与发展智力的关系，善于抓住知识转化为智力的主要条件。知识转化为智力，与学生掌握知识的数量、质量、结构和学生掌握知识的方法有密切的联系。在数量和结构上，通过讲授，丰富而又系统的知识有利于学生智力的发展；在质量上，教师由于闻道在先，术业有专攻，能够比较全面、深刻、准确地领会教材，挖掘教材的深邃内涵，同时，教师的讲授常能使抽象的概念具体化、深奥的哲理形象化、枯燥的知识趣味化。因此，通过教师的系统讲授和透辟分析，有助于学生全面、深刻、准确地掌握知识，促进学生智力的发展。这样，讲授就从学生掌握知识的数量、结构和质量方面为其智力发展提供了必要的坚实的基础，有利于学生智力的发展。

（4）便于教师结合知识的传授对学生进行思想品德教育，使学生得到远比知识本身多得多的东西。教书育人是教师的职责。讲授不仅有利于教师履行教书的职责，也有利于教师履行育人的职责。一方面，教学内容中蕴含着丰富的教育性因素，通过讲授进行教学，便于教师根据各学科的特点和学生的思想实际，充分挖掘和发挥教材中显性和隐性的教育因素，并将这些因素有机地融合在具体的教学内容中，使学生在接受知识的同时，潜移默化地受到一定的思想品德教育。而相同的教学内容，如果选用其他教学方法，如演示法、实验法、练习法等，蕴含在教材中的教育性因素则无法体现出来。另一方面,任何真正有效的讲授,都必定是融进了教师自身的学识、修养、情感、态度以及内心的真、善、美,它是学生认识人生、认识世界的一面镜子,也是学生精神财富的重要源泉。

2. 讲授的局限

(1) 容易使学生产生假知,从而导致知识与能力的脱节。教师运用讲授法,把现成的知识教给学生,学生则以听讲代替独立思考和探索,这样也就把学生在独立思考和探索中所必然要碰到和解决的各种必要的疑问、障碍和困难隐藏起来,结果学生听起来好像什么都明白,事后却说不清楚,一遇新问题就手足无措。这样不靠思维获得知识不仅对知识本身掌握不牢,更谈不上举一反三加以迁移应用,促进能力的发展。

(2) 容易使学生产生依赖和期待心理,从而抑制学生学习的独立性、主动性和创造性。讲授教学就其本质而言是一种以教师为中心的单向性的信息传输方式,教师是知识的源泉,一切知识都是教师传授给学生。所以,这种方法如果运用不当容易使教师产生心理定势,教师不讲就不放心,总觉得不讲学生就学不到东西。学生也在不知不觉中形成了坐享其成的依赖心理,一切问题都等着教师来讲,唯师是上,特别是教师讲得越好,这种期待和依赖心理就越强烈。正是这种期待和依赖心理严重地削弱了学生学习的主动性、独立性和创造性。

(3) 在班级教学中,讲授主要面向全体,难以照顾个体差异。

(三) 讲授的适用范围

讲授的特点,决定了讲授有其自身特定的适用范围。

1. 教学内容方面。讲授最适宜教授与事实有关的知识。如果知识是最新的前沿知识，学生不可能很快通过印刷品或其他方式获得，运用讲授尤其合适。抽象程度较高、学科内容繁杂的课程，也适宜于讲授，这可以给学生提供一个理论框架，为学生以后的学习起到一种概述或定向的作用。对于事实知识以外的知识，讲授必须与其他手段或方法相结合，如借助直观教具、示范实验等。

2. 学生方面。研究表明，低年级和内倾性格的学生比较喜欢讲授，这是因为他们需要组织和更多的指导；相反，思维灵活的学生则更适宜于独立学习，高年级的学生也应更多地采用讨论、自学等方法。

3. 教师方面。讲授适宜于那些充满自信、思路清晰又能驾驭语言技巧的教师。不善于运用讲授的教师，一方面可以通过训练来提高讲授技能，另外还可以采用一些其他教学方法来弥补。

4. 环境方面。讲授比较适合班级规模大一些、教学人员相对不足的场合。当然，讲授在班级教学中不能照顾个体差异的弊端，需要通过课后辅导等方式来加以弥补。

二、讲授不等于"注入式"

"注入式"又叫"满堂灌"、"填鸭式"。一提到讲授，人们往往把它同"注入式"、"满堂灌"、"填鸭式"等同起来，尤其是在新课改倡导"主动、探究、合作"学习方式的背景下，有少数教师甚至谈"讲"色变，本来通过几句简洁的话就可以让学生明了的内容，也要发动学生讨论一番，探究一阵，或者用电教媒体演示一下，生怕一讲就违背了"现代课堂教学理念"，就会背上"注入式"、"满堂灌"、"填鸭式"的罪名。事实上，这是对讲授和新课程理念的误读。

所谓注入式教学，是指教师无视学生的主观能动性和理解能力，把学生看成被动接受知识的容器和储存信息的仓库，教师从主观愿望出发，向学生硬性灌注现成的知识和结论，学生被动地听、记，不须动脑思考。"填鸭式"是对注入式教学特征的形象描述和恰当概括。从形式上看，讲授也是教师讲学生听，是一种授受式的教学，但它是否是注入式，则不在于讲授本身，而在于讲授是否得法。如果教师不顾实际情况是否需要讲，不去思考、选择讲的方法，只是一味地照本宣科，学生只管被动地听、记，而不去思考，这样的讲授，必然是注入式的。如果教师能够切中讲授的时机，能够根据学生的认识规律和心理特点，抓住重点难点，时而作栩栩如生、情趣横生的描述；时而提出问题，启发学生积极思考；时而据理推论，授业解惑。这样的讲授，激发了学生的学习兴趣，使学生积极主动地理解和掌握知识，把知识教学、发展智力和思想教育三者有机地结合起来，自然就具有启发性，而不是注入式。可见，讲授并不等于"注入式"，讲授是一种具体的教学方法，而"注入式"则代表着一种陈腐的教学思想。有效教学理论认为：教学既要关注学生的进步和发展，又要关注教学的时间和效益，力争以最少的教育投入获得最佳的教育效果。因此，那种不加分析全盘否定讲授的倾向和观点必然会给教学实践带来很大的危害。教学中运用讲授，关键是要讲得适时，讲得得法，讲得适度。

第二节 讲授的基本形式

讲授的基本形式包括讲述、讲解、讲读和讲演四种方式。

一、讲 述

讲述是指教师运用生动形象的语言，叙述、描绘所要讲的知识内容的一种讲授方式。讲述有两种方式。一是叙述式。在文科课程中，叙述式用于叙述学习要求、政治事件、社会面貌、时代背景、人物关系、故事梗概、写作方法、历史事实、地理状况等；在理科课程中，叙述式用于叙述学习要求、数量之间的关系、自然现象的变化、物体结构和功能、元素符号和化学式、生物种类和遗传、实验过程和操作方法等。二是描述式。描述式在文科课程中用于刻画人物、描绘环境、介绍细节、渲染气氛、表达感情等；在理科课程中，描述式用得较少，比如用极少的时间描述与课题内容密切相关的科学家或发明家的某一经历或业绩。叙述式与描述式的区别在于：叙述式的语言简洁明快，朴实无华；描述式的语言细腻形象，生动有趣。但不管是叙述式还是描述式，其侧重点都在于讲事而不是说理，其目的在于帮助学生形成鲜明的表象，并从情绪上受到感染。

二、讲 解

讲解是指教师对所要讲的知识内容进行解释、说明、分析、论证的一种讲授方式。比如，教师对数学、物理中的概念、公式、定律，化学元素的化合与分解，生物的生成、发育与成长现象进行解释，引用有关事实材料进行论证，讲清其实际应用等。与讲述相比，讲解侧重于讲理而不是说事，其目的在于帮助学生发展理论思维能力。讲解在中小学各科教学中普遍采用，尤其是数、理、化等学科运用较多。在很多时候，人们常常用讲解来指称讲授。

讲解主要包括三种方式。一是解说式，即引导学生从情境中接触概念，从感知到理解概念，或者把已知与未知联系起来，说明事物的本质属性和基本特征。如对古文、外语、专业术语进行准确的翻译，对疑难词语给出恰当的解释。教学中有许多概念、术语、关键字词句、典故等，往往成为学生理解的要点和难点，这就要揭示它们的内涵、意蕴、语境以及其他相关因素。忽视它们，教学效果将大打折扣。因此，解说式讲解是一种常用、简单而又不可缺少的讲解方式，它常常与例证配合进行。这种方式多用于文科教学。二是解析式，即解析和分析规律、原理和法则。解析有两条途径。一条是归纳，即遵循学科自身的规律和思维的规律，通过分析事实、经验或实验，抓住共同因素，概括本质属性，综合基本特征，用简练而又正确的词语作出结论，再把结论用于实践，解决典型问题，最后对相似的、易混淆的内容进行比较，指明分界点和联系点。另一条途径是演绎，即首先讲解规律、原理和法则，再举正反实例应用。讲解的第三种方式是解答式，即先从事实材料中引出或直接提出问题，接着明确解决问题的标准，再提出解决问题的办法，进行比较、择优，进而提出论据开展论证，通过逻辑推理得出结果，最后进行总结。这种方式以解答问题为中心，具有一定的探索性。

三、讲　读

讲读是指教师把讲解和阅读材料内容有机结合起来的一种讲授方式，主要用于语文和外语教学，也可用于其他课程教材中重点句段的教学。这种讲授方式的特点是讲不离文、解不离句，能把学和练结合起来。通常是一边读一边讲，以讲导读，以读助讲，讲读并进，随读指点、阐述、引申、论证或评述，一篇课文读完了也就讲完了。具体说来,讲读主要有五种方式。一是范读评点式。一篇课文由教师或学生分段范读,范读一段,评点一段。二是词句串讲式。在朗读课文时,联系具体的语言环境分析词句,筛选重点词句板书。三是讨论归纳式。读到容易引起学生思考、激发学生探究的地方,提出讨论的问题,学生发言后,教师作小结。四是比较对照式。读完课文后,将文中的人与人、事与事、物与物进行比较,在同中求异或在异中求同的过程中讲解知识,进行思想教育。五是辐射聚合式。把讲读的课文向先前已学过的文体相同、主题相近、写法相似的课文辐射,再聚合成知识规律。

四、讲　演

讲演又叫讲座,是指对某一事件或事物作深入广泛的叙述和论证,并得出科学结论的一种讲授方式。它要求教师不仅要系统而全面地描述事实、解释整理,而且要进行系统的理论阐述,通过深入分析比较、综合概括、推理判断、归纳演绎等抽象思维手段,做出科学的结论,向学生传授知识,培养立场、观点和方法。与讲述、讲解、讲读相比,讲演的作用在于:(1)向学生呈现他们未知的信息,扩大学生的视野;(2)激发兴趣,通过课本外知识的呈现,增加学生探究的兴趣。另外,那些与课本内容联系紧密的讲演,还可以帮助学生理解和回忆已有的重要事实和概念,起到复习巩固的作用。讲演目前主要用于高年级和高等学校的教学。在中小学,讲演具有广阔的发展前景,需要人们深入研究和开发。

第三节 讲授的运用要求

任何教学方法、技能都有自身的特点，都有其适用范围。讲授只有运用得当，才能有效地发挥作用。因此，在讲授的运用中，应注意和遵循一些基本要求。

一、应做好充分的准备

凡事预则立，不预则废。教学是一种有目的、有计划的活动，在运用讲授时，应做好充分的准备。讲授的准备主要包括理清思路和"背课"。

（一）理清思路

理清思路是指在深入钻研教材和全面了解学生的基础上确立讲什么和讲的程序。在一堂课或一个单元的教学里面，有些内容是需要讲的，有些内容是不需要讲的，这需要综合考虑教材内容和学生实际两个方面的因素。在需要讲的内容里面，如何来展开讲授，这需要教师立足于学生的实际进行有效的设计，形成清晰的讲授框架。一般而言，讲授由导论、主体和结论三部分组成。(1) 导论又称引入，是讲授的开场，其目的是提出讲授的话题、引出讲授的主体、引导学生注意。讲授的引入一般是简洁明了的一两句话，它要求迅速切入正题。(2) 主体是讲授内容的充分展开，是讲授的重点和主干。讲授的主体要求围绕中心、突出重点、层次分明、思路清晰。在讲授的主体里面，主要有两种方式可供教师根据实际进行选择。一是原理中心式。原理中心式讲授的特点是"先告诉你想说的内容，再说明这些内容"。教师从对基本点的陈述出发，向学生提供证明材料，最后总结各种证明，并且复述基本观点。二是问题中心式。问题中心式的讲授是把学生从一个问题的提出引导到对解决办法的掌握。首先是从对学生有意义的问题出发,然后讲授者把导致结论的证据和实例组合在一起,以便学生发现解决问题的办法。不管是原理中心式还是问题中心式,在设计时,教师都应避免单调冗长的讲授,要有变化,要适当穿插一些简短的师生双边活动,注意调动学生的求知兴趣,如启发性或引导学生注意的设问、插话等。(3)结论是讲授的结束和结尾。讲授的结尾通常是直接自然的小结,极其简明扼要地道出结论或强调教师的观点。如学生对讲授内容有充分的理解,也可由学生自己得出结论,而不是教师直接给出结论。

大量的实践和研究表明,讲授的有组织性和逻辑性有利于学生的有意义学习,而在讲授前理清思路,则是保证讲授有组织条理性的关键性的一环。

(二)"背课"

"背课"实际上要求教师对一堂课的安排,对讲授的内容和程序能够熟记于心,做到心中有数,从而能够从容自如地讲,声情并茂地讲。有的教师虽然在讲授前也备了课,也写了教案,但由于对教案不熟,讲课时就只好紧盯着教案,边看边讲。教师的眼睛成了教案的"俘虏",上课时学生在做什么,学生的反应怎样,教师全然不知。有时候眼睛稍一离开教案,教师就不知道讲到哪里去了,停下来寻思良久,才又接上前面的内容。试想,这样的讲授,又怎能提起学生的兴趣?怎能取得良好的效果?事实上,凡是能够吸引人的讲授,能够取得良好教学效果的讲授,都需要教师做到脱稿,将讲授的重点内容、板书要点、内容呈现次序和方式等熟记于心,做到心中有数。尤其是能拨动学生心弦或让他们凝神屏气的地方,教师应背得很熟,切忌颠三倒四,拖泥带水。有时候一堂课的内容太多,确实记不住,至少也要非常熟悉,讲到"卡壳"的地方,眼睛瞥一下教案就能反应过来。只有这样,教师的眼睛才能从教案中解放出来,用于发现学生眼神中反馈的信息,及时调整课堂内容和结构;同时又善于用自己的眼神"说"更多的话,传递更多的情感。

需要说明的是,这里的"背课"不是要求教师机械地背教案,而是强调教师应将教案设计融会贯通,化为自己的思想,以便在课堂上挥洒自如地讲,声情并茂地讲,从而收到最佳的教学效果。

二、切中讲授的时机

"教师主导,学生主体"是把握教师与学生教学关系的合理尺度。在讲授中要体现这一思想,关键是要切中讲授的时机,当讲才讲。传统教学中讲授运用不当的一个表现就是搞"一言堂",教师不管需不需要讲,都是滔滔不绝,引经据典。一堂课下来,全是教师在唱独角戏,讲授不是为了学生的发展,而是成了教师卖弄、炫耀自己的舞台。在新课程背景下,由于对新课程理念缺乏深入的理解,有些教师又陷入了"还要不要讲?"的困惑。实际上,在任何时候,讲授都是不能被彻底否定的,但必须切中讲授的时机,一切从学生的实际出发,以学生的发展为宗旨,当讲须讲,当讲才讲。那么,什么时候须讲呢?

(一)为学生学习定向时,必须讲

如向学生说明一堂课或一个教学单元的学习任务、范围、要点,布置作业等。心理学研究表明,目标性行为的效率明显地高于无目标性行为。目标在教学活动中具有启动、导向、激励、调节等心理功能。如果在教学活动开始,就让学生对要实现的目标、要完成的任务以及学习活动的方向和方式都了解得清清楚楚，他们就会自觉、主动地参与学习活动，成为学习的主人，而不是无目的地随大流，学习效果当然明显。

（二）学生分析理解难以到位时，必须讲

教学中，有些内容比较抽象，需要有足够的感性知识；有的内容比较艰深，需要复习旧知识，用浅易的知识搭桥；有的内容比较复杂，如不采取分解、化简和分散处理的方法就难以把握，如此等等。在面对这些问题时，学生因其人生阅历浅、知识积累比较薄弱以及信息处理能力不够强等原因，往往容易出现欲"对话"而不明、欲"体验"而不到、欲"探究"而不出等现象。这时，教师就不能袖手旁观，需介绍背景知识，就介绍背景知识，该营造情境气氛，就营造情境气氛，如此等等，或过渡，或疏导，或提示，或点拨，或解惑，或补充，相机而讲。尤其是教学的重点、难点、关键点，如学生提问不能答，启而不能发，还须畅讲。

（三）学生出现误读时，必须讲

由于学生一些条件的缺失，难免会出现与文本原意相背离的错误的理解。如在语文教学中，学生在《背影》一文中读出的是"父亲违反交通规则"，用环保的观点批判《武松打虎》，等等。课堂的意义，对学生而言，正是实现学生从不成熟的"读者"到"理想的读者"的跨越或蜕变。只有学生独自活动的教学必然导致其有效性的失落。这时，教师就应该"拨乱反正"，指明是非，用正确的讲解分析"误读"的原因，并指明正确的理解方向。

此外，在课堂外，带学生参观访问，指导学生实践等，也应该相机而讲。

总之，把握好讲授的时机，是有效讲授的一个重要方面。有的场合系统讲授,起开路带头作用;有的场合用于辅助学习活动;有时先讲,有时后讲,有时穿插讲,有时精讲。灵活把握讲授的时机,才能更好地发挥讲授的作用。

三、要有科学性和思想性

要有科学性和思想性是指教师的讲授要有科学的内容、态度和语言,在此基础上,充分利用讲授的优势,注意并善于挖掘其中的教育因素,对学生进行社会主义品德、辩证唯物主义思想和心理健康等教育。其中,讲授的科学性是思想性的前提和基础,思想性又是科学性的灵魂,是提高科学性的保证。具体说来:

(一) 讲授的内容要有科学性,并注意挖掘其中的教育因素

在中小学教学中,不宜将尚有争议的、不可靠的知识当做科学基础知识传授给学生。因此,教师每堂课的讲授内容都应该是经过实践检验的已成定论的真理,都应该是准确无误的。为此,教师要认真钻研教材内容,领会知识的实质,做到讲授概念要准确、论证原理要充分、逻辑推理要严密、列举事实要真实。在此基础上,教师还应注意和善于挖掘潜藏在教学材料中的教育因素,结合学科的特点和中小学生的实际进行恰当的思想品德教育,使学生在获得可靠知识的同时,思想上又有所提高。如一教师在讲授《赤壁之战》一课时,就很注意引导学生分析其中的辩证法,对学生进行辩证唯物主义思想教育。

(二) 讲授要有科学的态度

讲授要有科学的态度是指在讲授中,教师要实事求是,从客观存在的实际事物出发,从中引出概念、规律、原理和法则,树立尊重科学、严谨治学、去伪存真、求实创新的教风和学风。当教师在讲授中出了错误时,要及时改正错误,切不可文过饰非,

信口雌黄。例如，有位教师教小学乘法时，上节给学生讲了"20×3＝60"，本节一开始，复习巩固时，却误写为"20×30＝60"。有位学生举手报告："老师，你那儿多写了一个零。"这本是笔下之误，改过来就是了。但这位教师却怕承认了错误丢面子，反而颠倒黑白地说"零就不算数"。[①] 其实，教师也不是完人，难免会说错话，写错字，但犯了错误，就要敢于当着学生的面承认错误，改正错误。教师在教学方面表现出来的态度，对学生的影响很大，都明显包含思想、品德等教育内容。教师碍于面子和权威心理，知错不改，以错就错，这样不仅影响知识的科学性，对学生的思想也不利。因此，在讲授中，教师应有科学的态度。

（三）讲授要采用科学的语言

科学的语言是指教师的讲授语言必须符合教学内容的学科特点，具有专业用语的科学性，表述要准确、全面、严密，同时又符合语言学意义上的科学性。如果教师的讲授用语模棱两可或含混不清，"大概"、"也许"、"差不多"等满天飞，其结果只能使学生信疑不定，陷入混乱。例如，教小学除法，若把"除以几"表达为"除几"，学生就会把除数和被除数完全颠倒。另外，在讲授中，教师还必须杜绝说脏话、粗话、大话、假话，防止对学生思想造成不利影响。

四、要有启发性

讲授要有启发性，是指讲授要以启发性教学思想为指导，并且渗透到讲授的每个环节、每个步骤中去。启发式教学是与注入

[①] 余文森主编．基础教育课程改革的四大支柱〔M〕．福州：福建教育出版社，2002：66-67.

式教学相对的一种教学思想，它强调教师从学生的知识基础、思想水平、学习方法、接受能力等实际出发，运用各种手段充分调动学生学习的积极性、主动性，引导学生充分展开思维，主动地获取知识，真正达到发展智力和培养能力的目的。启发式教学的现实效果是学生能够"举一反三"。那么，怎么才能使讲授具有启发性呢？

（一）激发学生的学习动机

动机是直接推动一个人进行活动的内部动因或动力。学生的学习动机是学生学习的主观能源。教师要在讲授中充分调动学生学习的积极性和主动性，就必须善于激发学生的学习动机。在学习动机中，最现实、最活跃的成分是认识兴趣，或者叫求知欲。学生的认识兴趣又分为直接兴趣和间接兴趣。直接兴趣是由学习过程本身和知识内容的特点直接引起的。间接兴趣是与学习自觉性密切关联着的。两种兴趣对于学习都是必要的。针对间接兴趣，教师应在讲授中渗透思想教育，对学生进行学习目的教育。如科学家沈元当年当中学教师时，就曾用诗一般的语言启发学生："自然科学的皇后是数学，数学的皇后是数论，哥德巴赫猜想则是皇冠上一颗熠熠生辉的明珠。"他意味深长地对学生说："我相信同学们中间有人能摘下这颗明珠，真的，昨天晚上我还做了一个梦呢，我梦见你们中间有一位同学，他了不得，他证明了哥德巴赫猜想。"这些话，深深地激发了陈景润的求知动机，把陈景润引上了思考哥德巴赫猜想的征途。[1] 针对直接兴趣，上课伊始，教师如有一个引人入胜的开头，引起学生的认知需要，

---

[1] 高艳.现代教学基本技能〔M〕.青岛：青岛海洋大学出版社，2000：158.

这对后面的讲授是十分重要的。

(二) 善于设疑,充分展开学生的思维

在讲授中,该教师讲的内容,当然得讲清楚(思路清晰,要点清楚),但不要讲得"一览无余",要给学生留下思维的空间,给学生设置思考的点和线,让学生通过自己的思维来掌握知识,形成能力。学起于思,思起于疑,疑是学习知识的起点。教师要善于设疑、激疑、解疑,打破学生脑海的平静,使学生在听讲过程中思维波涛迭起。教师提出问题、分析问题、解决问题的过程,要成为学生积极开展认识活动、自觉领悟知识的过程。如一位教师在教鲁迅的《祝福》,分析祥林嫂的形象时,就注意用启发性的讲解。①

师:作者为什么让祥林嫂反复说"我真傻"呢?

生(思索):"我真傻"是句大白话,好像没什么深刻的含义。

师:鲁迅写作是严肃认真的。同学们学习过《孔乙己》,孔乙己教小伙计写茴香豆的"茴"字,说有四种写法,但鲁迅并没有把这四种写法罗列出来,以免这些陈腐的东西毒害读者,可见他考虑周全而又惜墨如金。但是,在《祝福》中为什么要借祥林嫂的口反复说"我真傻"呢?(学生沉思、琢磨……)

师:祥林嫂的儿子阿毛是被狼吃掉的。"我真傻"的本来意思是:我真傻,我没有看好阿毛,我不应该让他剥豆……大自然的狼吃掉了阿毛,那么——

生(领悟):她就不知道社会的狼正在吞吃着她。

生:这社会的狼就是封建礼教。她反复表白"我真傻"的深

---

① 韦志成.语文教学艺术论〔M〕.南宁:广西教育出版社,1996:102-103.

层含义是,祥林嫂到死也没有认识到封建礼教对她的毒害,从一个侧面表现了她的可悲。

师:从她的性格来说,这又揭示了什么?

生:揭示了她被毒害、被侮辱最终仍不觉悟的内心世界。

……

古希腊著名科学家阿基米德曾说,给我一个支点,我可以用杠杆把地球撬起来。讲授中的启发也是一样,要根据学生的情况,给他们思维的杠杆,设置支点,使他们的思维由现有区域向最近发展区过渡。好的启发,是根据学生已知设问,答案出自学生的最近发展区。已知与未知的联系越丰富,问题就越富有启发性。如果答案没有延伸到最近发展区,这样的问题没有多少价值;如果答案超过了最近发展区,学生就难以从已知推出未知。启发中给学生思维的杠杆,设置支点,就是为了使学生从已知中顺利地进入最近发展区。

五、要讲究语言艺术,善用体态语言

语言是思维的物质外壳,是讲授的手段和工具,没有语言就形不成讲授。教师讲授语言能力的强弱,在极大程度上决定着学生在课堂上脑力劳动的效率,从而直接影响到讲授效果的好坏。因此,运用讲授技能,要特别讲究语言艺术。

从表达方式上看,语言有文字表达的语言,借声音表达的语言和体态语言三种。讲授语言主要有两种:一是通过口头表达的讲授语言,叫教学口语;二是借助面部表情、身体姿态等表达的非语言因素的语言,叫体态语言。

(一)讲究教学口语

讲授以口头语言形式为主。在实际的教学中,教师要善于把

教材语言转化为教案语言，再把教案语言转化为适应学生听觉形式的口头语言。转化后的讲授语言应具有艺术性，能吸引学生的注意力，唤起学生求知的欲望和学习热情，善于把抽象的概念具体化，把深奥的道理形象化，把枯燥的知识趣味化，并富有感染力，引起学生心理上的共鸣。讲授语言要达到这样的境界，必须在语言的形和意上下工夫，将语言的形和意联合运用，把语言的潜力挖掘出来，使之形美、意美。

语言的形指语言表达的外在形式，包括发音、音量、讲话速度、讲话流畅性等方面。恰当的语言形式是达到语言艺术性的一个重要因素。在讲授中，教师应意识到，其讲话的发音、音量、速度和流畅性等都会直接影响到讲授效果，必须科学运用。一般而言，教师的讲授要用普通话，声音洪亮、吐字清晰、发音规范，说话速度快慢适宜，语言流畅，语调平直自然。但同时，也要根据内容要求、表达上的感情需要变换节奏，利用语调包括声音的高低、强弱、快慢和停顿来形成抑扬起伏、错落有致的音响，使之达到良好的讲授效果。美国心理学家赛门斯指出："在教师的许多特性中，语调占着一个重要地位。从根本上说，语调并不是教师的技能和设备中的一个重要成分。但是一种不好听或低沉的语调，很可能阻碍教师事业的成功。"[①] 在实际的教学中，存在着一些对讲授语调把握不好的现象，教师应特别加以重视。一是讲话的音量把握不好。要么声音很高，嗓门很大，形成持久的"高音喇叭"，学生耳边充满了震耳欲聋的音波，对其刺激太强，学生会从兴奋很快转入抑制状态；要么声音很低，有气无

---

① 转引自高艳．现代教学基本技能〔M〕．青岛：青岛海洋大学出版社，2000：162．

力，学生的兴趣情绪调动不起来。二是讲话的速度把握不当。要么说话太快，像打机关枪，学生接收不了输送的信息，思维赶不上趟，听课吃力，容易产生消极情绪；要么说话太慢，像"老牛拉破车"，学生会等得急不可耐，感到厌倦疲乏。三是讲话高低抑扬过于悬殊，起伏太大，造成讲授用语的矫揉造作，也使学生容易分心，效果不好。如此种种，都是讲授在语言形式上缺乏艺术性的表现，需要重视和克服。

语言的"意美"主要强调讲授语言的精确性、生动形象性和情感性。首先，教师的讲授用语要精确。这是要求教师的语言能精练而准确地表达教学内容，揭示教学内容的本质意义，传授的知识准确无误。例如，有位历史教师讲鸦片战争，分析鸦片输入对我国的危害时，将其概括为："鸦片输入，使我国国贫、民穷、兵弱。"寥寥十几个字，精确地概括出了教学内容的本质，可谓是言简意赅。同时，讲授的精确性还要求教师有意识地使用连接词，使讲授句句连贯，层次分明，具有内在的逻辑力量。其次，教师的讲授语言要生动形象。生动形象的语言表达是活化教学内容，唤起学生学习兴趣，帮助学生顺利完成学习任务的一个重要条件。在讲授中，有些内容是死的、静态的、抽象的，如果教师机械地呈现这些内容，学生就会感到枯燥、乏味、没有兴趣。这时，教师就要运用生动形象的语言表达，化远为近，化静为动，尽可能把抽象的概念具体化，深奥的哲理形象化，枯燥的知识趣味化，使学生如临其境、如闻其声、如睹其状。这就要求教师要善于举例，善于运用比喻、夸张、拟人、排比等修辞格，善于运用陈述句、疑问句、感叹句、祈使句等多种句型来增强语言的表达效果。例如，一中学地理教师向学生讲授地形对气候的影响，为了帮助学生理解"地势越高，气温越低"这一地理现象，这位教师引用了著名诗人白居易的一首诗《大林寺桃花》:"人间四月芳菲尽,山寺桃花始盛开。长恨春归无觅处,不知转入此中来。"照理,人间四月桃花都谢了,为什么庐山大林寺的桃花却刚盛开呢?原来是因为山地的气温低,桃花比平原地带开得晚。这就清楚地说明了"地势越高,气温越低"这一地理现象。[1] 最后,教师的讲授语言要有情感性。这是要求教师自己要有积极、健康的情感,并善于结合教学内容,运用恰当的充满感情色彩的语言感染学生,引起学生的共鸣,在学生心灵上播下真、善、美的种子。

(二)善用体态语言

体态语言又称做无声语言,包括教师在教学中表现出的有意义的表情、眼神、身体姿态、仪表等多个方面。有关研究表明,体态语言在人的交流信息总量中约占60%以上,而有声语言则只占信息交流总量的30%~35%。[2] 由此,为了达到良好的讲授效果,教师应善于利用体态语言。一般而言包括:(1)面部表情。教师的面部表情应真实而自然,亲切而和悦,丰富而适度。(2)眼神。教师可根据讲授的需要,运用眼神表达赞赏、鼓励、肯定、默许、告诫、提示等多种含义。(3)身体姿态。身体姿态指身体动作和造型,主要包括手势和身姿两种。在讲授中,教师的手势应简洁明了、干脆利落,要与口头语言、表情、身姿相协调,还要随教学进程而有所变化。身姿又分为站立姿态和行走姿

---

[1] 吴立岗,夏惠贤主编. 现代教学论基础〔M〕. 南宁:广西教育出版社,2001:332-333.

[2] 方展画. 非智力因素的影响机制——非言语交流〔J〕. 教育研究,1998(4).

态。站姿应端庄稳重、挺拔自信；步姿要与教学气氛协调，速度适中，轻快灵活，避免干扰学生的学习活动。(4)仪表。仪表包括教师在教学情境中的服饰、发型、化装等。教师的服饰应整洁得体、自然和谐；发型不宜过于复杂和新异；女教师的化妆应淡雅、自然。

在讲授中，艺术性的体态语言主要用于达到四种效果：首先，体态语言用于辅助有声语言，利用其自身的生动形象性，增强有声语言的效果。第二，体态语言用于代替有声语言，有效地传递信息。在某些讲授情境中，使用无声语言更能达到教学效果。如有时用眼睛指示"请注意听"比用嘴说"请注意听"效果会好得多。第三，艺术性的体态语言用于潜移默化地增强师生间的情感交流，营造良好的讲授氛围。如教师亲切和蔼的目光、热情真挚的表情、包含深情的动作，都会拉近与学生的心理距离。第四，体态语言用于调节讲授活动。如当课堂讲授秩序潜伏着或已出现某种危机时，教师可通过目光凝视、表情警告、距离逼近等体态语言，表达对学生听讲行为的肯定或否定，从而达到调控讲授活动的目的。

六、会进行强调

在讲授中，会强调重点和关键内容是讲授取得成功的重要技能之一，而面面俱到、四面出击则是讲授的大忌。苏霍姆林斯基说："真正能够驾驭教育过程的高手，是用学生的眼光来读教科书。"[①] 从学生的角度来进行讲授，就是要帮助学生把握住教学

---

① 转引自李佺宁. 论课堂讲授法〔J〕. 安康师专学报（综合版），1998（2）.

的重点和关键内容，使学生把力量用在"刀刃"上。所谓重点，就是主要的基础知识，它们在教材中经常出现，是目前和今后非常有用的知识，学生如不能很好地理解，将后患无穷。所谓关键内容，是教材中起决定作用的知识和内容，学生掌握了它，其他有关的知识和内容就能比较顺利地理解和掌握，从而牵一点带一面。因此，在讲授中，教师要善于采取各种方式来强调重点和关键内容：

（1）可以用讲话声音的变化来进行强调；

（2）用身体动作的变化进行强调；

（3）直接用语言提示进行强调；

（4）做出标记进行强调；

（5）运用概括和重复进行强调；

（6）通过接受和利用学生的回答进行强调；

（7）重视获得反馈和及时调控，在调控过程中进行强调。

七、与其他方法、技能相配合

任何一种教学方法都有其优缺点，任何一种教学技能都有其适用条件和范围，只有将多种方法、技能进行优化组合，才能提高课堂教学效率。讲授亦不例外，如整堂课都采取讲授，则很难自始至终都集中学生注意力，教学也就难以取得良好效果。

作为一种方法，讲授应与其他方法相配合。如在讲授过程中，可以提出启发性的问题，激发学生主动思维，保持学生的教学参与度，这是讲授法与谈话法的配合。对于低年级的学生，可以在讲授中多配以直观教具，这是讲授法与演示法的配合。为了调动学生独立思考和互相交流，讲授也可以与讨论法配合，先让学生针对某一问题进行讨论，然后教师再归纳讲解。如此等等。

作为一种技能，讲授应与其他技能相配合。如如何开讲，这涉及导入技能；如何结尾，这涉及结课技能；如何控制场面，把握讲的节奏，驾驭课堂气氛，这涉及倾听、观察技能和组织教学技能，如此等等。可见，好的讲授需要各种技能的相互配合。在这其中，特别值得一提的是讲授要配以板书（或边讲边呈现多媒体课件）。板书在帮助学生掌握所学知识的结构，体现教学程序，启发学生积极思维和做好课堂笔记方面具有重要的作用。一堂好的板书是反映教学内容的镜子，是展示课堂情境的屏幕，是教师带领学生探秘的导游图，是学生打开知识宝库的金钥匙。因此，教师必须精心设计并恰当地配合运用板书，以提高课堂讲授的效果。

八、时间不宜太长

集中学生的注意力，是讲授取得良好效果的重要条件。但学生维持有意注意的时间是有限的，超出一定限度，则会产生分心、注意力转移现象，有时还会诱发问题行为。同时，讲授对记忆的影响较差，学生常常忘记甚至掌握不了教师所讲的许多内容，较长时间的讲课在这方面的影响尤其明显。据美国人约瑟夫·特雷纳曼的研究测试，讲解15分钟，学生能记住讲解内容的41%；讲解30分钟，学生能记住讲解的前15分钟内容的23%；而讲解40分钟，学生只能记住讲解的前15分钟的20%。也就是说，一个单位的讲解所持续的时间越长，讲解的保持率就越低，而且在这个时段后的讲解往往没有什么接受率可保证。当然,一个单位讲解在适宜的持续时间里是有效的。[①] 出现这种状况的原因在于,讲授是一种单向性的信息流动,过多过长的讲授容易引起学生的心理疲劳、听觉疲劳,且讲授者的种种性格、能力缺失又会加剧这种疲劳,使信息接受率和保持率都很难尽如人意。

一般而言,对小学、初中学生的讲授以 10～20 分钟为宜;高中生以 20～30 分钟为宜;大学生及成人以 30～60 分钟为宜。

【教师手记】

走进海子的世界[②]
——《面朝大海,春暖花开》课堂实录(节选)

设计:浙江金华一中　滕世群

评析:北师大二附中　何　杰

【教学实录】(导入课文)

师:今天,非常高兴与大家一起学习我所喜欢的诗人海子的名篇《面朝大海,春暖花开》。

课件展示　背景图片:蔚蓝的大海。标题:面朝大海,春暖花开。

师:对于许多人来说,海子也许还是一个陌生的名字,可是对于喜爱中国当代诗歌的人来说,海子是一个神话;对于许多人来说,海子只是一个写诗的傻瓜,但对于许多人来说,海子是一位烈士,是一位圣徒。如果说舒婷是朦胧诗歌的圣母,那么海子

---

① 李山林主编. 语文课程与教学论案例教程〔M〕. 长沙:湖南师范大学出版社,2006:276.

② 同上,278-280.

就是第三代诗人的精神之父。而从朦胧诗到第三代诗人,正是中国当代诗歌主体意识觉醒的时期。今天,如果要写当代诗歌史,已经不能无视海子的存在。下面请一位同学朗读海子的简介。

师(补充):关于海子的自杀,有许多说法。我宁可相信海子生前朋友、诗人骆一禾的说法,他认为海子的死亡与长期艰苦创作、用脑过度,导致精神分裂有关。当然,诗人自杀是一种相当复杂的现象,大家课后可以读一读海子生前另一位朋友、诗人西川的《死亡后记》。

课件展示 海子照片1:天安门前,立正姿势。照片2:未名湖畔,坐姿,满脸稚气的笑容。

师:这是海子刚到北京时的照片,淳朴、开朗,完全是个乡村孩子。海子去世后,西川在《怀念》中写道:"每一个接近他的人,每一个诵读过他诗篇的人,都能从他身上嗅到四季轮转、风吹的方向和麦子的成长。泥土的光明和黑暗、温情与严酷化作他生命的本质,化作他出类拔萃、简约、流畅又铿锵的诗歌语言,仿佛沉默的大地为了说话而一把抓住了他,把他变成了大地的嗓子。"这个乡村的孩子,像许多伟大的诗人一样,注定要成为吟唱土地、乡村的歌手。

课件展示 海子照片3:灰黑色的背景,仰卧,双手左右平伸,长发抵肩,披在额前的头发遮掩着大眼镜,身着格子带黑白斑点的羊毛衫,外套银色西装。海子诗句:

阳光打在地上

天空之火在我内部

师:这是诗人海子。伸展的双手,像要拥抱一切;脸部表情表现出诗人的自负。"阳光打在地上",有谁用"打"字描述过阳光呢?此处,阳光似乎化为一道鞭影,又似乎传出一声闷响。

"天空之火在我内部",多么具有创造性的诗句,内心的激情仿佛和天空之火一同燃烧。海子的诗语言单纯,燃烧着青春的热情。他反对传统诗歌的夸饰,词语往往直达生命的"本真"状态。诚如他自己所说的,"诗歌是一场烈火,而不是修饰练习"。我认为,海子的诗彻底摆脱了中国诗歌的阴柔造作之气,自然清新,充满阳刚的气质。他是当代最富创造性的诗人之一。

课件展示 背景图片:绿色的草原,山冈。海子诗句:

目击众神死亡的草原上野花一片
远在远方的风比远方更远

师:"众神死亡的草原",构成了荒凉虚空的环境,生命作为一种自然物体,正如一片野花,或帕斯卡尔所说的一株芦苇,是如此脆弱。可当生命作为一个精神个体时,又如此顽强,它自觉地与虚无绝望抗争,苦苦挣扎,永远不屈。此处"野花一片"并非是纯自然描写,而是融入了海子对生命的体验。而"远在远方的风",又向我们召唤什么、启示什么呢?这个句子四个"远"字连用,十分新奇,把人带入了邈远深邃的诗歌意境之中。

课件展示 背景图片:麦地,茂盛的麦穗,麦芒如怒。海子诗句:

麦地
神秘的质问者啊
当我痛苦地站在你的面前
你不能说我一无所有
你不能说我两手空空
麦地啊
人类的痛苦
是他放射的诗歌和光芒

师（痛苦低沉地朗读后）：有人说海子是麦地之子，麦地是海子诗歌中的基本意象，是海子发现的自然和人类生命的合成元素。面对人类难以摆脱的个体生命的虚无感，海子满含泪水地要求麦地对自己生命的努力作出承认。"你不能说我一无所有，你不能说我两手空空"，疼痛、绝望，又散发着生命热烈追求的精神气息。这样的诗句，像灼热的鞭子，拷问着你的灵魂。

课件展示　背景图片：青蓝色的背景，辽远的天空，浓云舒卷，起伏的红土丘陵，若隐若现的村庄。海子诗篇《村庄》：

> 村庄里住着
>
> 母亲和儿子
>
> 儿子静静长大
>
> 母亲静静地注视
>
> 芦花丛中
>
> 村庄是一只白色的船
>
> 我妹妹叫芦花
>
> 我妹妹很美丽

师（朗诵后）：有谁能像海子一样，从母亲的注视中，读出幸福和悲伤？有谁能像海子一样，像热爱芦花一样热爱自己的妹妹呢？海子的乡村诗，朴素无华，充满深沉的温柔情感，表现了海子对村庄的一片赤子之心。

（在教师深情的介绍中，学生渐渐进入海子的诗歌世界，教室里没有一点声音，但空气中弥漫着渴望了解海子的热情，似乎还有海子的呼吸。）

【评析】

不知从什么时候起，"反对满堂灌"成了学生自主学习的口号，这样，"讲"成了一种落后的教学方式，要被抛弃。这是对自主学习的机械理解。讲授法作为教学方法之一流传千年，自有它的妙处，不能彻底否定，问题的关键是"讲什么"、"怎么讲"。我想，"当讲须讲，讲得适度"应是讲的原则。滕世群老师《走进海子的世界》就很好地体现了这一原则。

1. 当讲须讲

什么东西当讲？（1）介绍背景知识。现在的学生很少读当代诗，对海子更是陌生。如果不对有关海子和当代诗的背景知识加以介绍，学生就根本不可能读懂这首本来就不好懂的诗。这时，教师的讲就可以起到重要作用。在课堂上，滕老师介绍了大量有关海子和海子诗的知识，开阔了学生的视野，使这些平时只知道流行歌曲和漫画的孩子，了解到了一位烈士和圣徒，了解到了一位为诗歌而生的殉道者。这种讲，可以使学生更接近文本，便于理解作品的内涵。（2）营造情境气氛。诗歌教学尤其需要好的情感气氛。教师充满激情的诵读和讲解就是重要的营造手段。滕老师在这一课就做得很好。他对海子及其诗歌的介绍，既是背景知识介绍，又是情感氛围的营造。如他所描述的："学生渐渐进入海子的诗歌世界，教室里没有一点声音，但空气中弥漫着渴望了解海子的热情，似乎还有海子的呼吸。"他所用的诗化的语言和激情的语调融合在一起，可以想象整个课堂沉浸在一种浓浓的诗的氛围中。（3）提高认识层次。我们经常鼓励学生大胆发表见解，并且主张对学生的见解要给予充分肯定。这当然是不错的，但这远远不够。在肯定学生见解的基础上，要对学生的见解给予批评补充，要讲出自己的真知灼见，哪怕是一家之言，只有站得比学生高，讲得比学生好，才能使学生"学，然后知不足"，而不是学一点就在老师的赞赏中"欣欣然，得矣，得矣"。滕老师做得很好。学生理解意象往往比较肤浅，他在与学生交流时则能够站得高一级层次，又能讲到要害处，画龙点睛。

2. 讲得适度

"讲"是重要的，无人能否认。讲多讲少不是讲得好坏的标准，讲得适度才是标准。怎么算适度？要符合学生的认知水平。

学生现在知道什么，讲到什么程度就可以让他吃得饱而不至于消化不良，在什么时机讲就可以使学生在愤悱中获得启发，用什么方式、用什么语言讲才能深入浅出，这可是一门大学问，没有长时期的积累，不下一番苦功是很难做好的。做教师难就难在这儿，既要自己有深厚的功底，又要很好地传达给学生，不能陶醉于自己的独到见解中，而不管学生是否弄明白。从滕老师的课堂实录中，我感到了一点这方面的问题，在此提出与滕老师商榷。海子的诗不好懂，海子的生平很少为人所知，海子对学生而言是完全陌生的，加上诗歌理论本身就比较难懂，如果在介绍时不注意深入浅出，学生只会听个云山雾罩。比如在课堂实录中出现这样的词句："面对人类难以摆脱的个体生命的虚无感"、"他反对传统诗歌的夸饰，词语往往直达生命的'本真'状态。诚如他自己所说的，'诗歌是一场烈火，而不是修饰练习'"。这些词句平时学生很少听，也很少说的，乍一听除了感到新鲜外，就只剩不懂了。另外，《面朝大海，春暖花开》本身就有点难懂，但滕老师介绍的其他海子的诗句却更不好懂，若事先没有认真读过海子的诗，只靠当时一听，是根本不可能明白教师所介绍的内容的意义的。这种介绍确实起到营造气氛的作用，但对学生的理解没有益处，课堂效率就会降低，反而影响了本课的教学目的。

当然，我只是看过课堂实录以后根据自己的认识水平做出这样的判断，如果滕老师的学生对海子的诗已经有了较多的了解，这种批评就不作数了。

【思考题】

1. 讲授有哪些优缺点？
2. 讲授与"注入式"的区别何在？
3. 讲授有哪些基本形式？
4. 结合实际，谈谈你对讲授基本要求的理解。

【技能训练】

1. 根据你的学科专业特点，选取中小学教材中的内容，设计一堂课的讲授。
2. 评析下列案例中的讲授，说说你的看法。

特级教师陈甫林，为了使学生更牢固地掌握楞次定律所反映的感生电流的方向规律，在实验得出楞次定律之后，把线圈比喻为具有"冷酷"与"多情"双重性格的特殊人物。当磁极来时，线圈的近端产生同性磁极，排斥原磁极，以抗拒磁极的接近，表现十分"冷酷"；但一旦磁极走时，近端又立即产生异性磁极，吸引原磁极，以挽留磁极的远离，表现相当"多情"。最后，陈老师把它归之为"来之抗之，走之拉之"八个字。之后，为使学生避免在判断磁铁和线圈相对移动和原副线圈并列这两种情形上发生错误，陈老师又从两种磁场的方向关系这一根本出发，阐明了"来之抗之——原磁场与感生电流磁场反向，走之拉之——原磁场与感生电流磁场同向"的规律性。

第三章
观察与倾听的技能

看和听,或曰"见和闻",是人们认识世界的两种基本途径,也是衡量一个人素质、能力高低的参照。在汉语里,"聪明"一词的本意即耳聪目明,是指听的能力和看的能力。《尚书·洪范》言五事,视、听皆在其中:"一曰貌,二曰言,三曰视,四曰听,五曰思。貌曰恭,言曰从,视曰明,听曰聪,思曰睿。"由此可以理解看与听在人的能力发展中的重要意义。对于教师而言,是否具备与实际教育教学活动相关的、敏锐的观察、倾听能力则是其是否优秀的一个重要衡量标准。

第一节 观察的技能

在教学过程中,教师的观察是获得学生学习信息的渠道,也是师生展开对话的基础。现代教学思想尤为突出教学的活动性、对话性及个体性,教师要尽量根据每一个儿童的学习情况来调动他们的学习积极性并帮助他们探究,这就更需要教师对学生行为进行细腻又细致的洞察,在观察的基础上深入思考、判断,指导行动。

一、观察的基本内涵

课堂观察是教师通过自己的感官、思维来获得教学信息反馈的渠道,是理解学生、理解自我的一种重要手段。观察的具体内涵可以从两个层次来理解,一是教师要尽量、充分地关注学生的行为,要尽量地"看到",另外则是有针对性地对所观察的行为予以反思,以提高教育教学能力。观察的这两个层次具有内在的联系性。要理解课堂观察的内涵,需要进一步明确观察的对象和什么时候观察这两个基本问题。

(一)观察的对象

观察的对象包括学生,也包括教师本人,即包括观察学生和教师的自我觉察。

对学生的观察,主要是观察学生的行为与经验,包括学生的学习性行为、学生的人际间互动情况以及有关学生仪容、所携带的物品、课桌上摆放的东西等非学习性行为表现。

教师观察的对象也包括教师本人。"教师对自己的观察,我们也可以称之为自我观察。教师自我观察的准确与否,会对教学的成败产生至关重要的影响。教师只有正视自己，才能使自己的教学能力得到积极的发挥。美国教育心理学家林格伦说：'教师需要了解他们自己的行为，正如他们需要了解他所教的学生那样。'教学实践证明，如果一位教师在课堂上缺乏清晰的自我认识，不了解自己的教学表现，他就不可能组织好课堂教学。"①

（二）观察的时机

教师的观察既要集中于课堂之中，也要渗透在日常生活里。总的来说，教师的观察应该是随时随地的，通过细致入微的观察快速地掌握学生的学习反应及其在学习上的特殊要求。对于学生的反应及问题，教师最好依据观察所获得的资料，予以立即性的处理。教师课堂观察的重要价值，就在于学生问题尚未发生之前先机地掌握以及对学生学习反应的密切关注。

二、观察的方法

课堂观察的方法，可大体分为划记法和描述法两种。这两种方法都带有一定的研究性质。在观察之前教师就要对学生的日常行为进行思考和研究。对于学生的行为进行细致的观察和深入的反思可以提高教师的观察分析能力，也可以促进教师和学生之间的沟通。

所谓划记法，是指在进入教学现场前，已经熟悉相关文献，并且确定将观察的特定行为及经验。另外，也将行为的种类加以类目化，并给予各种行为不同的代号。观察者只要按照划记表上对于各类目行为的界定，进行代号的划记工作与记时即可。此种类型的观察，必须对所观察的行为是否能如预期出现、是否能顺

---

① 张国伟. 论课堂观察[J]. 教育探索, 2005 (1): 69-70.

利观察得到，做过审慎的评估，再付诸实施。划记法更偏向于对问题的探究和检验，属于实证性的观察方法。

如果使用描述的方法，则观察者必须准备好观察笔记，并且预先设计好记录的格式。如果对于观察所获得的资料，有所怀疑或是不了解其意义，则可以利用课余时间，与相关的人员进行访谈，或者通过分析文件，获得答案。我们这里说的观察是指教师在自己教室所实施的观察，由于必须确保教学活动的顺利进行，以及教学的完整性，因此，可以采用描述法。教师大致上仅能就所发现的较独特的现象与学生行为，稍作默记，或是作简单的记录，或是在课程进行到一个段落时，稍作休息，再将值得记录的发现，写在观察笔记内。经验丰富的专家型教师，也可以将观察到的资料立即进行有效的处理。

三、观察的意义

教师敏锐地观察课堂上的情况，可以帮助他们收集学生学习的信息和资料，针对学生的反应来调整自己的教学，进而提高教学的针对性和有效性。教师逐渐在实践中培养、提高自己的课堂观察能力，也能够提高自己的教学实践智慧。

（一）促进教学的对话性

现代教学强调对话性教学，对话性教学离不开教师对学生的关注。教师有意识地观察学生是展开对话性教学的前提，只有了解了学生的行为，才能与学生展开深层的对话。如果教师不注意观察学生，教学活动就沦为自己的"独白"，即使有对话也只停留在知识层面，没有在精神层面与学生展开实质性的对话。

（二）提高教师的反馈行为

在课堂教学过程中，如果教师能对学生的反应有所觉察并针对学生的反应予以反馈,可以提高教学的效果,同时也可以将学生的注意力集中到教学上来。现在的教学大多是采用班级授课制的形式,有些班级的人数还相当多,教师与学生之间的个别性沟通很难进行。但是,学生的学习是需要及时反馈的,教师如果能敏锐地察觉课堂的状况,则能够提高对教学的反馈性行为。

(三)改善课堂管理

课堂观察是一种必要的课堂管理手段。如果教师能够意识到在课堂里发生什么,而且能够准确地监控自己以及学生的意图和行为,他们就可以起到决策者的作用。如果教师对于课堂的一些问题缺乏观察,可能会被课堂的事情所控制,或者用简单粗暴的方式来解决课堂上的问题。

(四)提高教师的研究能力

近几年强调教师的行动研究、撰写教学案例等,这些是教师进行校本研究的几种形式。教师的研究是基于教育教学实践的研究,需要教师具有很强的观察和分析能力,因此课堂观察能力的培养能够提高教师的教学研究能力。

看窗户的老师[①]

1992年我在湖北一所"子弟中学"教英语。

学校有一位周老师,教化学。个子很高,又英俊,很受学生喜欢。但这个老师有个毛病:上课时,他从不拿正眼看他的学生。好好的一个人,一旦上课,就牢牢地盯着右边的窗户:上课——,同学们——,今天学第三章……

有一天上午我和另外一个同事去听周老师上课。他点学生

---

① 刘良华. 教育自传〔M〕. 成都:四川教育出版社,2006:241-242.

回答问题时尤其特别。

他问:"有谁知道这个问题的答案?"

学生不说话。

周老师眼睛盯着右边的窗户,用左手的食指指着教室中间的某个位置:"好,你说!"

教室里很安静。周老师眼睛盯着右边的窗户,左手一动不动地指着教室中间的那个位置:"你说,就你啦!"

很奇怪,居然有一个学生站起来回答问题。

全校老师都知道周老师有这个毛病,有位姓戴的年长的女教师和周老师提起过这件事,但周老师只是说,"哦——哦——"。后来不了了之。

人们常常讲教师要有个性。也许在周老师看来,这是教师个性的一个部分。因为很多学生喜欢他,他就更不在乎。

其实他不知道学生是在乎这件事的,很多学生在周记里写了这件事。但学生也找不到合适的办法让周老师改掉这个毛病。

我有一位朋友,学心理学专业的。她说这个事其实好办。办法很简单,但管用:她说,可以在教室右边的窗户那里挂一张美女图像!

周老师后来究竟是坚持看窗户,还是看学生,我不知道。我只在那所中学呆了一年。

每次我和朋友讨论周老师的"看窗户现象"时,朋友们常常说这样的老师是特例,不具有代表性。但我以为,这样的老师恰恰很多。

"看窗户"的老师确实不多,但"不看学生"的老师却不算少。如果一个老师上课基本不看学生，那么，这个老师究竟在看什么，就值得思虑。

2002年，我指导华南师范大学的十几个本科生到中小学去实习。实习结束后安排了专门的实习总结会。

在总结会上，一位学生总结经验说：我最初上课时怯场，每次走上讲台，就浑身发抖。后来我的一位师姐教了我一招。那位师姐说："你每次走上讲台时，千万不要把你的学生当学生，你就想象你的面前是一堆土豆，那样你就不会怯场。"

我问他是不是真的用了这个办法。他说："用了，很管用。我后来慢慢真的就不那么怯场了。"

我现场提出一个结论，虽然是玩笑的语气，但已经有些不满。我说："你原来怯场，还算是一个心里有学生的、善良的好老师。现在你不怯场了，却成了一个目中无人的土豆老师。"

如果一个老师讲课时目中无人，这个老师就不见得是在教学。这个人在自言自语。

自言自语的人要么是哲学家，要么有强迫症。

四、观察的原则与策略

虽然教师对学生的观察是随时随地的，具有极灵活的特点，但是在观察前或观察过程中明确观察的原则与策略，可以帮助教师更条理清晰地进行观察。

（一）课堂观察的原则

课堂观察的原则表现在以下几个方面：

1. 同步性原则。课堂里的许多事情是同时发生的，教师要完成自己的教学，还要注意学生的行为表现。对于观察到的问题，教师要灵活处理，要尽量保持上课的进度。同步性原则需要教师对于课堂的教学有充分的理解，在课堂教学中尽量将自己的教与学生的学相统一，力求学生积极参与教学活动。教师要注意保持观察的自然状态，不干扰学生的学习活动。

2. 即时性原则。课堂情况复杂多变，经常会有突发性的问题，因此需要教师及时地进行课堂观察。课堂的进度也很快，需要教师在事情发生的瞬间给予关注。有些问题是稍纵即逝的，因此需要教师保持观察的高度敏感。

3. 全面性原则。班级授课是现代教学的主要组织形式，在大部分时间里，教师要面对全班的学生或某小组的学生。尽管学生的数量比较多，但教师还是要努力关注到每一个学生的反应，尤其要注意教室里容易被忽略的"盲点"。教师不仅要观察教学中学生的反应，还要观察学生的个体随意性的行为。教师的关注，哪怕只是短暂的一瞥，都有可能调整学生的课堂行为，使他们集中精力参与教学。

4. 客观性原则。在观察时，教师要尽力摒弃一切个人的主观偏见，使自己的思维具有较大的自由度和充分的空间，展开较为客观的观察。实践证明，教师的心理活动有时会影响课堂观察，从而产生不准确甚至错误的观察结果。比如"期待效应"、"平均效应"、"中心论倾向"、"光环效应"等都可能增强观察的主观性，因此教师要尽量纠正这些主观心理倾向的影响。

5. 反省性原则。课堂观察的目的是为了改进课堂教学，加强师生之间的理解和沟通，教师不能仅仅满足于看到了什么，还要进一步反省自己所看到的问题并进行深度的反思。这样才能实现观察的价值。

(二) 课堂观察的策略

下面主要从观察的形式和范围来阐述课堂观察的策略。

1. 注视。注视并不是以较长的时间盯住某个学生看，而是指在教学过程中，教师主动地和单个学生发生目光接触。这样不仅可以获得来自学生的丰富的反馈信息，而且可以收到较强的教学监控效果，对学生的学习态度具有十分重要的影响。

2. 扫视。要做到在一堂课的教学中跟每个学生都进行目光接触，是不现实的。这里既有教师自身的原因，也有学生与教学环境的原因。因此在教学中，教师随时用目光扫视全班学生，是十分重要的。如果说注视强调的是"点"，那么扫视则重视的是"面"。扫视不仅可以了解学生的整体情况，还可以及时发现一些课堂上存在的问题行为。

3. 环视。环视是按一定的观察路线（O形或S形），对学生的各种表现进行观察。如果说扫视的目的在于发现，那么环视的目的则在于观察和交流。如果教师在教学时总是低头看教案，或抬头看天花板，即使看学生也是心不在焉、目中无人，那么他很难获得来自学生的丰富的反馈信息。尽管教师在环视时与学生目光接触的时间比注视要少得多，但毕竟可以和学生形成一种短暂的交流，因而就可以获得较多的教学反馈信息，同时也比扫视具有更好的监控效果。

4. 巡视。教师和每个学生的空间距离不一样，观察的准确性也就不同。另外，教师的视力、学生人数以及教学环境等因素，都会对观察的效果产生一定的影响。因此，无论在授课过程中，还是在学生做练习时，教师都不应该始终站在讲台上，而应不定时地到学生中间进行巡视，以此收集来自学生的更为准确的反馈信息，并对学生的学习进行监控。

五、如何提高教师的观察技能

教师的观察技能是在日常的课堂教学中逐步积累形成的。教师需有意识地培养、塑造自己的观察能力,并逐渐将其内化为自身的优秀的教育教学能力。对于如何提高教师的观察技能,一般来说要注意以下几个方面。

(一)具备相关的条件性知识

条件性知识是指教师需要具备的教育教学方面的知识,尤其是教育心理学方面的知识,这些条件性知识为教师的观察和反思提供了教育学理解的视角。教育教学知识的价值在于指导教师的课堂实践,相关的条件性知识与课堂观察结合后,不仅帮助教师更深入地理解理论知识,也提高教师的教育教学智慧。一般来说,观察者的条件性知识越充分,观察的效果可能会越好,相反,观察前缺乏知识储备,教师在观察中往往"视而不见,充耳不闻"。比如观看并描述一场足球赛,会踢足球的人,写得生动活泼,妙趣横生,如谁是主力队员,技术发挥得怎样,采用了什么战术等,而一点没有足球知识的人,往往无从下笔。

(二)培养强烈的观察动机

有些教师以为走入课堂就是去完成自己的教学设计,对于课堂里所发生的一切缺乏敏感的关注和反思。这样的教师缺乏洞察课堂的能力,如此可能导致低效的教学行为。因此,教师自己要逐渐形成课堂观察的动机,这是培养课堂洞察力的关键。教师有意识地观察课堂,可以帮助他们留心学生某些看似"琐细"而"断续"的行为,增加发现问题的契机,也能丰富教师的课堂经验。

（三）注意发挥多种感官的作用

观察活动主要是教师的视觉感官在发挥作用，但其他听觉、嗅觉、味觉、肤觉等感官也同时发挥着作用。因此，注重多种感官作用的发挥，积极捕捉课堂教学中的各种信息是提高观察力的有效途径。

（四）及时撰写观察记录

不是所有的观察在结束后都需要写观察总结或观察报告。但是，对于那些给自己带来较大触动的事例，教师应该及时整理、撰写观察记录。撰写观察记录可以回顾、强化某些观察体验，提高观察能力，同时也能促进教师研究能力和行动能力的提高。通过文字书写的过程，教师的一些直觉性的行为可以逐步地转变为教师的有意识的职业能力，可以促进理论和实践的结合。

第二节 倾听的技能

教师用心灵去倾听学生的心声，不仅为师生之间的对话建立了桥梁，而且也使师生的生命相互敞开，体验到教育教学的深层意义。但在实际的教学中，倾听却一直被很多教师漠视或忽视，造成了教育的失聪。聆听学生，是教师发展自身的一个关键素质。

一、倾听的内容

（一）什么是倾听

倾听是理解，是尊重，是接纳，是期待，是分担，是共享快乐，因此倾听的意义远不只仅仅给了孩子一个表达的机会，它带来的或许是早已失落的人格自尊，点燃的或许是尘封已久的信念追求。倾听的实质是放下教师的架子,用温暖的笑脸去面对学生,加强彼此的沟通和交流。和谐的课堂文化需要民主的师生关系与情感的共鸣。尊重、真诚、理解,这是人本主义心理辅导的基本精神,也是建立民主师生关系的基本原则。学会倾听是掌握理解的一把钥匙。佐藤学在《静悄悄的革命》中写道:"这种倾听不是听学生发言的内容,而是听其发言中所包含着的心情、想法,与他们心心相印,从而产生'啊,真不简单'、'原来如此'、'真有趣呀'等共鸣共感。唤起这些情感体验可以说是倾听学生发言的'理解方式'应具有的最重要的意义。"学会倾听要求教师面对学生时,从眼神、语言、表情和身体姿态各方面,充满关注和期待,比如弯下腰摸一摸学生的头,给学生一个自信的微笑,传递给学生一份期待的眼神,这对学生都是无比重要的精神力量。心灵交融的课堂意义就在于此,它能点燃学生和教师智慧的火把。

我们对待孩子的述说,往往缺少出于真诚的关注,亲切平和以及听完的耐心,往往喜欢过早地作出结论。不妨多一分钟倾听,哪怕是拖了堂又何妨。

(二)倾听什么[①]

教师倾听的根本目的是倾听生命和呼应生命。但生命并非抽象的生命,它具体体现在各种欲望、需求、情感、思想,体现在个体生命的差异和区别之上。

1. 倾听学生的欲望和需求。学生在教育生活中的欲望和需求往往不是通过他们的行为,而是通过他们的声音表达出来。它

---

① 李政涛. 倾听着的教育——论教师对学生的倾听〔J〕. 教育理论与实践,2001(7).

可能是一段叙说、一个句子或者一个简单的感叹词，以及一声呼喊和连绵不断的啜泣。对这些声音所表达的欲望和需求的倾听、理解和应答，就成了教师倾听的重要任务。

2. 倾听学生的情感。对学生情感动向和状态细致入微地把握，并及时加以协调和引导，是教育者成功的重要标志。一个善于倾听的教师，能迅速准确地从学生发出的各种声音中听出愤懑、悲哀、快乐和喜悦等各种情感，同时在教学上作出适当及时的反应和调整。

3. 倾听学生的思想。一个具有倾听意识和习惯的教师不会满足于仅仅倾听学生的欲望和情感，他还善于倾听声音背后的某种思想和观念的萌芽，并尽量认可他们的价值和意义。当学生发现自己那些隐藏不露的思想被教师倾听并认可时，他们就与教师建立了更深一步的交往关系——思想上的交往。

4. 倾听学生的"疾病"。当孩子不断发出暴躁混乱的声音，或者陷入长久的静默无声之时，倾听者（教师）的耳朵将变成听诊器和探测仪，通过倾听去寻找孩子存于肉体和精神上的种种"疾病"，捕捉到他们的自大、攻击性、抑郁、孤独、痛苦和恐惧。这样的倾听就变成了一种诊断和治疗。

5. 倾听学生的差异和区别。倾听始终是面向具体和特殊的生命个体的倾听。当各种声音汇集在教师耳边的时候，教师的任务是听出这些声音的差异，听出它们所反映的不同个性和人格。

6. 倾听学生与他人之间的关系。作为正在社会化的人，学生的每一个声音，都不单纯是纯粹自我的声音，不是对自我的反映和表达。他的声音总是处在与其他声音相互缠绕的关系之中。与其说学生的声音是自我的反映，不如说是对他人与自我关系的反映。因此，教师的倾听对象既是"具体的人"，也是这个"具体的人"与另一个或另一些"具体的人"之间的关系。

为了更好地说明上述观点，试举一例。当一个学生向教师诉说"老师，他们又打我了"之时，教师可以从中听出些什么呢？

他的欲望和需求：需要教师的帮助和保护。

他的情感：焦虑、愤怒、不满和失望（上次他们就打我了，老师为什么不管呢）。

他的思想：打人不好，打人者应受惩罚（最简单的公平正义的思想）。

他的"疾病"：孤独、恐惧，是肉体和精神上的弱者。

他的个性：懦弱、温和、不合群、依赖心强。

他与他人的关系：紧张、对立。班级内出现了非正式群体，产生了学生与学生之间的不和谐。

充满关怀地去倾听

倾听也有各种不同的程度。奥格斯柏博士在他的《充满关怀地去倾听》一书中，描述了倾听与关怀的关系。

"一个人可以听事实、数据、细节，以便为自己的目的而利用或引用，这不算是关怀。

一个人可以因可怜对方而倾听，用同情对方来满足自己的骄傲感。单单只有可怜对方的倾听，也许根本不是关怀。

有人喜欢倾听别人随心所欲地谈论不在场的人。这意味着背后讲闲话是有效的交谈法，但事实上却增加人与人之间的痛苦和距离，而这根本不是关怀。

有人倾听只是出于义务性或职业性习惯，或只是要做好人，并不是真心地关怀他人。其实关怀比只给人一只耳朵要付出得更多。

> 有人怀着窥视别人隐私的好奇心来倾听,但关怀是要比好奇地窥视付出得更多。贪婪的眼或耳并非关怀。
>
> 有的人是做'帮助性'的听众,使自己成为一个帮助者,随时给予帮助、支持、谅解,并在谈话中给予安慰。关怀却是适时并有技巧地给予帮助。
>
> 然而关怀的基本要素包括了恳切注意倾听别人说什么;真诚而设身处地为对方着想;即使他夸大了压力、事件的描述,也能用淡然的态度客观地来处理;让别人能卸下假面具,放松自己;在真正需要帮助时才给予援手——这些都是恳切关怀的要素,上述每一项都需要经过关怀真义的澄清和修订。"
>
> 真正的倾听,是向对方表明——"你很重要!你有极大的价值!"尊重由倾听开始。
>
> 就是我们用以倾听的时间当比说话的时间多二倍。

二、倾听的意义

真正的倾听意味着专注地听学生的言说,并尽量理解它。借助于倾听,教师可以理解学生的行为、感受,以及他们为什么要这样做、为什么会有这样的感受。

(一)使师生的生命敞开

美国学者列文指出,"我们的听力实际上是一种本体论的器官"。[①] 他意在突出听力不仅仅是与信息相关的,而且与人的整个生命息息相联。在《诗经》中,屡次出现"神之听之"的句

---

① 大卫·M. 列文. 倾听着的自我〔M〕. 西安:陕西人民教育出版社,1997:18.

子，由此可见听不仅是用耳，更是用心，用整个身心。整个身心的敞开与投入，即使一个人的生命敞开，听也就因此具有了本体论的意义。倾听，让教师不仅聆听了学生的生命，也听到了自己的生命。通过倾听，教师领悟了学生首先是一个生命的存在，不是物质或观念的存在，相应地施之以对应于生命的教学方法。生命与生命之间是有机联系的，以万物为师，以生机为运，当教师通过倾听领悟了学生生命存在的内涵和特性之时，他也领悟了自己的存在。

（二）建立对话的师生关系

理想的师生关系是宽容、平等、对话的关系，倾听学生则是建立对话型师生关系的开始。教师学会倾听，更能了解学生的愿望，燃烧起讲课的激情。只有倾听学生，听懂了学生，教师才能与学生展开思想和生命层面上的对话。佐藤学把倾听学生的发言形象地比喻为"和学生玩棒球投球练习"，"把学生投过来的球准确地接住，投球的学生即便不对你说什么，他的心情也是很愉快的。学生投得很差的球或投偏了的球如果能准确地接住的话，学生后来就会奋起投出更好的球来。这样的投球快感，我认为应当是教师与学生互动的基本"。[①]

（三）促进学生健全的精神世界

1. 张扬学生的个性、自信心。倾听是一种态度，更是一种美德，它表达了对学生的尊重。

2. 治疗学生的心理。当你带着移情的心理倾听一个人的时候，你实际上是在为他提供心理氧气。当学生感受到你在认真地倾听他时，他会更愿意接近你，跟你说更多的事情。师生之间不

---

① 佐藤学．静悄悄的革命〔M〕．长春：长春出版社，2003：35.

仅是知识的传递,更是情感和心灵的沟通。教师不懂得倾听或拒绝倾听,会关闭学生的心灵之门,学生可能因此产生心理疾病。如果教师能够主动地倾听,及时对学生的言语做出应答,则能有效缓解与防治这些疾病。此时,教师就是疾病的诊治者,药物即是真诚的倾听和应答。

(四) 促进教师的专业发展

一般说来,听得越多的人,学得也越多。教师的专业发展离不开对学生的关注、倾听、理解。通过倾听,教师可以获得更多的信息、更多的反馈,这些都为教师反思自己的教育教学能力提供了经验性资源。

三、教师失聪的表现形式

教师拒绝倾听学生的言说,或者有意无意地忽略了学生的言说,其结果使得教师失去了倾听学生的能力,这即是教师的"失聪"。

(一) 拒绝倾听

拒绝倾听,即是教师对于学生的言说听而不闻,在剥夺了学生被倾听的权利的同时,也放弃了自己的倾听权利和义务。这种拒绝倾听的现象在教学中屡见不鲜。例如,课堂上,老师行云流水般地讲课:"课文第五自然段让我们明白了人民大会堂的雄伟壮丽,我们把这一自然段连起来有感情地读一读……"正当教师抑扬顿挫地讲课时,教室一角,一只小手高高地举起:"老师,我有个问题! 老师……"老师似乎没有看见,仍在声情并茂地讲着课文……学生的手越举越高,心情也似乎越来越急切,但由于老师的漠视,那只举起的小手放下了,脑袋也耷拉了下来……

教师之所以对于那只小手"视而不见"也有多方面的原因,

有时候是因为不想让学生打断自己的教学,也有时候是老师认为学生的问题不重要,或者觉得某个学生太爱钻牛角尖。

(二) 片面地倾听

片面地倾听,即是教师有选择地倾听那些自己喜欢的声音,如可以维护自己的形象和尊严、满足自我成就感的言说,对那些有损自己的尊严和形象的声音则加以拒斥。教师的地位使得他们的言论及思想倾向可能成为学生的话语方向,因而有意无意地诱导和强迫学生发出能使教师愉悦的声音,但这些并不是从学生内心产生的声音,可能充满了欺骗和谎言。它们既扭曲了师生的心理,也扭曲了教育本身。片面倾听的原因在于教师专注于自我,以自己的观点、立场来考虑学生的言辞,而不是以平等沟通的心态来倾听学生。

(三) 虚假地倾听

所谓"虚假",是指摆出了倾听的姿态和形式,但实际上却没有真正意义上的倾听。"教师打开了一只耳朵,接纳学生的声音,但却让它从另一只耳朵悄然流出,未能让这声音在自己的内心之湖激起任何涟漪,未能使教师的言行和态度发生任何与这倾听有关的改变。"[①] 更糟糕的倾听是这样的,教师连一只耳朵也没有打开,他只是坐在那里,让学生自说自话,没有针对学生的言说给予任何的反馈和评价。这样没有在教师和学生之间、学生和学生之间产生深层的对话,虽然有了形式上的倾听,实际上未对学生的认知和心灵的发展产生任何实质的影响。

例如,一位老师在上《敦煌莫高窟》一课时,为了让学生加

---

① 李政涛. 倾听着的教育——论教师对学生的倾听 [J]. 教育理论与实践,2001 (7).

深了解"敦煌莫高窟是世界闻名的艺术宝库",设计了这样一个教学环节:

师:请同学们自由朗读课文第三自然段,想一想敦煌莫高窟中的壁画就只有这几种类型吗?

生齐说:不是——

师:那么你们想一想,敦煌的壁画中还有表现什么内容的?

学生马上举手。

生1:有小朋友在学习的壁画。

生2:有大家上课的壁画。

生3:有大人在烧饭的壁画。

生4:有大家到商店里买东西的壁画。

师:同学们,敦煌的壁画表现的内容有许许多多,45000平方米的壁画让我们看也看不完,想也想不尽。

在这个教学过程中,教师听了学生的回答,并且作了总结肯定。

(四)错误地倾听

错误地倾听是指教师误读了学生的想法。"对于学生声音的内涵、方向和潜在意义,教师未能准确把握。他要么将'不是'听成了'所是',要么未能听出这些声音中的象征意义,用语言学家索绪尔的术语来说,教师只听出了'所指',但未能听出'能指',他只满足于把那些能激起情感和思维泡沫的声音概念化,错过了泡沫掩盖下的真实的东西。"[①] 学生的语言所指称的东西犹如浮出的冰上一角,语言的大部分含义则是位于冰面之

---

① 李政涛.倾听着的教育——论教师对学生的倾听〔J〕.教育理论与实践,2001(7).

下，如果教师只关注浮出表面的冰山则可能忽略了"弦外之音"。

教师"失聪"的原因与教师对学生、对教学以及对自己角色的理解有着密切的关系。具体说来表现在以下三个方面。第一，抽象地理解学生。每一个学生都是一个特殊的生命体，倾听学生实际上是把他理解为一个具体、特殊的人。但教师通常将学生客观化地理解为抽象性的存在，进而导致了对学生特殊性的遗忘，也就忽略了对学生的倾听。第二，过度控制的教学观。教师在实际的教学过程中，更为注重的是教学进度，"下一步怎么办"的思考与焦虑盘旋于头脑之中。这样的焦虑使得教师难以细致准确地解读学生发出的信息，也难以与学生的想法产生共鸣和沟通。第三，教师过分的自我关注。教师的自我中心和师道尊严意识的存在，容易造成教师主宰课堂言说的问题。学生的一切言说都必须围绕教师的"自我"和"意图"，他们的声音被强行地纳入到教师的"听力场"，并通过教师内心的标准予以选择。

四、如何提高教师的倾听技能

英国学者伊恩·麦凯在他的著作《倾听技能》中指出提高倾听能力的最好方式是注意"参与行为"，即身体参与、心理参与和言语参与。"身体参与意味着你采取一种投入的态度，通过身体态度或姿势，向讲话者表明你在听他们讲话。""心理参与不仅是指倾听讲话者说了些什么，而且参与到非言语行为中，如演说的方式，以及讲话者通过面部表情、体态语言、手势和其他的身体表征所传达的信息内容。""言语参与即是在你不能理解别人的思想，或者你有不清楚的地方，你应该向他提问。"[①] 上述三种

---

① 伊恩·麦凯. 倾听技能〔M〕. 上海：上海人民出版社，2006：31.

参与是针对人际交往中的倾听技能而言的，为提高教师的倾听技能提供了维度，但教师的倾听技能的提高也有它的职业特殊性。提高教师的倾听技能，应注意以下几个方面：

（一）耐心等待

学生虽然是一个有着独特想法的生命个体，但由于身心发展的限制，他们尚不能准确、明晰地用言语来表达自己的所思所想，或许他们的想法在老师看来充满孩子气。当学生"词不达意"、"语无伦次"时，老师不要轻易地否定他的看法，不要剥夺他的话语权，要善于耐心等待。耐心等待，并不是浪费时间，而是对学生行为的专注。这种无声的等待会给学生进一步表达的信心，它也是师生相互对话的开始。

（二）善于理解

由于社会变化和独生子女的原因，现在的学生更需要别人的理解。教师应该采取换位思考的方式体验学生的心理、精神和内心世界，即"将心比心"、"设身处地"地替学生思考。教师理解尊重学生，就容易与学生在感情和思想上产生共鸣。当教师理解了学生，就意味着教师面对的不仅仅是学生，而且是一个个富有个性和活力的生命。这样的理解表明了教师对学生人格的尊重，惟其如此，师生之间的沟通才是平等的，教师的倾听才能得以实现。另外，教师善于理解自我、反思自我也是理解学生的一个重要因素，它可以帮助教师更好地走进学生的心理世界。

（三）真诚赏识

赏识是培养学生自信心和个性的关键，它可以给人以价值感。人本主义心理学家马斯洛认为，人有着渴望别人欣赏的需要。一位成功的教师应该带着欣赏的眼光和积极的心态投身于教学活动，教师的真诚赏识包括无条件的接纳和赞赏。教师首先要无条件地接纳学生，尊重他们的独特性，这样给学生提供了一个具有安全感的生活环境。学生在教师无条件的接纳中感受到自己是独一无二的，因此会更好地表达、展示自我。在倾听过程中，教师还要善于捕捉学生的优点，并及时给予真诚的赞赏，当然，对于他们的错误也要进行适当的批评和引导。

（四）热情参与

一个人在言说的时候，不仅希望有人耐心地倾听，更希望对方可以听得懂，可以"悲伤着我的悲伤"，"快乐着我的快乐"，对于自己的困惑和矛盾，希望倾听的人能给予一定的回应和适当的建议。参与是拉近听者与说者心理距离的重要方式，教师也应在参与中倾听。"他的倾听不是对学生声音的被动的听，而是主动的听，这种主动性在倾听与精神生命的发展之间建立起实质性的联系。这意味着作为倾听者不仅是旁观者，而且是行动者、创造者。他将通过倾听去参与学生的成长、参与创造学生的声音。不过，这种参与的目的不是主宰学生的声音，不是从外部施行的控制和干预，更不是对学生发展的替代，而是一种引导和促动，目的是帮助学生从已有的单调、混乱和僵化的声音变为复调、有序和充满活力的声音，这种参与因此具有了创造性。"[①]

耐心等待、善于理解、真诚赏识、热情参与是提高教师倾听技能的基本原则，更具体地说，还有很多积极的倾听方式可以促进教师的倾听技能。比如：[②]

1. 提问。提问是向说话者表示你确实在倾听的一种非常恰

[①] 李政涛. 倾听着的教育——论教师对学生的倾听[J]. 教育理论与实践，2001（7）.

[②] 伊恩·麦凯. 倾听技能[M]. 上海：上海人民出版社，2006：40.

当的方式。提问不仅能够让别人进一步深化自己的观点,而且,如果听众没有清楚地把握他们所说的观点,提问也能让他们重申自己的主张。倾听性提问可以有以下几种方式:①表达自己的兴趣或鼓励,如"那么,发生了什么事情呢?"②寻求更多的信息,如"你能举一个例子吗?"③了解别人的感受,如"你对那个问题怎么看?"④表明自己的观点或者阐明所说的话,如"因此,看起来好像……"

2. 支持性陈述。像"我明白……""很有趣……"等短语,不过是"请接着讲,我理解你所说的话,请告诉我更多"的另一种表达方式。如果谨慎地运用,这些表达方式可以鼓励讲话者继续下去。

3. 关键词重复。关键词重复是能鼓励别人说得更多的另一种更有效方式。如果你真的在倾听,你就不难找出一些特殊的单词或短语,它们能用来鼓励讲话者作出更为详细的解释。

4. 反馈性陈述。反馈性陈述对于深入揭示出所表达的情感非常有价值。最常用的反馈形式为"你觉得……""在你看来……"等开头的语句形式。这些话语向别人表明,你在对话语隐含的情感作出解释,在深入理解话语背后的情感,并表现出对讲话者情感的真正理解。

> **校长先生**[①]
>
> 校长先生让小豆豆坐到椅子上,然后对小豆豆的妈妈说:"下面我想和小豆豆谈谈,您请回吧。"

[①] 〔日〕黑柳彻子. 窗边的小豆豆〔M〕. 海南:南海出版社,2003:20.

只有一瞬间，小豆豆有点儿担心。但朦朦胧胧地，小豆豆觉得和这位校长先生在一起很让人放心。妈妈很利落地说：

"那么就拜托您了。"

然后，妈妈就走出去了，并且把门也关上了。

校长先生把椅子拉到小豆豆跟前，面对着小豆豆坐了下来，说：

"好了，你跟老师说说话吧，说什么都行。把想说的话，全部说给老师听。"

"想说的话？"

小豆豆本来认为，也许校长先生会问些什么问题，让自己回答。当听到"说什么都行"，小豆豆开心极了，立刻开始说起来。说话的顺序，说话的方式，都有点乱七八糟的，但却是拼命地说着：

刚才坐的电车跑得非常快；

想要留下车票，恳求车站检票的大叔，他却不肯给自己；

以前去的学校，担任班主任的女老师，长得非常漂亮；

那个学校里，有燕子的窝；

家里有一只狗名叫"洛基"，它会"握手"和"对不起"，吃过饭后还会表示"很满意，很满意"；

上幼儿园的时候，曾经把剪刀放到嘴里，喀嚓喀嚓地剪着玩，老师看见了生气地说："会剪掉舌头的！"但还是那么玩了好几次；

流鼻涕的时候，如果老是刺溜刺溜地吸来吸去的话，会被妈妈骂的，所以要尽快地擤掉；

爸爸很擅长在海里游泳，连跳水也会；

……

诸如此类小事,小豆豆一件一件地说起来。校长先生边听边笑着,点着头,有时候还问"后来呢",小豆豆越发开心,说个没完没了。但是,慢慢地,终于快要没什么可说的了。小豆豆闭上了嘴,思考着再说点儿什么。这时,先生问:

"已经没有了?"

小豆豆觉得就这样结束了的话,未免太可惜了。好不容易,有人愿意听自己说话,这么好的机会可不能错过。

"还有什么可说的呢?没有了吗?"小豆豆的脑子在急速地转动。想啊想,终于,"有了!"她又发现了一个话题。

那是当天小豆豆穿的衣服的问题。一般来说,豆豆的衣服都是妈妈亲手缝制的,但今天穿的这件却是买来的。这是因为,每天傍晚,小豆豆从外面回来的时候,身上的衣服总是破破烂烂的,有时候甚至碎得不成样子。怎么会搞成这样呢?妈妈无论如何也无法想象,为什么连橡皮筋式的白色棉短裤也会弄得破破烂烂的呢?用小豆豆的话说,是在钻进别人家院子的时候,要从篱笆里拱过去,还要钻过围住院子的铁丝网,"所以就成了这个样子"。结果,今天早晨要出门的时候,妈妈手缝的漂亮衣服已经一件不剩,全部破烂不堪,没有办法,只好穿上了以前买的这件。这是一件连衣裙,是胭脂红和灰色的细格子图案的针织料子的。其实也是一件很不错的裙子,但领口处花的刺绣是红色的,妈妈说它"有点俗气"。小豆豆想起了这件事,赶紧从椅子上溜下来,用手提起裙子的衣领,走到先生的面前,说:

"这个领子,妈妈不喜欢!"

说完之后，小豆豆绞尽脑汁想啊想，但这回却是真的找不到什么可说的了。小豆豆不禁有点伤心。这时候，校长先生站了起来，用温暖的大手摸摸小豆豆的头，说：

"好了，从现在起，你是这个学校的学生了。"

这个时候，小豆豆感到，生平第一次遇到了真正喜欢自己的人！因为，从小豆豆出生后直到现在，还从来没有一个人这么长时间地听她说话呢。而且，这么长的时间里，校长先生一次也没有打呵欠，一次也没有露出不耐烦的样子。他也像小豆豆那样，把身体向前探出来，专注地听着。

那时小豆豆还不会看时钟，但她也感觉到过了非常长的时间。如果她会看时间的话，一定会更加吃惊，而且会更加感激先生。因为，小豆豆和妈妈到学校的时候是八点钟，在校长办公室说完话，决定小豆豆成为这个学校的学生之后，校长先生看了一下怀表说，"啊，已经是午饭时间啦"。这就是说，先生整整听小豆豆说了四个小时的话。

无论是从前，还是这以后，没有一个大人这么认真地听小豆豆说话。

另外，刚上一年级的小豆豆，居然能够一个人说四个小时的话，要是妈妈或者从前的学校的老师听到这件事，也一定会非常吃惊。

这个时候的小豆豆，还没有觉察出自己退学的事情，连周围大人们是怎样地为难，她也没有注意到。小豆豆的性格本来就非常开朗，不容易把事情放在心上，非常天真烂漫。但是，在小豆豆的心中，不知怎么的，有时候会有一种被排斥的感觉。她朦朦胧胧地感到，仿佛只有自己和别的孩子不一样，被冷眼相看。但是，和这所学校的校长先生在一起的时候，她感觉非常安心，非常温暖，心情好极了。

"能和这个人永远在一起就好了。"

这是小豆豆第一次见到校长小林宗作先生那天的感受。而且，幸运的是，校长先生在那时候也和小豆豆一样，怀着这个想法。

【教师手记】

倾听，使生命润泽[①]

"不是听学生发言的内容，而是听其发言中所包含着的心情、想法，与他们心心相印。应当追求的不是'发言热闹的教室'，而是'用心地相互倾听的教室'。"

——摘自《静悄悄的革命》（日）佐藤学著

"听"这个字是由耳朵、眼睛、心与脑组成的。

"我们天生以为自己有耳朵会听，但用心听、用脑子听，和只用耳朵听，差别很大。"卡内基训练大中华区负责人黑幼龙如此说。

教育变革应该让每一位普通教师学会做"家常菜"——倾听，在自己的课堂中寻找到"润泽"。

"润泽"这个词表示湿润的程度，也可以说它表示了那种安心的、无拘无束的、轻柔肌肤的感觉。"润泽的教室"里，教师和学生安心地、轻松自如地构筑着人与人之间一种相互倾听的信

---

① 金岳春. 倾听，使生命润泽〔J〕. 北京教育，2004（7）.

赖关系。

教室里我们经常会听到教师激情的音调:"同学们,来,勇敢地说出你自己的意见!""你有不同的想法吗?""你一定能读得超过她!""来,把手举高一点。"这看似是"鼓励学生张扬个性",可这样的课堂里,时间一长,学生不仅不会形成良好的习惯,获得丰富的知识,反而会变得浮躁、自大、拒绝倾听、心灵闭塞。这是"润泽的教室"吗?我们究竟离它有多远?

我们来看看《小鱼的梦》的教学。

周老师为了不放过任何一个能使孩子感悟美、欣赏美的途径,巧妙创造情境,倾听学生的声音,抓住生成点,让课堂洋溢梦境般的诗情画意。甜美的语调,缓缓的叙述,将"小鱼""带入"学生当中,也将学生领入美好的情境中。引导学生反复地、充分地朗读,在读中倾听、想象,再现语言画面,引导学生感受课文的优美意境。

……

教室里那样安静,每当有同学发言时,其他人都侧着脑袋倾听着,教室里的每个人的呼吸和其节律都是那么柔和。那份润泽,是师生日久生情的默契,是耳濡目染的熏陶。它真真切切地告诉我:如果希望在课堂上更好地培养学生的言语表现力的话,那么与其鼓励他们发言,不如培养他们倾听的能力。不要以发言为中心来考察学生,而要以是否学会了倾听来考察他们。

"倾听比发言更加重要。然而,大多数教师却仍然以学生的'发言'为中心来了解他们的看法,而并不认真地对待'倾听'。""倾听学生的发言,如果打一形象比喻的话,好比是在和学生玩棒球投球练习。把学生投过来的球准确地接住,投球的学生即便不对你说什么,他的心情也是很愉快的。学生投得很差的球或投偏了的球如果也能准确地接住的话,学生后来就会奋起投出更好的球来。这样的投球般的快感,我认为应当是教师与学生互动的基本……"日本佐藤学先生的精辟之言,让人耳目一新,发人深省!是啊,在我们的教学活动中,有多少教师认真倾听了呢?多数的教师只注意自己的教学进度,并没去想准确地"接住"每个学生的发言,未能与那些倾心"投球"的学生的想法产生共振。因此,说授课过程中学生的"投球"纷纷落地的确是不为过的。还有更严重的是,有的教师自己没接住球,还让学生去替他捡,像这样的互动如果持续的话,那么投不好球、投偏球的学生就会变得讨厌投球,甚至还会讨厌他们自己。

特别是在公开课上,教师怀里揣的是教案,脑中想的是下一个环节,对学生的发言不耐心听,不加以辨析,学生回答中明显的错误,老师也会充耳不闻,甚至还笑着鼓励:"你说得真好!""你真聪明!""你真会观察!"……这些课堂话语或许是出于对学生的尊重和鼓励吧,但是,我们仔细地想想,教师认真倾听了吗?殊不知,学生固然需要鼓励,但不加辨析地盲目鼓励,会使学生无法看清努力的方向,也许会让孩子在错误的道路上渐行渐远。我们要求学生学会倾听,认真倾听,老师们,每节课后也问问自己:今天,我认真倾听学生的发言了吗?

叶澜教授曾说:"课堂应是向未知方向挺进的旅行,随时都有可能发现意外的通道和美丽的图景,而不是一切都必须遵循固定线路而没有激情的行程。"教师在课堂的"对话"中真诚倾听学生的发言是至关重要的。

互相倾听是互相学习的基础。教师往往想让学生多多发言,但实际上,仔细地倾听每个学生的发言,在此基础上进行指导,远远比前者更重要。要创设一个使每个学生都安心发言的教室环境，必须对各种不同的意见十分敏感地倾听，建立起相互倾听的关系，否则这一目标是不可能实现的。善于学习的学生通常都是擅长倾听的儿童。只爱自己说话而不倾听别人说话的儿童是不可能学得好的。

【思考题】

1. 课程观察的意义是什么？
2. 如何提高课堂观察的效率？
3. 结合实际，谈谈教育"失聪"的原因。
4. 如何提高教师的倾听技能？

【技能训练】

1. 阅读下面的案例，分析这名教师的行为。

曾经，听过一堂公开课。记忆里一个片段，异常清晰。

老师让学生自由读课文。书声琅琅，然后书声渐少。最后，只剩下一个孩子的读书声了。怎么办？打断这不合时宜的读书声，继续下一个环节？或者委婉一些，告诉那个孩子，待会儿请他读？我不禁为讲课的老师着急。

然而，那老师微笑着，静静地倾听这最后的读书声。孩子在所有人的凝神倾听中读完了，放下书，目光投向老师，老师向他点点头，才领着大家继续学习。

这静静的两分钟的等待、倾听，是一个孩子成长过程中最简单的需要。请把宽容和尊重送给孩子，把充分释放自己的空间和时间还给孩子，这样他们才会有良好的心境，才会不断发展自我，创造自我，超越自我。

2. 有人形容教师应该用"三面镜子"观察学生，即"用显微镜观察小事、拿放大镜激活亮点、以望远镜发现特长",谈谈你对这句话的理解。

第四章

提问的技能

在课堂教学中,师生之间的互动交流包括内隐的和外显的,是保证课堂教学有效性的重要条件,而互动交流最常用、最主要的方式就是师生的问答,即提问。教师掌握了提问策略就有了课堂交流的基本工具。

第一节 提问的意义

一、提问的含义

提问,是指教师在学生已有知识和经验的基础上,依据教学内容,向学生提出适当的问题,并围绕问题引导学生积极思考,促进学生自觉学习的一种教学方式。提问,还有一层意思,指学生在学习中有不懂的问题向老师质疑。

与讲授行为（一种单向的信息传输）相比，提问是一种师生互动行为。在教师提问行为中间有学生行为的介入，因而它是间断的系列行为，是一系列按一定顺序排列的"问答行为链"。一般认为，"问答行为链"的"链节点"主要有四个：一是组织，教师提出课题或有待讨论的问题；二是诱导，教师诱导一种回答或向一个或更多学生发问；三是回答，学生回答问题；四是反应，教师对学生回答作出反应。在实际教学中，这四个"链节点"可能会被省略一二个，但教师发问和学生回答是不可或缺的。卡兹登（Cazden, C. B.）在归纳多项研究基础上提出三个"链节点"：一是发问，相当于上述的组织和诱导；二是回答，学生回答问题；三是评价，教师对学生回答作出评价或对某些问题作出进一步阐述。[1] 从"问答行为链"可以看出，提问行为除最初的发问行为外，行为链的后半部分很大程度上受学生当时回答情况的制约，因此，提问是一种师生互动行为。

二、提问的地位

早在古代，人们就很重视运用提问来进行教学。我国古代教育家孔子就常用富有启发性的提问进行教学。他主张教学要运用"叩其两端"的追问方法，引导学生从事物的正反两个方面去寻求知识。他鼓励学生提出问题，对于能提出深刻问题的学生常给予褒奖，并且公开表示向学生学习。其后，《学记》继承和发展了这一思想，提出要"善问"和"善待问"，即要求教师既要善

---

[1] 施良方，崔允漷主编．教学理论：课堂教学的原理、策略与研究［M］．上海：华东师范大学出版社，1999：202-204．

于向学生提出问题，又要善于对待学生提出的问题。在西方，古希腊哲学家苏格拉底也极为强调用提问的方式进行教学。他提出一个又一个问题引导弟子思考回答，当弟子不能正确回答时，他并不急于去纠正其中的错误，也不把自己的思想强加给弟子，而是针对错误提出反问，使弟子仔细检查自己的思想，重新思考问题，逐步得出新的、正确的结论。这种方法被人们称为"产婆术"。

时至今日，人们的教学更是离不开提问。1966年，白拉克（Bellack）等人研究指出："教学序列的核心就是教师的提问和学生的回答，另外还有教师对学生的回答所作出的反应。"其研究结果显示，教师要用72％的教学时间来提出问题、回答问题和进行评价。由此可见提问所占用的教学时间之多。国内的有关调查发现，小学教师平均每天要问大约22个问题。另外，有学者曾对课堂教学中常用的教学方法做过调查，结果发现，提问法在教学中的应用频率仅次于讲授法，列第二位。[1] 上述研究和调查都说明，提问在教学中占有相当重要的地位。一位教育家曾说：教学的艺术全在于如何恰当地提出问题和巧妙地引导学生作答。

三、提问的功能

提问之所以在教学中具有重要的地位，是由其功能决定的。概括起来，提问的功能主要体现在以下几个方面：

---

[1] 高艳. 现代教学基本技能〔M〕. 青岛：青岛海洋大学出版社，2000：118-119.

（一）激发学习动机，集中注意力

课堂提问能激发学生的好奇心，从而引发认知的需要和学习的兴趣。一个有意义的问题能够促使学生积极地寻求问题的正确答案，以体现他们对未知世界的探索和追求。而学生要对所提出的问题作出正确的回答，就必须进行紧张积极的分析和思考，这样就使学生自然地产生了一种紧迫感，从而督促和激励他们保持对所学内容的高度注意。同时，学生在思考和探索问题的过程中，获得了对问题的深刻理解和认识，体会到成功的喜悦，这无疑又会大大加强他们对问题进行探究的自信心和兴趣。如果教师对学生的回答作出积极的反应，则会进一步激发学生的学习兴趣，强化学生的学习动机。

（二）提示学习重点

通过提问，可以帮助学生注意和理解教材的难点和重点，掌握学习的方法。在教学中，针对学生理解有困难的内容，教师运用提问技巧，引导学生分析那些起关键作用的材料和信息，串起内容的主要线索，帮助学生突破难点。合适的提问，也能够引起学生对"盲点"内容的重视和注意。在学生的学习中，常常会忽略好像对文本理解影响不大但实际上有深刻含义的一些内容，这些内容称之为学生学习的"盲点"。"盲点"的存在实际上反映了学生对教学内容的理解仍停留在比较肤浅的表面层次。教师恰当地利用提问，有利于提示、引导学生注意这些内容，以促进和加深他们对教学内容的理解。

（三）启发学生的思维

古人云：学起于思，思源于疑。学生的思维是从问题开始的，疑问是思维的第一步。教师根据教学内容的需要，结合学生认知结构的特点，在教学过程中巧妙地设置一系列需要学生主观努力去解答的问题，常常可以一下子打开学生思想的闸门，使他们思潮翻滚，奔腾向前，有所发现和领悟。学生解决问题的过程就是学生的思维过程。国内外已有研究表明，不同类型的问题可以激发学生不同类型的思维。可以说，启发学生的思维，发展学生的思维能力，是教学提问最主要的功能。

（四）培养学生参与能力

在提问教学中，不管是教师向学生提问还是学生回答问题或质疑，都可以给学生提供参与讨论、发表意见、流露情感、锻炼语言表达的机会，这有助于发展学生的组织能力和表达能力。已有研究证实学生对教师引导的问答活动参与程度最高。

（五）实现师生互动交流，活跃课堂气氛

传统的课堂教学，往往采取"教师讲，学生听"的单纯知识灌输方式，教学中的信息不容易在课堂上传达出来并得到有效反馈。课堂提问可以通过教师提问、学生回答的形式，使师生双方都能接收到来自对方的反馈信息，从而加强了双方的互动交流，有利于促进学生对知识的理解和运用，同时也能促使教师根据交流中得到的信息进行教学反思，及时改进教学内容和方法。此外，这种变"一言堂"为"群言堂"的互动交流方式，也能够活跃课堂气氛，形成良好的师生关系。

第二节 提问的类型[①]

教学提问的具体形式与类型是多种多样的，将多种多样的教

[①] 主要参阅：李如密. 教学提问艺术的功能和类型〔J〕. 教学与管理，1995（2）；沈小碚. 课堂教学提问类型的概括研究〔J〕. 江西教育科研，1996（1）.

学提问按一定标准进行分类，有助于教师把握各种教学提问的类型特征，在实践中加以选择和运用。

一、根据教学提问的水平分类

这一分类又叫"布鲁姆—特内教学提问模式"，是由教育家特内根据布鲁姆《教学目标分类学》的基本思想创设的。在这种提问模式中，教学提问被分成由低到高六个水平，每一水平都与学生不同类型的思维活动相联系着。

（一）知识（回忆）水平的提问

这一水平的提问可用来确定学生是否已记住先前所学的内容，如定义、公式、定理、具体事实和概念等。如"说出'勾股定理'的公式"。这一水平的提问是最低层次、最低水平的提问，它所涉及的心理过程主要是回忆。学生对这类问题的回答通常可以用正确或错误来进行判断，其内容不超出先前所掌握的知识范围。在知识水平的提问中，教师常使用的关键词是：谁、什么是、哪里、什么时候、写出等。

知识水平的提问对其他水平的提问是极为重要的，但如果过多地使用，简单的回忆就会限制学生的独立思考，从而不利于学生思维能力的发展。这种提问一般用在课的开始或对某一问题论证的初期，使学生回忆所学过的概念或事实，为学习新知识提供材料。

（二）理解水平的提问

这一水平的提问可用来帮助学生组织所学的知识，弄清它们的含义。它要求学生能用自己的话来叙述所学的知识，能比较和对照知识或事件的异同，能把一些知识从一种形式转变为另一种形式。如"用你自己的话叙述'勾股定理'"、"请把这段古文译成现代文"等。要使学生能够回答这一水平的提问,就必须事先把提问所涉及的必需知识提供给学生。在理解水平的提问中,教师经常使用的关键词是:用你自己的话叙述、比较、对照、解释等。

(三) 应用水平的提问

这一水平的提问可以用来鼓励和帮助学生应用已学知识去解决问题,它要求学生能把所学的某些规则或理论应用于某些问题,对问题进行分类、选择,以确定正确答案。如"运用纬度和经度的知识,在地图上找出北京的经纬度数"。在这一水平的提问中,教师经常使用的关键词是:应用、运用、分类、选择、举例等。

(四) 分析水平的提问

分析水平的提问可以用来分析知识的结构、因素,弄清事物间的关系或事项的前因后果,它要求学生进行批判性思维,能分析资料,以确定原因,进行推论。如"引起'代沟'的原因是什么?"在这一水平的提问中,教师经常使用的关键词是:为什么、什么因素、得出结论、证明、分析等。

(五) 综合水平的提问

这一水平的提问可用来帮助学生将所学知识以另一种新的或有创造性的方式组合起来,形成一种新的关系。这类问题常用于发展学生的创造能力。它所考查的是学生对某一课题或内容的整体性理解,它要求学生能进行预见,创造性地解决问题。如"在什么条件下,森林才能起火?"在这类提问中,教师经常使用的关键词是:预见、创作、如果……会……、总结等。

(六) 评价水平的提问

这种提问可用来帮助学生根据一定的标准来判断材料的价

值，它要求学生对一些观念、价值观、问题解决办法或伦理行为进行判断和选择，能提出自己的见解。如"你怎样看待这篇散文？"在这一水平的提问中，教师经常使用的关键词是：判断、评价、证明、你对……有什么看法等。

二、根据教学提问的作用分类

（一）分析或概括性提问

这种提问涉及的范围比较大，内容比较复杂，其目的在于启迪学生的思路，促其思维活跃。

（二）强调性提问

即教师在教学过程中为强调重点，突破难点而提的问题。

（三）点明知识规律性的提问

在教学完各部分有联系的知识后，使用这种提问，帮助学生把握知识间的规律，使知识系统化。同时也可训练学生的逻辑思维能力。

（四）肯定或否定性的提问

这种提问用以辨明知识的基本概念，或加强定理、公式的正确记忆，消除错误印象。

（五）引起学生兴趣和求知欲的提问

在教师讲所要讲的内容或让学生预习之前运用这种提问，可激发学生的学习兴趣和求知欲。

（六）引起学生注意的提问

这种提问用于教师要讲某个重要内容之前，以引起学生注意。

（七）启发引导学生提问的提问

为了让学生把所学的知识变成自己所理解和掌握的东西，教师通过自己的提问，启发引导学生提问，并鼓励学生互相解答提出的问题。

三、根据教学提问的信息交流形式分类

美国的查尔斯·C. 狄诺凡把教学提问分为五类。

（一）特指式提问

指对某个特定的学生直接发问，用于检查个别学生的学习效果。

（二）泛指式提问

这种提问不先确定某一个人来回答问题，目的是引起全班同学的思考，并期望学生有多种答案。

（三）重复式提问

指在某个学生提出一个问题后，教师重复这个问题，让别的学生来回答。这种提问可以调动学生质疑和解疑的积极性，突出教学的重点和难点。

（四）反诘式提问

教师提出问题后学生不能正确回答，教师并不急于纠正其错误，而是针对其错误回答提出反问，使学生重新思考问题，逐步意识到自己认为正确、完善的答案是错误的，得出新的、正确的结论。

（五）自答式提问

这是并不期望学生回答的问题。教师提出问题，让学生思索一下，然后自己作答。常用来实现教学内容之间的过渡。

四、根据教学提问的内部结构分类

（一）总分式提问

又称牵引式提问。是指将一个大问题分解为若干小问题，这些小问题本身互不直接牵连，而分别与大问题相扣合。回答了诸多小问题，再综合探索大问题，其特点是"以大领小，从小到大"。

（二）台阶式提问

又称层次式提问或递进式提问。指将几个连续性的问题由易到难依次提出，前一个问题是后一个问题的基础，后一个问题是前一个问题的深化，从而把学生的思维一步一步引向求知的新天地。

（三）连环式提问

又称追问。是指教师根据知识的内在联系，设计以疑引疑、环环相扣的一系列问题进行提问。有时则是教师提出一个问题后，根据学生的回答，再提出另一个问题，首尾相连，一追到底。

（四）插入式提问

又称插曲式提问。是指在教学过程中暂时中断提问思路的主线，而插入一个与之相关的内容，在叙述完有关的内容之后再提出问题的方式。插入式提问要根据教学需要设计或临时随机安置。

五、根据教学提问的具体方式分类

（一）直问和曲问

直问，指教师在教学中直截了当地提出问题，学生可直接地作答，不必拐弯抹角——"问在此而意在此"。曲问，即"问在此而意在彼"。教师的本意是解决甲问题，却不直接问，而是提出乙问题，乙问题的解决以甲问题的解决为前提，学生只要回答了乙问题，甲问题也就不答而解。

（二）正问和逆问

正问，即正面提问，教师根据教学内容从正面提出问题，学生在解答问题的过程中获得知识，发展智能。如物理教师想让学生掌握"加速运动"这个概念，就可正面问："什么是加速运动？加速运动的定义有哪几个要点？"逆问，即倒问。教师不从教学内容的正面提出问题，而是从反面提出假设，让学生通过对照比较，自己作出结论。这种提问如"平地起波澜"，具有刺激性和挑战性，可促使学生深入思考，训练学生的逆向思维。如钱梦龙老师讲《左忠毅公逸事》，问：文章一开头先交代"风雪严寒"的天气有什么必要？这四个字去掉好不好？

（三）单问和复问

单问，即常规提问，同一时间提问一个学生，是中小学最常见的提问方式。复问，即并行提问，在同一时间内同时提问几个学生，优点是可以让更多的学生经受锻炼，但不易掌握。

（四）快问和慢问

快问，即急问抢答。教师发出快速急问，学生争先恐后抢答，以训练学生思维的敏捷性和灵活性。这种提问宜用于较易的内容，使学生抢答时能答。慢问，即深求慢问。教师提出问题后给学生留出充足的思考时间，让学生周密思考，组织语言，以对问题作出完满回答。这种提问可训练学生思维的深刻性和批判性，突出重点和难点，宜用于较难的内容和高年级学生。

第三节 提问的运用

根据学者们的研究和大量优秀教师的实践经验,从"问答行为链"的角度,要实现提问的有效运用,教师应做到以下四点。

一、精心设计问题

课前精心设计问题是保证提问有效性的前提。要设计出良好的问题,必须首先努力钻研教材和深入了解学生,只有在"吃透"教材和了解学生的基础上,才可能设计出贴近学生实际、具有教学意义的问题。一般说来,设计精良的问题应具有以下一些特点:

(一)具有明确的目的

课堂提问是为教学服务的,在课堂教学中,通过提问要达到什么样的目的,教师必须心中有数。那种随心所欲,想起什么问什么,脚踩西瓜皮,滑到哪里算哪里的提问方式只会劳而无功,无益于教学。

课堂提问的目的可以有很多,概括起来主要有:1.检查、诊断学生的学习。提问可用来检查学生知识掌握情况和运用能力,或用来诊断学生的学习能力,估计学生对某一学习任务的准备情况。如课初的旧知识检测性提问,课中、课末的目标检测性提问等,都属于这种目的的提问。这种提问可帮助学生牢固掌握知识,亦可为教师的后续教学提供参考。2.组织教学。提问可用来唤起学生的有意注意,把学生的注意力引入到课堂教学中来。如课初当学生的情绪仍处于课前各种情绪的余波中时,教师提出一两个能引起学生兴趣的开发性问题,可使学生的注意力迅速转移到教学中来。在课堂教学中，如发现个别学生注意力不集中或有违纪行为，教师亦可通过恰当的提问促使其脱离涣散状态。3. 导入新课。提问可用来为导入新课进行铺垫。在课初进行检测性提问或组织教学性提问时，在问题的设计上，可综合考虑检测旧知、组织教学和导入新课的多重需要，使提问同时具有检测、激发学生学习兴趣和为教学新知作铺垫的多种功能。在课堂教学进程中，亦可借助提问步步导入一个新的知识点，使新旧知识形成联接。4. 引导学生深入掌握新知。在教学的重点和难点处，有时需要教师提出一连串相互联系的问题，帮助学生组织材料，形成思考的线索，从而深入掌握新知。5. 引导学生进行创造性思维。在课堂教学中，应结合教学内容，设计一些创造性的问题，引导学生进行多角度思考，发展学生的创造性思维。如教学完《小桔灯》后，可提问学生："小姑娘今天的生活怎样？她的爸爸回来了吗？"请同学们思考。

　　需要说明的是，上述各种提问目的并不是截然分开的。在实际的教学提问中，往往一个提问包含两种或多种目的，具有教学匠心的教师也往往使每次提问两种或两种以上的目的巧妙结合，以实现提问设计的高效性。

（二）难易适度

　　课堂提问应从学生的认识实际和知识水平出发，难易适度，切合学生的能力。问题过难，超过了学生的能力范围，学生会无从下手，不但起不到调动学生积极思维、激发学生学习兴趣的作用，还会给学生造成望而生畏的恐惧心理。问题过易，学生不用努力思索就能回答，不能对问题进行实质性的探究，也无助于学生思维能力的锻炼，久而久之，学生容易形成思维惰性，不利于学生的发展。难易适度的问题，应当是落在学生智力的"最近发展区"。苏联著名心理学家维果茨基把学生的智力发展水平分成"现在发展水平"和"最近发展水平"。前者表现为学生能够独立解决的智力任务的水平；后者表现为学生还不能独立解决，但在教师的帮助下或在集体的活动中能够解决的智力任务的水平，是学生尚处于形成状态、正在成熟中的机能。为此，落在学生智力的"最近发展区"的问题，不是学生稍动脑筋就能解决的问题，而是在教师和同学的帮助下通过独立钻研和积极思维才能解决的问题。如一思想政治课老师在教学《一个国家，两种制度》时，先和学生一起朗诵著名诗人余光中的《乡愁》，而后提出了这样一组难易适中的问题：1.这首诗表达了作者什么样的愿望？作者这一愿望能实现吗？为什么？2.你认为我国应当怎样解决台湾问题，实现祖国完全统一？你能为实现祖国统一做些什么？

当然，负有不同目的的提问，其难易要求不同。如组织教学性提问可稍易一点，引导学生深入掌握新知的提问则可稍难一点，教师应根据教学实际灵活把握。

（三）富有启发性

富有启发性是指问题的设计既能引起学生认识上的矛盾，激发学生的求知欲望，又能启发学生的思路，发展学生的思维能力。要使问题富有启发性，可在学生思维的起点上设计问题。所谓学生思维的起点，就是学生现有的知识、经验和习惯使用的思维方式。这些东西有正确的，也有错误的。以这些知识、经验和思维方式，特别是其中错误的东西作为起点设计问题，可引起学生认识上的矛盾，从而激发学生解决问题的愿望。问题的设计不宜太直太白，主要是通过提问给学生设置思考的点和线，启发学生的思路，让学生通过自己的思考得出结论。因此，教师应尽量避免单纯的判断性提问,多用疑问性提问,注意运用开拓性提问,引导学生自己思考,自己探究。

(四)角度新颖,具有趣味性

在教学实践中,教师们常常碰到这样的情况:同样的问题,这样问,可以"一石激起千重浪",那样问,则"一潭死水,微波不现"。出现这种情况的原因在于问题的切入角度不同。因此,在设计提问时,要注意从不同角度、不同方面出发,切忌问题提得平平淡淡,老调重弹。要使问题问得巧,问得新颖,可以采用曲问、逆问等方式,使学生有新鲜感,产生浓厚兴趣,继而积极思考。如教学《愚公移山》一文,为使学生正确理解文中"孀妻"一词的含义,一般的问法是:"'孀妻'是什么意思?"而特级教师钱梦龙则从不同角度设计了这样的提问:"愚公要把土石运到东海去,邻居家的一个男孩也要去,他的爸爸同意他去吗?"一石激起千重浪,孩子们看了课文都笑了起来,说:"他没有爸爸呀!""你们是怎么知道的?""因为他妈妈是孀妻——寡妇呀!"经过积极思考,孩子们终于弄清了该词的正确含义。

(五)问题清晰明了

问题清晰明了,是要求设计的问题使学生听后能够迅速明白问题的含义,引起积极的思考。要做到问题清晰明了,首先是问题的范围要确定。教师所提的问题只有范围确定,学生才知道怎样回答。如果问题的范围太广,学生就会一头雾水,不知道从何入手。二是问题的表述要简洁、准确,通俗易懂。如果问题的表述语法结构复杂,或者是包含抽象、笼统、概括化的语言,学生听不明白,也就无从思考。

(六)问题具有序列性

问题具有序列性是指教师应依据具体的提问目的,把所要发问的问题按照一定的次序进行组织安排，使前一个问题与后一个问题相联系，形成教学的思维链，引导学生循"序"渐进。如，如果教师想请学生就某一思想提出一项实际运用建议，而后让学生详细说明具体操作，那么教师就可先提问一个高认知水平问题，随后提几个低认知水平问题。如果教师想让学生注意有关事实再得出一个重要结论，那么教师则可先提问一系列低认知水平问题，随后提一个高认知水平问题。问题的序列性有助于学生的思考，从而提升教学的有效性。

二、讲究发问策略

（一）把握发问时机

把握发问时机，是提问技能的重要方面。那么，什么时候提问才是最恰当的呢？孔子曾说："不愤不启，不悱不发。"意思是说，不到学生想求明白而不得时不去开导他，不到学生想说而又说不出来时不去启发他。这就要求教师发问应问在学生"心求通而未得，口欲言而不能"之时。

例如，有位语文老师进行一次公开教学，课题是"片段作文训练——矛盾心理活动描写"。当他提问"什么叫矛盾的心理活动"时，学生中无一人举手。他的教案上写着："矛盾，即对立统一。心理活动，就是心里的想法。"他想念教案，又怕学生理解不了。正在左右为难时，发现有个学生刚举起手又把手放下了。于是他叫起这个学生问其原因。那学生支吾着说："我想举手，是因为我对老师提出的问题思考了一下，有个模糊的答案……但一举起手，我又想我的回答对不对呢？今天这么多老师听课，讲错了就会丢丑。"这不正是一种矛盾的心理活动么！学生刚答完，教师便紧接着问大家："××同学刚才脑子里出现了几种想法?"学生异口同声地回答:"两种。""这两种想法是一致的,还是相互斗争的?"教师又问。学生纷纷说:"是相互斗争的。"教师抓住时机,及时归纳说:"在生活中,我们会遇到各种情况,面对这些情况,思想上经常会出现许多矛盾和斗争,这种思想上的斗争,就是矛盾的心理活动。"学生一听,恍然大悟。①

(二) 恰当分配问题

恰当分配问题是指教师从促进每一个学生的发展出发,将问题公平而适当地分配给不同学生。在实际的教学提问中,许多教师不能公平分配问题,往往对某些学生施以更多关注,提许多问题,而对另一些学生则是忽视,从不提问或很少提问。这种提问方式,必然导致不平衡的课堂互动,不利于学生的发展。一般说来,教师在分配问题上往往存在着以下一些错误倾向:②

第一,教师往往倾向于把问题分配给成绩好的学生,而较少将问题分配给成绩差的学生。第二,教师往往倾向于把问题分配给那些性格外向、能说会道、善于表现的学生,而那些性格内向、寡言少语、胆小怕羞的学生则很少被教师提问。当然,教师本人的性格也会影响教师分配问题的好恶,一般来说,性格内向的教师喜欢把较多的问题分配给性格相近的学生,而性格外向的教师喜欢把问题较多地分配给性格外向的学生。第三,在小学阶段,教师往往倾向于把问题分配给女生,而较少地把问题分配给男生;但到了小学高年级、初中、高中阶段,教师则往往倾向于

---

① 高艳. 现代教学基本技能〔M〕. 青岛:青岛海洋大学出版社,2000:135-136.

② 肖峰. 课堂提问技术初探(上)〔J〕. 杭州教育学院学报,1998(1).

更多地向男生提问题。第四，教师往往倾向于把问题分配给那些有一定家庭背景的学生，而较少把问题分配给那些家境贫寒的学生。第五，教师往往倾向于把问题分配给前面和中间的学生，而较少把问题分配给后面和两边的学生。第六，教师往往倾向于把问题分配给自愿举手回答的学生，而较少把问题分配给那些不积极举手回答的学生。

作为一名教师，应尽可能地避免以上错误倾向，公平而恰当地将问题分配给每一个学生，使所有学生都有所发展。在教学实践中，广大教师创造了不少成功的做法，如将不同水平和类型的问题分配给不同的学生，将较简单的问题分配给成绩差的学生，将难度较大的问题分配给成绩好的学生等。

（三）适当停顿

发问中的停顿主要包括教师提问之前的停顿、教师提问之后与学生回答问题之前的停顿。大量的研究表明，适当的停顿有助于提升教学提问的效果。

教师在提问之前适当停顿，并配以适当的引导语，如"同学们听好了，下面让我们来考虑这样一个问题，这个问题是（停顿）……"，可以吸引学生的注意力，使学生做好接受并回答问题的心理和知识准备。相反，如果教师在提问之前没有任何引导语，也没有任何停顿，就可能使相当一部分学生不能听清楚教师所提的问题，从而影响提问的效果。

教师提问之后与学生回答问题之前的停顿即候答时间，候答时间的长短，也直接影响到教学提问的效果。不少研究发现，很多教师给学生的思考时间（即候答时间）较短，平均不到3秒钟，甚至在提问1秒钟后就要求学生回答。研究者通过实验指出，教师如果延长候答时间至3秒或更长，学生的回答就会有显著的改善，教学效果明显提高。其主要原因可能首先在于给学生提供了更多的思考机会；其次是创造了有利于学生思考问题的更为宽松的课堂气氛，降低了学生的焦虑程度。当然，在实际的教学中，候答时间长短的把握必须考虑到两个因素：一是问题的难度，问题越难，学生所需的思考时间就越长；反之则越短。二是学生的认知速度，学生的思维速度越快，所需的思考时间就越短；反之则越长。

（四）态度自然

紧张的教学气氛容易使学生的思维受到压抑，发挥受到限制。因此，教师发问应态度自然、友善，可用殷切、鼓励、信任的目光扫视全体学生，这样有助于学生积极思考，畅所欲言。

（五）语言清晰

教师发问时应语言清晰、简单，尽量一次到位，避免复述，这样既节省时间，又可防止学生养成不注意教师发问的不良习惯。

三、恰当理答

理答是指教师对学生回答的处理。提问本身是一个师生互动的过程：教师提问—学生回答—教师反馈，教师的理答恰恰是反映教师与学生之间互动质量的重要指标之一。因此，在实际的教学提问中，教师应注重发展自己的理答技巧。

（一）理答的前提

恰当理答的前提是认真倾听。当学生回答问题时，教师应认真倾听学生的发言，鼓励学生畅所欲言，尽情表达，切不可心不在焉，左顾右盼，或者忙于做其他的事情。比如，有的教师喜欢在提出问题后转身板书，或者是埋头看讲稿；有的教师对学生的回答显得不耐烦,未等学生表达完毕,就急于打断或阻止学生的发言,如此等等,都是有碍提问效果的行为,应予以克服。只有当学生回答完毕后,教师才可以对学生的回答作出评论或进一步提问。认真倾听之所以有助于提升提问效果,其原因在于:倾听能够显示教师对学生的耐心、尊重,有利于学生产生高质量的回答,而且还可以帮助教师发现、诊断学生存在的问题,以便及时提出相应的补救办法。此外,倾听还有利于建立良好的师生关系。

另外,学生回答后,教师不应马上评论或判断,而是应该停顿片刻(3~5秒),略作思考,然后再由教师或其他学生对刚才学生的回答作出评价或判断。这样做的理由在于:1.给学生提供一个对自己的回答进行自我补充和自我修改的机会;2.向学生表明教师对学生的评价是慎重的;3.有利于学生之间展开讨论。在停顿过程中,往往会有其他学生提出补充、修改或相反意见,教师如过早评价会使一场有意义的讨论夭折。

(二)理答的几种方式

从实际的教学提问来看,学生对问题的回答主要有回答正确、回答部分正确(包括回答不完整)、回答错误和不回答(包括回答不出问题)四种情况。不管哪一种情况,教师理答的基本原则都应该是:尽可能引导学生自己深入理解问题并找到答案,让学生体验到成功。基于这一基本原则,常用的理答方式主要有以下几种。[①]

1. 提示

[①] 此处主要参考了肖峰. 课堂提问技术初探(下)[J]. 杭州教育学院学报,1998(3).

提示是指当学生回答不出问题，回答错误或回答不完整时，教师通过层层启发，逐级诱导，帮助学生慢慢接近正确答案，并最终由学生自己得出正确答案的一种理答方式。在所有的理答方式中，提示是对教师挑战最大、难度最大的一种。这是因为，教师往往无法预知学生可能出现的问题，这就要求教师根据学生当时的回答情况，临时选择最佳的提示角度，现场编制一些阶梯性的问题，并配合适当的提示语，引导学生深入思考，并最终得出正确结论。

在实际的教学中，教师经常使用的提示方法大致有以下几类：（1）提供或缩小学生的思考范围；（2）教师引出部分答案；（3）提供与问题答案相关的旧知识；（4）指明思考问题的方向；（5）把一个较大的问题分解成几个较小的问题；（6）从难度较大的问题退回到难度相对较小的问题，等等。

〔教学实例〕

师："如果北京是早上八点钟，请问东京应是早上几点钟？"

生："不知道。"

师："没关系，那么，请你翻开地图册，查一下北京和东京相差几个时区？"（提示）

生："北京在东八区，东京在东九区，它们之间相差一个时区。"

师："那么，请问相差一个时区，应相差几个小时呢？"（提示）

生："不知道。"

师："没关系，请问地球上总共有多少时区呢？"（提示）

生："二十四个时区。"

师："地球自转一圈为二十四小时，地球上总共有二十四个

时区，那么，每个时区是几小时呢？"（提示）

生："一小时。"

师："既然北京和东京相差一个时区，那么，应该相差几小时呢？"（提示）

生："一小时。"

师："是早一小时呢，还是晚一小时呢？"

生："不知道。"

师："地球是自西向东自转，请问是东京先看到太阳呢？还是北京先看到呢？"（提示）

生："东京。"

师："那么，请问北京是早上八点钟，东京应是早上几点钟呢？"

生："早上九点钟。"

师："太棒了，你终于通过自己的努力得出了正确的答案。"

2. 探究

探究是指在教师提问之后，学生虽然提供了正确答案，但他们提供的答案往往不够深入，或者不够详细，或者不够清楚，或者不够规范，这时教师要求学生提供补充信息，进一步解释或澄清自己的观点，使得自己的回答更深入、更详细、更清晰、更规范的一种理答方式。使用探究的好处在于：可以避免学生仅对问题作"是与否"、"对与错"的表面回答，促进学生"知其然"更"知其所以然"；教师也可以从中了解学生的思维方式和思维过程，从而采取相应的措施；同时，与由教师或其他学生直接补充相比，探究更能培养学生的自信心和学习兴趣。

一般而言，探究往往由两个以上逐渐递进的连续性问题组合而成。

〔教学实例〕

师:"请同学们运用反义疑问句的语法规则来回答下面问题:She has never been to shanghai, _____? 小张,你来回答。"

生:"has she。"

师:"为什么?"(探究)

生:"因为 never 是否定词,其意为'从来不',根据反义疑问句语法规则,如果陈述部分是否定句,疑问部分应用肯定句,另外,反义疑问句的人称和时态都应该保持一致,因此,应该用 has she。"

师:"回答得非常好,那么,我们曾经学过的类似像'never'这样的否定词还有那些呢?"(探究)

生:"little, few, seldom, hardly, no longer 等。"

师:"完全正确。"

3. 转引

转引是教师就一个问题分别向两个或两个以上学生提问的理答方式。转引通常包括以下几种情况:(1)当某一个学生不会回答时,教师请其他学生回答;(2)当某一学生回答出了问题的一个方面,教师请其他学生加以补充;(3)当一个学生回答了问题的一种答案,教师请其他学生说出问题的另外答案,等等。使用转引的好处在于:(1)可以大大增加回答问题的学生人数,吸引更多学生的注意力;(2)转引是实现课堂内学生之间观点与经验共享的有效途径;(3)有利于培养学生合作的态度和交流的能力;(4)能够充分挖掘每一个问题潜在的思维训练价值。

〔教学实例〕

师:"同学们,植树造林有什么意义呢?小张,你来回答。"

生:"净化空气。"

师:"很好,小王,还有其他作用吗?"(转引)

生:"保持水土。"

师:"好的,还有同学补充吗?"(转引)

生:"防风固沙。"

师:"对,小高,你呢?"(转引)

生:"美化环境。"

师:"不错,小李,你的观点呢?"(转引)

生:"减小风速。"

师:"太棒了,看来小马还有话要讲。"(转引)

生:"降低噪声。"

师:"好极了,还有哪位同学有补充?小钱,你说?"(转引)

生:"保护农田。"

师:"非常正确,上述回答加起来就是这个问题的完整答案。"

4. 延伸

延伸是指教师在随后的教学中用到学生前面提供的正确结论,或者教师对学生提供的正确答案做进一步的发挥,使其更具概括性、代表性、普遍性的一种理答方式。延伸实际上对学生是一种非常含蓄、十分有效的奖励手段,因为它能满足学生的成功感。同时,延伸也有助于提高学生的认识能力。

5. 回问

回问是指当某位学生不能回答时,教师先把问题转引给其他学生,待其他学生正确回答后,再将原问题提问给刚才那位不会回答的学生,或者再问那位不会回答的学生一道类似的题目,直到他(她)也能正确回答的理答方式。回问主要有两种做法:(1)教师就原先的问题再次提问刚才不能回答的学生:"现在你会了吗?""现在你理解了吗?"如果那位学生回答:"理解了。"教师应给予奖励和安慰:"其实,刚才你是理解的,只不过是因为太紧张,所以才回答不出,老师相信只要不紧张,你是完全能够正确回答的。"(2)当其他学生回答正确之后,教师再出一道类似的题目让原先不会回答的学生回答,待他(她)回答正确后,再给以奖励。

〔教学实例〕

师:"请写出 big 的比较级和最高级,小张,你来回答。"

生:"biger,bigest。"

师:"小王,你的看法呢?"

生:"因为 big 是重读闭音节,所以应该是 bigger,biggest。"

师:"小王回答得不错,big 是重读闭音节,应该双写最后一个字母,然后再加 er 和 est。小张,你现在理解了吗?"

生:"理解了。"

师:"那么,fat 的比较级和最高级应怎么写?"

生:"fatter,fattest。"

师:"现在,小张通过自己的思考也掌握了这一内容。"

以上是几种常用的理答方式,在实际的教学提问中,教师应根据学生当时的回答情况灵活加以运用。值得一提的是,对于学生回答错误和不回答两种情况,教师在理答时应首先辨明原因。造成这两种情况的原因可能是知识欠缺、心理恐惧或学生未明白题意等。如果是学生未领会题意而回答错误或不回答,教师应重新表述所提问题,然后再引导学生回答。另外,在多数情况下,在理答结束时,教师应对学生的回答予以归纳和总结,使学生对问题的认识得到明晰和深化,同时也有利于学生所学知识的系统化与综合化。

四、鼓励、培养学生提问

提问,除了教师问学生外,还包括学生问教师。尤其是在强调创新人才培养的今天,鼓励、培养学生的提问意识和能力显得尤为重要。爱因斯坦曾经指出:"提出一个问题往往比解决一个问题更重要,因为解决一个问题也许仅是一个数学上的或是实验上的技能而已,而提出新的问题、新的可能性,从新的角度去看旧的问题,却需要有创造性的想象力,而且标志科学的真正进步。"[1] 因此,美国的布鲁巴克认为:"最精湛的教学艺术,遵循的最高准则就是让学生自己提问题。"[2] 只有学生心中有了疑问,才会产生探索的欲望,从而激发创造性思维活动。

要使学生学会提问,需要经过两次转折,一是从不问到敢问,二是从敢问到会问。两次不同的转折,教师提供的引导也不同。

(一)鼓励学生敢于提问

使学生敢于提问,是培养学生提问意识和能力的基础性工作。对此,教师要给学生留出提问的时间,更为重要的是,教师要给学生创造一种宽松、民主、愉快的教学氛围,使学生思想放松,有足够的安全感,能够展开多向思维,自由地联想、探索。青少年思想活跃,求知欲旺盛,对事物有着强烈的好奇心,这就

---

[1] 欧阳文.学生无问题意识的原因与问题意识的培养〔J〕.湘潭大学学报(哲社版),1999(1).

[2] 〔美〕布鲁巴克.西方教学方法的历史发展〔M〕//瞿葆奎.教育学文集.教学(中).北京:人民教育出版社,1988:421.

是问题意识的种子。然而，这颗种子能否发芽，取决于教师能否给学生提供一个民主、宽松的教学氛围。例如，天津市特级教师李鉴蕙对学生提出了课堂教学中的"七个允许"，即"错了允许重答；答得不完整，允许补充；不明白的问题允许发问；没想好的允许再想；教师错了允许提意见；不同意见允许争论；争论到白热化时，允许学生自由抢接话茬发表意见，不必举手等待老师批准"。① 在这样的氛围下，学生有足够的安全感，探索欲望自然就被激发。与此同时，教师如果对学生提出的问题表现出足够的尊重，对那些有一定价值的好问题给予及时的肯定与赞赏，让学生从提问中体验到成功，久而久之，学生便会养成学而思、思而疑、疑而问的良好学习习惯。

（二）引导学生善于提问

引导学生善于提问是在鼓励学生敢于提问基础上的更高一个层次，其目的在于使学生的提问有一定的质量，不流于形式。对此，教师应帮助学生克服两种倾向：(1) 为提问而提问。即在学生的观念中，提问是课堂发言的必需形式，每节课都得有所表示。这样，提问就成了一种教学任务和形式，而不是学生积极思维的结晶。教师应帮助学生克服这种倾向。(2) 一疑就问，有疑必问。教师应让学生明白：那些能通过自身努力，或借助工具书，或与同学讨论咨询可以解决的问题，就不必提出，提出的问题应是自己深入思考后仍不得其解的问题。

提问是一门科学，也是一门艺术。在实际的教学中，教师要有效地运用提问来达成教学目标，提升教学质量，就应当首先深

---

① 吴德芳、吴苏春. 论课堂教学中的学生提问〔J〕. 江西教育科研，2002（3）.

入了解提问的基本原理，同时，还应当有意识地在实践中对提问技能加以练习，善于总结，不断提高。

【教师手记】

峰回路转 柳暗花明[①]
——"中华民国的建立"教学案例

【背景介绍】

在"中华民国的建立"这一课题中，"如何理解辛亥革命的失败"是教学的一个重点和难点。教材的表述是："袁世凯篡夺辛亥革命的果实，辛亥革命失败……失败的根本原因是资产阶级的局限性。"为让学生真正理解这几句话的内涵，卢春建老师采用了提问教学。

【教学实录】

"辛亥革命的结局是什么？"

同学们顿时一怔。

这是我预料的，他们可能想不到我会问这么"小儿科"的问题。

"结局是什么？"我又问了一遍。

"失败呗！"有的同学显得有点不耐烦，有的同学则显得不屑。

"但我有疑问。"我问，"你们看，它推翻了腐朽的清政府，建立了中华民国，颁布了《临时约法》，当初的目标不是已基本实现了吗？"

---

① 卢春建. 峰回路转 柳暗花明——"中华民国的建立"教学案例[J]. 文教资料，2005（20）.

"对呀!"有的同学小声说,有的则开始转动脑袋,开始思考。(这正是我所期望的情景!)

"不对!"有个同学大声说,"最终是袁世凯当了总统。"

"对!袁世凯当了总统怎么能说是成功?"许多学生小声应和。

"但是,谁规定中华民国的总统必须是孙中山而不是袁世凯呢?"我立即反驳说。

"因为袁世凯是个大坏蛋。"有个同学脱口而出。

"哈哈……"学生哄堂大笑。

我也跟着笑了,但我高兴的是学生的思路终于被引到我预先设定的轨道上来了。我继续问:"从哪些方面说明袁世凯是个大坏蛋呢?"

课堂气氛更热烈了,只听见下面七嘴八舌地说道:

"他镇压义和团。"

"他出卖维新派。"

"他是帝国主义的走狗。"

"他两面三刀,阴险狡诈。"

"他会玩弄权术。"

……

答案五花八门,教室也像炸了锅一样,我想,该到"收网"的时候了。

我说:"他的品德,我们今天不去讨论,我想请大家思考的是:他的行为说明了他怎样的立场?"

"代表帝国主义。"

"代表封建主义。"

"对!"我说:"袁世凯就是帝国主义和封建主义的代理人!

所以,他当总统,说明该政权是代表谁的利益?"

"帝国主义、封建主义。"学生齐答。

"而辛亥革命的任务是什么?"我不失时机地追问。

"反帝、反封建。"几乎是异口同声。

"所以,袁世凯在台上,说明反帝反封建的任务有没有完成?"我高声问。

"没有。"学生齐答。

"任务没有完成,能说是成功吗?"我的语速加快了。

"当然不能!"

"好!我请一个同学用最精辟的语言概括一下:辛亥革命失败的主要依据是什么?"

"它没有完成反帝反封建的任务。"回答问题的同学斩钉截铁,脸上满足自豪的神色。

我无声笑了,这样的结论终于由学生之口表达出来了,当时,我内心的喜悦真是无法形容。但我立即告诫自己,别高兴得太早,还有问题在后面:我怎样让学生理解辛亥革命失败的根本原因是资产阶级本身的局限性,而产生这一阶级特性的根源又在于中国半殖民地半封建的社会性质呢?我稍微整理了一下思绪,继续发问:

"辛亥革命失败了,请大家罗列一下,它失败的原因有哪些?"

"帝国主义的破坏。"

"封建势力的强大。"

"袁世凯的实力。"

"立宪派、旧官僚的破坏。"

"资产阶级本身力量不强。"

"那么，最根本的原因是什么呢?"我立即追问。

"帝国主义……"

"封建主义……"

"资产阶级……"

下面又开始了争论，气氛非常热烈。

我点拨道："通常情况下，我们分析事物发生的根源是从主观还是从客观入手呢?"

"主观。"学生齐答。

"那，辛亥革命失败的主观原因是什么呢?"

"资产阶级本身的软弱性、妥协性。"

"对，这正是辛亥革命失败的根本原因。"我总结道。这时，我看到有许多同学的神情开始放松，我知道，他们可能以为我已没有问题了。机不可失，我立即趁热打铁，继续问道：

"资产阶级为何如此软弱呢?"

"力量不强大嘛!"有学生回答。

"力量为什么不强呢?"我一步不让。

课堂上很静，好像冷场了，但我看得出，大家都在思考。

我启发道："一个阶级派别政治舞台上的表现通常是由什么决定呢?"

"经济基础。"学生又开始活跃。

"那你们能不能告诉我经济基础和上层建筑的关系?"我问起了唯物主义的问题。

"经济基础决定上层建筑，上层建筑反作用于经济基础。"学生齐答。

"所以，资产阶级在政治舞台上的表现是由什么决定的?"

"是由于资本主义经济发展不充分，经济基础薄弱。"

学生终于将这纯理论性的问题答出来了。但我继续"没完没了"："那资本主义经济为何发展不充分呢？"

"它产生于半殖民地半封建社会，受到帝国主义、封建主义的双重压迫和束缚。"这样的问题对于学生真是太容易了。

"好！现在我请一个同学上来，其他同学在下面，能不能将'半殖民地半封建的中国'与'辛亥革命的失败'这两个历史现象之间加几个简短的句子连线搭桥呢？"

板演的同学与下面的同学很快写出来了：

半殖民地半封建的中国——中国资本主义受双重压迫——资本主义经济发展不充分——资产阶级力量不强——资产阶级软弱、妥协——辛亥革命失败。

"你看，我们的同学多么聪明，将这么深奥的理论问题解释得如此清楚，了不起！"我真诚地赞扬道。

好多同学脸上尽显得意之色，课堂气氛也终于轻松下来。我的心也跟着轻松下来，因为我预先制订的教学设计实现了，效果甚至比预想的要好。我这时才发现，后面听课的老师脸上也露出了赞许的神色……

【教学反思】

提问是历史课堂教学常用的教学手段，从学生能力培养的角度看，也是必不可少的重要环节，是启发式教学的基础，是联系师生双边活动的纽带，开启学生智慧之门的钥匙，同时又是教师教学机智的一种体现。课堂教学的成功与否，教学效果如何，提问运用是否得当往往起到关键作用。因此，"为什么问？问什么？怎么问？"就成为课堂教学技巧。

本节课，如果说有成功之处的话，我认为就是在讲述最后一个重点问题时在提问环节上进行了优化设计。具体说，体现在以下几点：

1. 针对性。首先，提出的问题针对教材内容的难点也是学生的疑难——辛亥革命失败。这样就做到了有的放矢，使得设计的问题选准了突破口，切中要点。其次，提问的对象针对全体学生，让每个学生都有表现的机会，享受成功的愉悦。在提问中也不是简单的一问一答，而是体现民主作风，让学生有插话和发表不同见解的机会，并且注意用夸张的语言和鼓励性言辞激发学生的求知欲。

2. 合理性。本节课问题的设计合理得当，意思明白，语言准确，逻辑严密，思想性强，且符合学生实际，达到科学性与思想性的有机统一。

3. 层次性。提问的深度来自问题层次的高低。本节课所提出的问题，能根据学生实际，按照循序渐进的原则，进行分层次、有梯度的设问，调动各层次的学生的积极性，使课堂探究性的气氛异常浓厚。

【思考题】

1. 提问具有哪些功能？
2. 如何提升教学提问的有效性？

【技能训练】

1. 根据你的学科专业特点，选取中小学教材中的内容，设计一堂课的提问。
2. 评析下列案例中的提问，说说你的看法。

一位语文教师在教《刘胡兰》一文时，与学生进行了这么一段问答。师问：这篇文章是写谁的？生答：是写刘胡兰的。师问：你怎么知道？生答：题目就是刘胡兰。师问：这个故事发生在什么时候？生答：1947年1月4日。师问：你怎么知道？生答：课文第一句就是这么写的。师问：这个云周西村在什么地方？有学生答是在陕北，有学生答是在延安。师说：云周西村在革命根据地。课文中有敌人对刘胡兰说了这么一句话："你说出一个共产党员给你一百元钱。"师问：谁知道那时发什么钱？有学生答是发银圆，有学生答是发铜板，而另有一位学生则说，那时候的钱中间是有窟窿的。教师最后总结说：反正那时候的钱比现在的钱值钱。

第五章 板书的技能

第一节 板书的内涵与功能

板书是课堂教学的重要环节,如果把备课分为若干环节,那么钻研教材、确定教学目的之后,就要精心设计板书。精湛的板书是教师创造性劳动的结晶,它渗透着教师的学识、智慧和技艺,体现了教师的教育教学理论水平和审美素养,反映了教师综合的教学能力。

一、板书的内涵

板书技能是指在课堂教学中,为了强化教学效果,教师运用黑板或投影片上的文字、符号、线条和图象的方式,向学生呈现教学内容、认知过程，使知识概括化、系统化，帮助学生正确理解，增强记忆，提高教学效率的一类教学技巧。教学板书一般表现为三种形式：[①] 板书、板演、板画。板书是指教师写在黑板上的文字，这是各科教学普遍采用的一种形式；板演是指教师在黑板上推导公式、演算例题或书写方程式等，是自然科学教学常用的一种形式；板画是指教师在黑板上绘画各种图形、符号和表格等，这也是多种学科常用的一种形式。教学板书的这三种形式在本质上是相同的，都是让学生通过视觉获取信息。

从教学观点看，一定的教学内容要内化为受教育者的知识，即产生教学效益，必须有一定的教学手段作媒体，使教学内容与教学对象联系起来，从而保证教学活动的正常进行。教学手段有四种基本形态，即语言传递、实际训练、情景陶冶和物质实体。而粉笔、黑板在以课堂教学为中心的学校教学中属于"物质实体"中最基本的东西，是联系教学内容和教学对象的最简单、最直接、最基本的媒体。心理学研究表明，大脑能记住的信息，85％来自视觉，10％来自听觉，5％来自嗅觉和触觉。黑板则是课堂教学中提供视觉信息的最简单、最重要的发射源。教育学、心理学的有关理论都说明板书在教学中具有重要的地位和作用。板书，素有"微型教案"之喻。好的板书能生动地体现教学主体对教材的深刻理解和巧妙处理，显示教师的教学思路和教学风格。板书是教师的基本功之一。好的板书，能提纲挈领，突出重点，配合讲述，画龙点睛，有助于学生理解并加深印象，板书是教师的重要"法宝"。

---

① 田爱香. 课堂教学板书的四大功能〔J〕. 教学与管理（理论版）. 2004（4）.

今天,您板书了吗?[1]

今天到一个学校去听了两节语文课,感觉很好,不愧是我们县的实验学校。无论是教师的普通话水平、授课艺术,还是课件制作技术,都几乎无可挑剔。

但这样两节课,我也发现了一个问题,就是充分运用多媒体技术辅助教学后,还要不要板书?我们听的第一节是三年级的《火烧云》,老师只板书了题目,然后在讲课过程中学生板书了"颜色"、"形状"两个词,老师在每个词的后边又板书了"快、多"。第二节课是六年级的《卖火柴的小女孩》,在讲课过程中老师分别用课件出示了"第一次,温暖的火炉(渴望温暖)"、"第二次,喷香的烤鹅(渴望得到食物)"……偌大的黑板光秃秃的,一个字没有,全被多媒体课件代替了,而且竟然连题目也没有板书。

有人说,教学是一门艺术,板书也是一门艺术。板书有着快捷、灵便、经济的特点,即使在电化教学方兴未艾的今天,在普通中小学的课堂教学中,板书也不可能被其他手段等所完全取代。所以我觉得,多媒体教学还是不要丢了板书的好。

总之,在利用多媒体教学手段组织课堂教学的今天,我们仍然还要板书。老师,今天您板书了吗?

---

[1] 王旭光.老师,今天您板书了吗?〔OL/EB〕.http://www.qt-edu.net/eduzl/jsgd/200512/29313.html.

二、板书的结构

根据教学板书的重要性和详略程度,可将教学板书划分为两类:[①] 一类是系统板书,也叫基本板书、主板书。其特点是能体现教学目标与教学内容内在联系的重点、难点,能够表现教学中心内容的基本事实、基本思想。系统板书构成了整个课堂板书的骨架,一般保留于课堂教学的全过程。另一类是辅助板书,又称附属板书或副板书。其特点是能反映教学内容中有关诠释性、延伸性信息,能提示有关零散的知识。辅助板书是对基本板书的具体补充或辅助说明,一般随教学进程的发展随写随擦或择要保留。

不同的教学内容,有着不同的板书、板画的内容和组成形式。一般来讲,板书、板画应包括以下几方面内容:①课题和各段教学内容的标题及内容提要。②带有文字和讲解的略图,有关实物简图或示意图,过程和现象的示意图及图表、图象等。③公式和公式的推导过程及概念、定律和原理的表述。④例题和习题的解答或证明的过程及布置作业的有关内容。⑤实验所用的数据和所测得的数据,以及引用的例证等。⑥本节课所涉及到的新名词、术语和符号。⑦各学科中有关著名人物的姓名、国籍、年代及其重大事件、发明或发现的日期等背景材料。

板书技能主要有四个构成要素,它们是:直观形象、书写绘画、结构布局、时间掌握。①直观形象。板书的直观形象包含两层意思,一是弥补教学语言描述抽象事物的困难,使其具体化、

---

① 胡象岭,颜茜,李如密. 教学板书艺术原理与技巧探微〔J〕. 教育探索,2001(3).

形象化，帮助学生形成鲜明、清晰的感知。直观形象的第二层意思是弥补讲解过程信息传递稍纵即逝的缺憾，用板书显示现象发展流程和逻辑分析过程，便于学生根据已知去探索未知，对问题形成一个完整的思考。②书写绘画。书写绘画是指教师板书的书写绘画要规范。文字要正确，字体要工整，笔划要清晰，笔顺要规范，一行字要写平直，对学生养成良好的书写习惯能起到示范作用。③结构布局。结构布局是板书各组成部分的搭配排列。其中包括标题的设计，板书形式的选择，板书内容出现的先后次序以及各部分之间的呼应和联系，文字的详略大小，特殊符号的运用等等。④时间掌握。板书作为书面语言，是对教学口头语言的强调与补充。因此，它必须与讲解配合，与其他教学活动相协调，才能较好地传递教学信息。板书时机有先写后讲，先讲后写，边讲边写几种选择。

老师，你的板书太乱了！[①]

这是一节《年、月、日》的练习课，上节课前我和四(3)班同学一起学习了时间单位年、月、日、世纪、季度的知识，课后布置学生通过各种方式了解其他时间单位的知识。于是一上课，我就问学生："关于时间单位，你已经知道了哪些？"

……

学生们的出色表现让我感到意外，有些我在课前都没想到，甚至有些是我还不知道的内容。学生视野的宽广让我震惊，也让我欣喜。我们不能忽视这些重要的课程资源。我把学生们说的要点按回答顺序都写在黑板上。课刚过半，黑板上已

---

① 宋明月. 老师，你的板书太乱了！[J]. 江苏教育，2004（4B）.

> 经写得满满的。
>
> 这时从底下冒出来一个声音:"老师,你的板书太乱了!"

三、板书的功能

板书是课堂教学的重要组成部分,又是课堂教学内容、步骤、方法的体现,是教与学思路的反映,是师生信息双向交流的桥梁。由板书的设计和运用构成的板书技能具有以下重要功能:

(一) 概括功能

板书设计的概括功能表现为三方面:一是板书紧扣课文,也就是板书紧紧围绕对象;二是关键词的概括赋予根据;三是做到精练恰当,就是随着教学过程的进展,用最精确的文字或者符号,用最清晰的板书格式把文中最重要的内容,内容之间的相互关系及作者的思路等,逐渐在黑板上再现出来。亚里士多德指出:"整体大于部分之和。"系统论的核心思想就是系统的整体观念。贝塔朗菲强调,任何系统都是一个有机的整体,它不是各个部分的机械组合或简单相加,系统的整体功能是各要素在孤立状态下所没有的新质。系统论的基本思想方法,对于我们板书教学创新的启迪就是:无论我们设计哪种类型的板书,都必须注意板书的整体性、完整性,强化板书各要素之间的联系,而不是将各种素材零乱地堆砌在一起。好的板书就是一篇微型教案,就如一篇文章的提纲,它对帮助学生理解教学内容,启发学生思维,发展智力,指引思路起到重要的点化作用。

(二) 美育功能

板书作为教学艺术的一个方面,无论是内容,还是形式,都包含着丰富的美的因素。板书不仅仅是教材的反映,更是设计者对教材审美的判断，是教师审美意识、审美情趣的集中体现，是施教者用来对受教者施加审美影响的"艺术品"。它能引起学生的美感，给学生美的启迪，进而激发和提高学生的学习兴趣和欲望，使学生主动地理解和掌握教师所讲授的知识。一般来说，板书的美学因素是：内容的完善美、语言的精炼美、构图的造型美、字体的俊秀美、色彩的清丽美。[①] 好的板书，在实用的前提下还必须"中看"，讲究形式美。它主要包括：第一，板书的规范美。这是指文字的大小及书写、绘图的规范、端正。第二，板书的结构美。这是指各种形式的板书都应该结构匀称。字与字、行与行之间都应有适当的距离，不能挤在一起，更不能字上叠字。如果绘图是作为主板书的一部分，则应考虑文字叙述与板画的协调美。第三，板书的色彩美。这是指恰当地运用彩色以引起学生的注意。

（三）互动功能

在课堂教学中，师生的双边互动始终是教学的根本要求。板书的互动功能在这里包括两个方面：一是板书是师生双方合作完成的；一是板书虽然是由教师独立设计的，但在呈现时，却是师生双方共同实现的。[②] 无论哪一种互动，其本质都是鼓励学生参与到教学活动中来，这有助于打破课堂教学、板书由教师一手包办的局面，发展学生的各项能力，使学生体会到创造的乐趣和成功的享受，并形成积极自主、生动活泼的课堂教学氛围。不少学生反映，他们更愿意亲近教师的粉笔字板书，因为随着教学的进行随手写下的板书是带有感情的，是人性化的，面对教师的当堂

[①] 欧小松．教师职业与板书修养〔J〕．零陵学院学报，2003（3）．

[②] 邱强，蔡伟．板书创新的途径〔J〕．教学与管理，2003（1）．

板书，学生的注意力也会更加集中。教师在板书的时候，边写边望着学生，用嘴、用眼神以及其他躯体语言同学生进行交流，同时，还进行着思想交流和感情交流。

（四）示范功能

课堂教学不仅要求学生掌握一定的基本知识和技能，同时要求学生养成积极主动、严谨求实的学习习惯。教师在教学板书中，准确的用语，规范化的解题举例，形象、正确、线条分明、比例恰当的实验装置图，都是对学生很好的指示和规范，好的板书被学生抄作笔记后，能够帮助学生快速忆起课堂内容，相反，倘若教师在板书上不做精心安排，书写随意、板面杂乱无章、字迹潦草，必然会让学生做笔记时无所适从，对学生的学习习惯和学习态度产生极坏的负面影响。同时，随着电脑的普及，学生用手写字的功能在退化，教师用粉笔字板书会给学生做出榜样，会对学生的写字练习起到推动的作用。

> **把板书的权利还给学生**[①]
>
> 长期以来，板书似乎是教师的专利，至于教师的板书是否引起了学生注意，学生是否明白了教师板书的意图，那就很难说了，因此，这样的板书基本上成了形式。
>
> 能不能把板书的权利还给学生呢？《我爱故乡的杨梅》这篇课文，篇幅短小，层次清楚，用精练、简洁、朴实、亲切的语言介绍了杨梅树和杨梅果，介绍杨梅果时又分别介绍了杨梅果的形、色、味，非常适合提纲式板书。在学生整体感知课文后，我用了"激将法"："同学们，平时都是老师写板书，今天，

---

① 王俊兰. 把板书的权利还给学生 [J]. 四川教育，2006 (7-8).

我想让同学们来设计这篇课文的板书,大家有信心吗?"我还以为没多少人响应,谁知全班几乎是齐声回答:"有!"随即,一个以往少有的学生认真阅读的一幕出现在我的眼前。没过多久,有的学生就在本子上写画起来。过了一会儿,教室里就陆续举起了小手。

我让同学们把自己设计的板书拿到投影仪上展示,结果令人非常满意,很多人的设计都能够概括课文的主要内容。完成板书后,对文章内容、结构的理解,学生几乎没费什么力气便迎刃而解了。

第二节 板书的类型

板书设计受年级、教材、课型、教学目的等多种因素制约,其形式纷呈万千。板书的形式多种多样:[①] 从语言的运用来分有提纲式、语词式;从表现形式来分有文字式、表格式、图示式;从内容来分有综合式、简画式;从结构来分有总分式、对比式、分列式、提示要点式等。总之选择最佳的板书形式是增强教学效果的重要一环。

一、提纲式板书

提纲式板书是以讲授内容的内在联系为线索,以大小不同的标号,按教学内容本身的层次含义标出相应的语句,以此体现教

[①] 江玲,邹霞微. 微格教学与教学技能分类〔J〕. 四川师范学院学报(哲学社会科学版),1999(5):72-77.

学信息的结构体系。这种板书的特点是层次分明、内容系统，便于学生提纲挈领地掌握知识。这是最经常使用的形式。它以文字表述为主，归纳概念、理论要点，概括本节课的主要内容，体现教学的重点和关键。它简单明了，条理清晰，便于记录和复习。提纲式板书设计可以将烦琐、杂乱的内容简单化、条理化、明了化，起到事半功倍的效果。提纲式板书主要有：[①] ①摘要型（摘取其中核心字句为突破口）；②概括型（简明扼要地揭示本质与规律）；③显微型（对某主题内涵与外延作逐级解剖）；④设疑型（纲目以问题形式导入，解决问题时形成提纲）等。提纲式板书运用的关键是对呈示次序、呈示目的与导入方法的构思。

例如"地球的形状和大小"的板书提纲（部分）

地球的形状和大小

一、地球的形状

1. "盖天说"——"天圆地方"

2. "浑天说"——"天之包地，犹壳之裹黄"

3. 麦哲伦环球航行——证实"大地球形说"

4. 现代宇宙观测研究——证实地球的真实形状是不规则的球体

二、地球有多大：三个基本数字

1. 地球平均半径：6371千米

2. 地球赤道周长：约4万千米

3. 地球表面积：5.1亿平方千米

---

① 李哉平，张丰．浅谈化学教学板书设计的原则与方式［J］．教师论坛，1999（9）．

在教学中，教师运用纲目式板书往往先书写知识点，然后再书写二、三个层次的小纲目（即知识要素）并进行分析，最后再进行综合，得出结论。

例如历史课文《英国工业革命》的提纲式板书设计。[①]

英国工业革命

一、工业革命的前提和条件

1. 资产阶级统治在英国确立——政治前提
2. 拥有大量资本和雇佣劳动力——经济条件
3. 科学技术的发展——科学条件
4. 海外市场的扩大——市场条件

二、工业革命的历程

开始→深入→完成

三、工业革命的后果

1. 生产领域 { 促进生产力的发展
              使东方从属于西方

2. 社会领域 { 整个社会日益分裂为两大对立阶级——资产阶级和无产阶级
              两大对立阶级矛盾和冲突日益尖锐和明显

二、表格式板书

表格式板书是先把讲授内容进行分类，然后根据讲授的需要，把各种比较的内容列入表格中。这是一种用表格组成的以文字表述为主的板书形式，最适合用于两种或两个以上的事物在分

[①] 彭霞．浅谈历史课的板书设计 [J]．青海教育，2004（4）.

布、特征、规律、成因、作用等方面的分类对比。其特点是内容扼要，对比性强，容易使学生把握事物的本质，深刻领会教学内容。这也是广大教师所常用的一种板书形式。运用表格式板书，学生可以在老师的指导下主动学习，提高归纳、比较能力。

例如：初中所学的许多化学反应，可从不同角度将其进行分类，其中有重要的四种基本反应类型，请用四种基本反应类型写出生成CO_2的四个化学方程式。

[板书设计]

第一章 化学反应及其能量变化
第一节 氧化还原反应

一、化学反应类型

1. 基本反应类型

反应类型	举例	表示式
化合反应	$C+O_2 \xrightarrow{\text{高温}} CO_2$	$A+B = AB$
分解反应	$CaCO_3 \xrightarrow{\text{高温}} CaO+CO_2\uparrow$	$AB = A+B$
置换反应	$C+CuO \xrightarrow{\text{高温}} Cu+CO\uparrow$	$A+BC = B+AC$
复分解反应	$AgNO_3+NaCl = AgCl\downarrow+NaNO_3$	$AB+CD = CB+AD$

2. 氧化还原反应

反应类型	得失氧情况	举例
氧化反应	物质得到氧的反应	$2Mg+O_2 \xrightarrow{\text{点燃}} 2MgO$
还原反应	物质失去氧的反应	$CuO+H_2 \xrightarrow{\triangle} Cu+H_2O$

再如有位教师在上"郑和下西洋"时,将之与达·伽马绕过好望角和哥伦布发现美洲新大陆等史实进行比较,不仅有利于学生掌握这三次航海的概况,而且揭示出我国古代航海和造船技术的先进水平。其板书如下:[①]

郑和下西洋

人 名	时 间	船只数	最 大 船 只	人 数
郑 和	1405年	62	长147米,宽60米,重1000吨	278 000人
达·伽马	1492年	17	长24.5米,宽6米	1500人
哥伦布	1497年	4	重120吨	160人

又如地理"纬线和经线"的板书设计。

	纬 线(圈)	经 线(圈)
形状特征	圆圈	半圆
指示的方向	东西	南北
长度分布	赤道最长,往两极越来越短	每条经线长度都相等
纬度范围	0°～90°	0°～180°
0°线	赤道	本初子午线
划分半球的界线	南北半球的界线:赤道	东西半球的界线:20°W和160°E经线圈
数量特征	无数	无数

三、线条式板书

线条式板书又称脉络式板书,它是以文字表述为主,并用线

---

① 沈思义,秦世才.当代教学方法(上)[M].北京:中国物资出版社,1989:155.

条、数字或符号把文字组成一个框架，表现事物的结构、顺序、过程等的板书形式。线条式板书是常用的板书，教师常用必要的、带有箭头的、长短结合的线条标出课文情节的顺序及各部分之间的关系。具体来看，因课文不同及教学设计需要，样式也是较多的。

如《飞夺泸定桥》的板书：

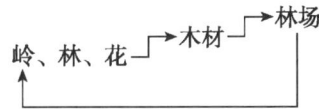

《林海》的板书：

岭、林、花 ⟶ 木材 ⟶ 林场

再如鲁迅的杂文《灯下漫笔》板书：

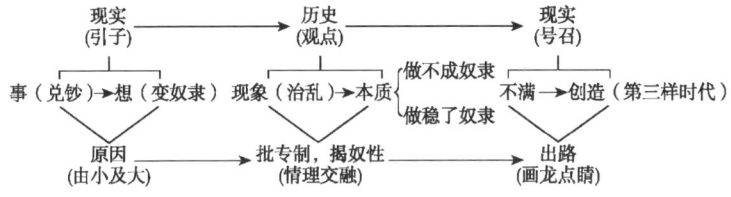

四、图形示意法

这种方法用符号、线条、图形配以简要文字示意课文内容，变抽象为具体、变深奥为浅显。此法能反映教师的兴趣爱好、个性特长、技艺技能及审美情趣。

如鲁迅的小说《药》，板书仅一个圆圈，两个箭头，九个文字，就把故事梗概和两个主要人物、关键人物表达出来了，既突出全文的主干，又简略得当。

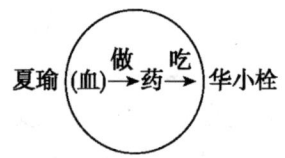

如《项链》板书：

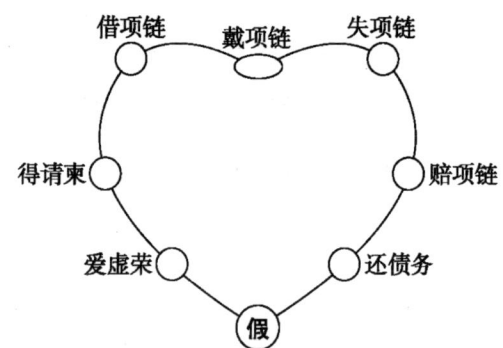

这是一串项链造型的板书，正好切题。项链上的七颗珍珠（爱虚荣→得请柬→借项链→戴项链→失项链→赔项链→还债务）和一个坠子（明真相），构成小说的故事情节。坠子上写有"假"字，揭示出小说的技巧——结尾出人意料之外，又在情理之中。板书造型新颖，示意清楚。

五、综合式板书

在实际教学中，往往会有仅采用上述某一种形式的板书不能达到教学要求的情况，这就需要将几种形式的板书结合在一起使用，这种板书形式就是综合式，这也是教学中经常采用的一种板书形式。综合式的板书，是将教学中所涉及的几方面的知识内容综合地反映出来，便于学生将零散、孤立的知识"串联"和"并联"起来，形成系统化、简约化的知识网络。其形式为融文字、图画、图表为一体的教学板书。

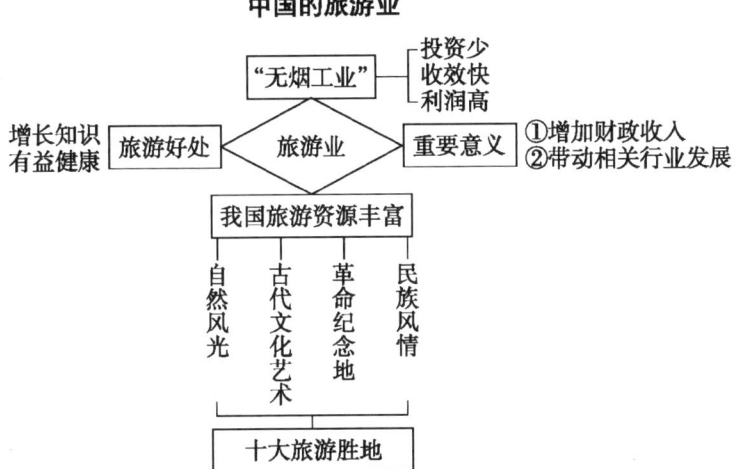

故宫长城避暑庄,兵马鏖战三峡上,苏州园林映西湖,
黄山日月好风光,桂林山水甲天下,十大胜地美名扬。

上面为一位地理老师在《中国的旅游业》一课中的板书,综合使用了各种方式,这样板书就显得多姿多彩,生动有趣。因此,一节课的板书设计,要不拘泥一格一式,综合运用多种形式,其效果更好。

第三节 板书设计的原则与要求

新颖别致的板书,可以引起学生浓厚的学习兴趣,能帮助学生把握重点,训练思路,培养学生的审美意识。一幅好的板书,就是一件精致的艺术品,像磁石一般吸引着学生,使学生在欣赏之中感受到一堂课的精华所在。因此,教师应当重视板书,精心设计板书。

一、板书设计的原则

板书在教学中是否能很好地发挥作用,关键在于设计和应用时是否恰当、合理。具体地说,板书设计一般应遵循如下原则。

(一)规范性原则

规范性就是要注意书写规范和内容规范。所谓书写规范,就是要写规范汉字,不写错别字、繁体字和不规范的简化字;字体要匀称、工整。所谓内容规范,就是要浓缩整节课的内容为一体,板书的词、句要简明精练,具有代表性和概括性;内容表达要明确、清晰、简明。

有些教师对板书在教学中的重要辅助作用认识不足,反映在板书的运用上,存在一些错误倾向:[①] ①不写或少写板书。整堂课也写不了几个字,甚至一个字也不写。误以为板书耽误时间,影响课堂教学效率。事实上恰恰是因为没有板书而容易导致学生思路混乱,造成教学效率低下。②板书过多过滥。有些教师喜爱板书,对自己所教的内容,无论重要与否、是不是关键部分,统统写在黑板上,眉毛胡子一把抓,学生看得眼花缭乱,无所适从。③教师虽精心设计了板书,但只是结论性的文字显示。这种板书没有启发性,限制了学生的思考,不利于学生思维能力的发展。④教师在教学中注意了学法指导,但如果没板书出来,正确的学习方法很难在学生脑海里留下印象。

(二)客观性原则

客观性体现在一个"真"字上,即真实、准确,具体包括两个方面的内容:一是要有明确的目的性。语文教学是以各自独立

[①] 董林根. 好课尚需好板书〔J〕. 中小学数学(小学版), 2003(6).

成篇的文章为单位进行的,每篇课文或每课时的教学都应有其目的,而且这个目的还应该结合教学实际,是明确的、具体的,这样才能发挥板书的效能。二是要确切地反映结构教学内容的各个要素(知识点),以及这些要素之间的联系(即教学内容本身具有的规律性)。这是教学内容科学性的体现,也是板书教学功能、使用价值的所在。

需要注意的是,板书是教师对教学内容和教学目的的认识的书面反映,是客观性原则要求,不是要我们消极地、简单地复现教材,而应按照自己的教育观、教学观、审美观,将自己对教学内容、教学目的的理解和处理渗透到板书中去,即以"反映论"的观点,能动地、本质地反映教学内容,将头脑中的认识用板书这一特殊形式恰当地表现出来,形成具有教学主体"自我"特色的真实的"板书"。

(三)针对性原则

具有针对性的板书有以下三个特点:①突出重点。对于难以理解的词句,用不同的形式板书,使学生迅速掌握。②教给方法。对于一些带规律性的学习方法要进行板书。③预防错误。学生易错的概念、法则,可通过板书加以纠正,引起重视,防微杜渐。板书设计要针对教学内容和学生特点,因文因人制宜,不能千篇一律、千人一面、一个模式,而是要有鲜明的针对性,要做到凡是学生难理解、难记忆、难掌握以及学生易错误、易混淆的地方都应设计板书,并能起到突出重点、指导方法、预防错误的作用。如,同样是教《狼牙山五壮士》一文,根据不同的目的,板书设计也就不同。

1. 如果是以帮助学生理清课文的层次结构为目的,板书可作如下设计,以把事情的发展顺序,把文章的来龙去脉,交待得一清二楚。

起因：接受任务

经过：完成任务 { 掩护 { 引（上山） / 打 } / 继续掩护 { 引（绝路） / 打 } }

结果：壮烈献身　　跳（悬崖）

2. 如果教学目的是为了帮助学生理解课文是怎样紧扣一个"壮"字，处处突出一个"壮"字，给人留下深刻印象的，板书又可作这样的设计：

壮 {
　壮士形象 { 班长： / 副班长： / 宋学义： / 胡德标和胡福才： }
　豪言壮语 { 走！ / 同志们！用石头砸！ / 同志们，我们的任务胜利完成了！ }
　跳崖壮举 { 班长：像每次发起冲锋一样。第一个纵身跳下深谷 / 战士们：昂首挺胸，相继往下跳 / 口号：打倒日本帝国主义！中国共产党万岁！ }
}

（四）启发性原则

所谓启发性原则，就是通过板书，促进学生思考，调动思维的积极性。这是基于使学生获得知识、增长能力、发展智力的基本教学目的，废除旧的灌输式教学，而重视和加强启发、诱导的要求。它要求教者在设计时要吃透教材、了解学生。做到板书的内容和文字精练、准确，突出关键；板书的形式新颖、合理，符合儿童的年龄特点；板书的符号运用恰当，清晰明确。如《陶罐和铁罐》一课的板书设计：

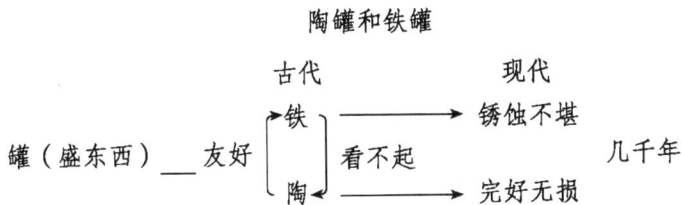

（五）时效性原则

板书不仅要讲究内容美、布局美、书法美，还必须注意板书的时效性。即根据教材特点和学生实际，把板书有机地、和谐地融入教学过程，与其他教学手段构成一个协调的系统，促进教学效益的最优化。

这里按讲课的前后谈谈板书的时效性。

1. 讲课之前板书，重在指引思路。

讲课之前，为了学好新课出几道思考题、过渡题、准备题、尝试题等让学生去看书，这种讲前的随堂板书重在指引学生的学习思路。

2. 讲课之中板书，重在展示中心。

讲课中板书反映的内容是课文的主体和重点，因此，不仅要精心遣词造句，充分发挥其文学效力，更要把握时机，才能使学生思维的脉络与教师的讲解配合默契。

板书的时机一般分先讲后书，先书后讲，边讲边书。对难度较大的概念、公式等一般适宜先书后讲。如果要巧妙引入新课，使学生在不知不觉中获得新知，往往采取先讲后书，总结后再出示课题，以收到画龙点睛之效。

板书常用的是边讲边书的方式。这就要求教师要有高度的教学机智，善于当堂启发学生的思维，分析学生的意见以及捕捉学生正确的答案。要做到这一点，就要求教师吃透教材，掌握教材的精髓，胸有成竹，这样才能得心应手，左右逢源。

3. 讲完之后板书，重在强化整体。

讲完后，在原有板书基础上，以简短语言回述全文要点、重点，同时用一些线条、符号、文字、勾、连、点、画，标明关系，统领全文，可使学生对全文的整体内容得到强化，这一步是相当重要的。成功者，画龙点睛，锦上添花；失败者，则功亏一篑。

二、板书设计的要求

为了能更好地设计出优秀板书，我们认为在文字、语言、内容、造型、结构、色彩等方面都要有严格的要求。[①]

（一）文字：正确、清楚、美观

文字是板书的工具、媒介。教材的内容、教师的意图都通过这一工具、媒介表达。因此要求板书文字一要做到正确规范，即不写错字，不写繁体字、异体字、被废的简化字；二要做到端正清楚，不潦草难辨，影响学生学习；三要做到漂亮优美，给人以艺术享受。另外，文字写对、写清、写好也是教师的基本素质。教师肩负教书育人的重任，自身应起身教、示范作用。

（二）语言：准确、简洁、生动

马克思主义的文风要求文章语言准确、简洁、生动。板书是书面语言，板书因此也要做到准确、简洁、生动。准确，是指语

[①] 彭小明. 教学板书设计再论［J］. 教育评论，2003（5）.

言能正确反映教材的内容和施教者的教学意图;简洁,是指语言概括精练,不拖泥带水、不啰嗦重复;生动,是指语言具体形象,富有趣味性。语文教学板书对语言的要求更为严格,因为语文课首先是"语言课",其首要任务在于教会学生理解、使用祖国的语言文字,所以语文教学板书的语言应起"榜样"作用。

(三)内容:科学、完整、系统

板书要发挥其"服务教学"的作用,首先取决于内容的准确性、完整性、系统性。板书的内容错误、零乱、缺漏,必定影响板书表情达意、教书育人,以致误人子弟!所谓科学,是指板书表达的知识要正确、再现的信息要准确、反映的资料要无误、揭示的内容要客观,并且又能准确深刻地体现施教者的思想情感。所谓完整,是指板书内容完备全面,体现教材的整体性。当然在整体性的前提下,要突出重点,做到整体性与重点性的统一。所谓系统,是指板书内容内部联系紧密、系统有序、条理分明、逻辑性强。板书内容的系统性,对学生把握教材的整体结构、了解编者的编辑思路,培养学生系统整体思维能力有其重要意义。

(四)造型:直观、新颖、优美

板书的造型是指板书形式的安排,是体现板书形式美、外在美的主要手段。它要求板书图示的排列和组合在准确体现内容的前提下,力求生动活泼,给人形式上的美感。教学板书造型依据学科特点、教材特色、教学情景、学生实际、教师个性,做到直观、新颖、优美。所谓直观是指板书造型具体可感、形式可视,富有趣味性。所谓新颖是指板书造型新鲜别致、独特新奇,富有创造性。所谓优美是指板书造型符合美学规律、审美原理,符合心理审美取向,富有强烈的艺术感。

（五）结构：严谨、有序、巧妙

板书之所以能给人以美感，除了内容的科学美、形式的外在美外，还在于板书内部组合安排的严谨、有序、巧妙，这便是板书结构的要求。结构第一个要求：严谨。严谨是指板书布局合理、构思严密，内在联系缜密而富有逻辑性。有人说"板书是知识信息科学的系统的编码"，这一编码便要求严谨缜密。结构第二个要求：有序。有序是指板书内部联系有条有理、秩序井然，富有顺序性。这一点既体现了教材及编者有条不紊的思路，又表现了教师授课井然有序的教学思路，对指导学生"学习思路"产生深刻影响。结构第三个要求：巧妙。巧妙是指板书构思、构图自然巧合、妙趣横生，给人一种"出乎意料之外，又在情理之中"的美感。

（六）色彩：恰当、蕴藉、和谐

心理学研究表明，色彩能引起知觉，唤起味觉，兴奋大脑皮层，促进植物神经活动，和谐心理发展。因此板书设计追求色彩合理搭配，尽量做到恰当、蕴藉、和谐。恰当是指板书色彩搭配合理。板书有强调作用，白色外添加其他颜色可以突出重点、难点、疑点、要点、特点。蕴藉，是指板书色彩含义深刻，富有象征意味，起表情达意作用。和谐，是指板书色彩搭配协调，有审美价值。色彩美感最通俗，易为学生接受。所以马克思说："色彩的感觉是一般美感中最大众化的形式。"色彩使用要以白色为主，和谐配以其他颜色，做到浓淡相间、色彩相宜、主次分明。

三、板书设计的评价
板书设计的评价单

日期_____ 任课教师_____ 课程名称_____

请您在听课后对以下各项进行评价，并在恰当的等级栏内画"√"

序号	评价标准	权重	A (1.0)	B (0.8)	C (0.6)	D (0.4)	E (0.2)	得分
1	板书内容恰当，能反映教材的主干与系统	20						
2	板书条理分明，能体现知识内在联系	10						
3	板书明确简练，突出重点和关键	10						
4	板书规范整洁无错别字，能给学生美感	10						
5	板画简快准，能激发学生兴趣和思考	20						
6	板书板画与讲解配合速度适宜	10						
7	板书板画足够大，便于观看	10						

8	板书板画能浓缩信息强化记忆	10						
合计								
评价意见								

【教师手记】

为了美,别让板书"下岗"![1]

参加语文教学观摩活动,有幸听了许多公开课,一种久违了的舒服感充溢着心头:听课的感觉真好!但是,舒服之余还有点"小恙"——精美的多媒体课件"大展宏图",一环紧扣一环,让人目不暇接,显示着现代科技给语文教学带来的视觉方面的强大优势……一节课结束了,定睛往黑板上一看:要么没有一个字,要么寥寥几个字,偌大的黑板上显得是那么"黑",那么"板",那么"大"。

"板书下岗了!"

在我记忆里,"三字一画一口话"(钢笔字、毛笔字、粉笔字,简笔画和普通话)是教师必须考核并且要过关的基本功,也是衡量一个教师是否合格的标准之一。别的姑且不说,单就粉笔字来说,如果在公开课上,一个老师的一手漂亮板书绝对会引来"啧啧"不休的赞叹声。不知从何时起,本该由老师操劳的汉字

---

[1] 资料来源:http://blog.cersp.com/16670/533555.aspx.

范写（尤其是低年级识字教学）由多媒体演示代替了。你也别说，电脑就是个好东西——写得极为规范，既不计较又不计酬。可是我总觉得有点不太舒服，也感觉不太对劲儿：电脑书写能替代教师范写？

板书"下岗"，从某种意义上来讲，意味着语文教育人文性的缺失，一种语文教育资源的浪费。一个老师在黑板上当着全班学生书写的同时，向学生传递的是一种态度，是一种精神，是一种品格，印证的是"字如其人"，显示的是"榜样的力量是无穷的"，彰显的是"教师就是教育资源"，个中的妙处自不待言，其影响对学生来说是潜在而深远的。

板书"下岗"，从另一个角度上来讲，是教师的基本功没有真正成为"基本"。

课堂很美，她需要板书去充实！

汉字很美，她需要教师去表现！

字美——课美——人更美！

为了美，别让板书"下岗"！

【思考题】

1. 说明板书的内涵和结构。
2. 举例说明板书的功能。
3. 结合教学工作，举例说明板书的类型。
4. 简要说明板书设计的基本原则。
5. 举例说明板书设计的注意要求。

【技能训练】

请阅读下面关于提高板书技能的训练建议，同时选择任教学

科一篇课文设计出板书方案,并说明以下几个问题:

(1) 为什么选择这种或这几种教学媒体?要达到什么教学目的?

(2) 说明板书的设计思想,设计板书的过程。

(3) 请注意板书的要求,按要求进行演示。

(4) 请注意板书设计的评价标准。

阅读材料:提高板书技能的训练建议

(1) 科学地安排训练步骤

在书法训练的基础上,先进行书写(边讲边写、侧面写、举手写、躬身写)训练,再进行版式训练,最后根据教学内容与教案编写,进行同步的板书设计训练。

(2) 与其他教学技能的训练有机结合

教学技能的实践性和板书技能的依附性,使得这种训练不能满足于纸上谈兵,更不可能单独进行,而要与其他技能的训练结合起来。

(3) 科学合理的训练方法

①变化训练:将一种类型的板书改换成另一种类型的板书,或改变其排版形式。

②比较训练:将关于同一内容的若干幅不同类型不同版式的板书加以比较,评其优劣。

③竞赛性训练:规模可大可小,做法不拘一格,充分调动全体受训者的积极性,激发其兴趣和热情。

此外,更多的是要在平时进行书写和设计训练,把以上各种方法结合起来使用。

第六章
演示的技能

第一节 演示技能的内涵与功能

演示技能是课堂教学的常用技能,是教师通过实际表演和示范操作,运用实物、样品、标本、模型、图画、图表、幻灯片、影片和录像带等媒介提供感性材料,指导学生经过观察获得感性认识的方法。教学过程中运用演示方法,能充分体现现代教学理论中直观性、理论联系实际的原则。

一、演示技能的内涵

"演示"一词,译自英文的"Presentation",意为在他人面前陈述、表达、展现或解释某一事物的一种方式。[①] 在汉语中,"演示"一般作为动词使用,用来表示表演和展示的过程。教学演示技能是教师在课堂中为达到特定的教学目的,结合教学内容,恰当选择教学媒体传递教学信息,将抽象知识具体化、直观化的教学行为方式。中小学生的认知具有直观、形象的特点,特别是小学各科教学实践中普遍采用了演示手段。因此,加强课堂教学的演示技能具有重要的意义。

演示技能的核心要素在于演示媒体。演示媒体可以划分为若干种类:①按电教媒体自身的特点可分为:电光、电声、电控三类。②按学习方式可分为:单向表象媒体,如幻灯片、电视、电影,它可以提供丰富的感性材料,传递大量信息;双向作用媒体,如反馈板、录像、录音,它由教师借助媒体传播教学信息,由学生反馈回来,实施评价、矫正,改进教学。③按媒体对感官的作用分为:视觉的、视听的、听觉的、交互的。根据教学目标、教学内容和学生等特点选择电教媒体,还可以有不同的分类。

演示技能可以为学生提供感性材料,使其获得知识,训练操作技能,培养观察、思维能力。具体而言,其目的在于:[②] ①提供感性材料,帮助学生形成概念,从感性认识上升到理性认识。②开拓知识视野,培养学生的观察能力和思维能力。③提供给学生正确的操作技术和方法,激发学生学习兴趣,培养学生动手能力。④强化各种教学环境。如运用演示导入新课,控制实验条

---

① 郭玖玉. 多媒体演示教学初探 [J]. 教育信息化, 2005 (7).

② 江玲,邹霞微. 微格教学与教学技能分类 [J]. 四川师范学院学报(哲学社会科学版), 1999 (5): 72-77.

件,演示掌握实验的关键点。通过演示实验启发学生解题思路和方法,演示与讲解结合以帮助学生领悟新知识和新概念。

二、演示技能的结构

课堂教学需要调动学生的所有感官,通过视、听、言、动来学习是最有效率的学习。运用演示技能可以达到这样的教学目的。任何类型的演示都有一个过程,一般都是开始于教具的选择,在课堂教学中应注意正确选择演示教具。

(一)演示教具的选择

1. 根据教学目的和教学内容的需要选择教具

例如,为了让学生知道什么叫电动机可选用实物或模型;而要了解其内部结构必须选用能解剖开的实物、模型或插图;要了解电动机的功能,则可用图表、幻灯或电影进行演示。

2. 要根据学生年龄特点与知识经验的基础选择教具

例如,小学生学习电动机和高中生学习电动机的要求不一样;学生的智力程度或生活经验不同,选用的直观教具也应有所不同。

3. 根据学校实际条件选择教具

例如,偏远山区的学校的学生很少看到电动机,而工矿区的学校的学生则经常看到电动机。所以前者要争取观察实物,后者则可选用模型或挂图进行观察。另外,如果学校的设备、经费有限,没有标本实物,则选用图画也可以起到直观的作用。[1]

(二)演示技能的过程

任何类型的演示都有一个过程,一般都是开始于使学生做好

---

[1] 李景廉. 演示技能〔J〕. 佛山大学学报,1997(6).

观察的心理准备，结束于对学生的核查理解，其间经过出示媒体、指导观察、提示重点等几个步骤。于是就构成了演示的程序，即：心理准备—出示媒体—介绍媒体—指导观察—提示要点—核查理解。

1. 心理准备

在进行演示前先向学生说明要观察什么、为什么要观察、怎样观察及观察中应思考的问题，使学生处于想观察的心理状态。

2. 出示媒体

按照操作规范将媒体呈示出来。要注意媒体摆放位置的高度、亮度等，是否能使每个学生在座位上都能观察得到。如果媒体较小，是巡回演示还是分组观察要事先做出计划。

3. 介绍媒体

在引导学生观察之前，要向学生介绍所用媒体的特点或结构组成。如果是实验演示，要介绍仪器以及如何操作。

4. 指导观察

在进行媒体演示时，是教师不停地讲解代替学生观察，还是在教师的指导下让学生自己观察，自己解决问题，这是传统教学思想与现代教学思想在演示教学中的不同点。因此，有计划有步骤地指导学生观察，思考现象与本质间的联系，是媒体演示的重点。

5. 提示要点

无论是教师的讲解还是学生观察，都是对现象、过程等的具体了解。在这些现象、过程中，哪一方面或几方面是重要的或本质的，讲解或观察后教师要画龙点睛地指出，以使学生进一步理解观察的目的和意义，抓住要点掌握知识。

6. 核查理解

即获得教学反馈。通过提问等活动检查学生是否理解了所观察到的现象，是否掌握了现象中所反映出的知识。

三、演示技能的功能

演示是出现较早的辅助的一种方法，由于它符合从生动的直观到抽象的思维，再从抽象的思维到实践这一人的认识规律，因此受到了许多教育家的重视。演示所提供的既有形象信息，又有语言信息。在教学中，演示遍及各种教学环节，教师演示技能的高低，直接影响着教育教学效果。演示技能的主要功能如下：

（一）直观功能

演示直接诉诸人的视觉、听觉等器官，具有极强的直观功能。凭借演示可以唤起再现性思维，化抽象情感为具体的形象，化抽象的语言为可感的事物，同时也可以借助象征性的演示动作，帮助学生理解抽象的思想内容和文章的深刻含义。如，社会课上在教师指导下，学生通过对半坡出土石器的观察，得出新石器具有形状规整、表面光平、刃口明显等特征的结论，也懂得了观察需要系统、周密的道理。又如对建造金字塔情景画的观察，不仅看到有成千上万的奴隶、农民被驱使，还看到有人站在装运石块的木橇上，正在往地上倒水，以减少摩擦。这样有利于培养学生细致观察的能力。

（二）辅助功能

主要体现在两个方面：一是助教功能。教材主要是凭借文字来阐明知识的，即使课文有关内容描述得很生动，就其情境来说还是比较抽象的。有些教学现象或知识点，光靠老师的讲解，不能使学生很好地理解和掌握，如果借助演示来帮助讲解，给学生创设一定的情境和氛围，既形象又生动，直观性强，就有利于学生理解。二是助学功能。学生的思维特点是以形象思维为主，逐步过渡到抽象思维，但这种抽象思维在很大程度上仍然是与感性经验直接联系的，仍然具有很大成分的具体形象性。教学中，配合适当的演示，可以以鲜明的直观形象为学生由形象思维向抽象思维的过渡架设"桥梁"，从而丰富学生的感性材料，引发一系列思维活动，帮助学生理解知识。

（三）启迪功能

学生的学习是一种复杂的智力活动，包括感觉、知觉、注意、记忆、思维、想象等心理因素，学生对语言文字的感知是同认识事物结合在一起的。教学中，通过演示，可以真实地再现感性材料，使抽象语言描述的人、事、物、景在学生头脑中形成一幅鲜明生动的画面，如见其人，如闻其声，如临其境，从而达到启发想象、启迪思维、培养情感、激发兴趣的目的。演示促进了学生分析、比较、抽象、概括、判断、推理等思维活动，从而培养了学生的观察能力、思维能力和分析解决问题的能力。

（四）示范功能

教师建立正确的动作技能模式，规范地操作演示实验，对学生有很大的示范作用，学生可以学到正确的操作技术和方法。在小学课堂上，配合教师讲解的随堂学生实验很常见。通过教师指导下的学生实验，使学生进一步熟悉一些简单仪器的使用方法及性能，这是培养学生实验技能的基本环节。例如，只有教师充分而正确地使用地图和地球仪，并经常进行正确地指画地图和地球仪的示范，学生也才能正确、充分地使用它们。

（五）巩固功能

通过演示，教师提供丰富的直观感性材料，帮助学生理解和巩固知识。学习是从感性认识开始的。中小学生的思维正从具体形象思维为主向抽象思维为主过渡，这就需要教师通过大量演示，指导学生用自己的感官去感知事物，形成生动真实的表象，帮助学生形成概念，掌握、理解和巩固知识。比如，在历史常识教学中，演示可以帮助学生形成正确而深刻的历史表象，从而为形成准确的历史概念奠定坚实的基础。诸如楼车、水排、秦始皇统一文字前后汉字字形的变化等，均需有挂图、幻灯片或录像片等教具加以辅助。学生通过观察，在头脑中形成了一定的表象，再进而形成历史概念，这样才是具体准确的。

> 这是一节公开课。多媒体课件的演示，把教学内容表现得丰富多彩、形象生动。突然，教师操作出现了错误，多媒体课件无法正常运行了。顿时，学生鸦雀无声。教师抛出求救的目光，专职电脑老师赶紧跑上去，摆弄着鼠标。不一会儿，一切又恢复了正常，课仍是热热闹闹地进行下去。
>
> 现在的课，离开了现代化的教学手段，似乎就成了一堂低品位的课。在时尚、热闹的背后，教师、学生跟着电脑提出的一个个问题走，实际上和跟着教师设计的问题一步一步走有何区别？教师只是把自己的"满堂灌"交给了电脑，而自己则退到了幕后。看似学生学得相当主动，其实一切都离不开教师的操纵。我们要充分运用现代信息技术，因地制宜、合理有效地使用现代化教学手段，但千万不能为之所困，更不能成为它们的"奴隶"。我们要增进课件的交互性，使课件能根据教学的需要随意调度，同时要不断提高自己驾驭现代信息技术的能力。只有这样，先进教学手段的优势才能充分发挥，更好地为我们的教学服务！

第二节 演示技能的类型

演示技能具有许多类型,从使用教学媒体的角度划分,演示技能有如下几种:[①] ①实物、标本和模型演示;②挂图演示;③幻灯、投影演示;④电影、电视、计算机演示;⑤实验演示。教师在课堂教学过程中,应该根据具体教学内容和教学情境,合理选择演示类型,使演示技能发挥应有的效果。

一、实物、标本和模型演示

这是根据课堂教学的任务、内容,为了使学生了解有关事物的形态、结构等而向学生呈现实物的形象或真正的实物的手段。这种演示要注意配合讲授和谈话引导学生观察,对于不便观察的细微部分应当利用挂图、板画等其他直观手段加以辅助。

（一）实物演示

实物演示是教师引导学生观察教师出示的物体或教具,使学生获得感性知识的一种教学方法。实物演示法体现了直观性原则,在教学中通过实物的形象描述使学生对要学习的事物形成清晰的表象,丰富学生的感性经验,为学生形成新概念、掌握新规律奠定基础。

为了使学生能认识并熟悉某一事物,可选取实物让学生观察,以实物演示情境,让学生感知事物。例如,一位教师在教学《小蝌蚪找妈妈》一文时,特意在教室的生物角内饲养小蝌蚪,

---

① 资料来源:http://broadcase.chsnenu.cn/edu/chapter/ch03_7.asp.

让学生每天观察并作记录。这样学生就能知道青蛙与蟾蜍的异同点,并能了解它们的生长过程。

(二)标本演示

演示标本可培养学生运用知识的能力,如鉴定标本等。标本在教学中应用广泛,教师应结合教学组织学生采集、制作,一则增强感性认识,帮助理解、掌握教材;二则可为教学补充标本。由于标本经加工,活动能力和声音丧失,有的颜色改变,不能完全反映事物的特性,运用上也受到局限。

(三)模型演示

模型是课堂教学中常用的教具。它能把实物放大或缩小,能为学生建立立体概念,还能反映生物体或其局部的运动原理。演示模型通常有以下几种方法:①结合讲课进行演示。在数量多、模型小时可分发给学生;在数量少、模型大时可在课桌间巡回演示或边讲边用。利用模型教学时,应向学生指出它和实物的比例,它的颜色是实物的颜色还是表示色等等。②课后陈列观察。在课上学生不易看清的模型,可课后陈列,让学生自由观察,帮助学生理解教学内容。③利用模型进行复习提问。为使学生重视模型,提高观察模型的质量,教师在课堂复习提问时,可让学生指着模型来回答,这不仅能考查学生的知识水平,也会促进全体学生重视今后教师演示的模型。

在教学过程中,演示实物、标本和模型的目的是使学生充分感知教学内容所反映的主要事物,了解其形态和结构的基本特征,获得对有关事物的直接的感性认识。为了使学生的观察更有效,教师在恰当地使用演示技能的同时,还要用简洁的语言适时地引导和启发学生思考,使其更好地掌握所观察的内容。

《秋天》一课的实物教学

在教学《秋天》一课，我是这样做的：首先让学生预习课文内容，然后带学生到大自然中去观察秋天的景色，边观察边采集实物标本。在捕捉蜻蜓和蚂蚱时，让学生看蜻蜓飞得高不高，蚂蚱蹦得欢不欢，还有没有沙沙沙的声音，想想这说明什么。学生一下子明白了这是因为昆虫疲倦了。不需要老师在课堂上解释，学生已经理解了"疲倦"一词的含义，有的同学还能做一个"疲倦"的动作给老师看。

课堂上，同学们把采集的实物展示在黑板上。各色各样的树叶好似一幅画卷：蜻蜓、蚂蚱、蝴蝶、黑盖虫形成了昆虫世界；鸡冠花、金鱼草、美人蕉，还有许多叫不上名字的野花，汇成了花的海洋……这是一幅多么惹人喜爱的图画呀！看到这幅图画，我们该怎么读呢？望着黑板前的实物，同学们跃跃欲试，非常有感情地朗读课文，有声有色地说出了叶子、昆虫、花草、田野、天空是什么样子的，而且能轻松愉快地背下课文内容。通过实物教学和直观教具的演示，同学们创造性地展开想象，自主、自在、自由地学习，掌握了学习方法，实现了乐趣教学。

二、挂图演示

挂图是教学中最早使用的一种教学辅助手段。它不但制作方法简单，而且使用灵活方便，不受地点条件的限制。挂图一般包括两类：一类是正规的印刷挂图，一类是教师自制的简略图、设计图、结构图、分类图、表格图和象形图等。

挂图是教学中最常用的直观教具，在演示时应注意以下问题：

（一）注意演示的及时性

挂图不能在课前就展示给学生，以免分散注意力。上课前应把挂图背面朝外挂在挂图架上或黑板上，需要时再挂在明显的位置上让学生观察，使用完毕再把它反过去或取下来放回原处。这样，学生就不至于被挂图分散注意力，观察时也会有新鲜感。

（二）挂图、语言、文字有机结合

教师在演示过程中，一方面要进行必要的讲解，另一方面还要板书，使语言、图象、文字密切结合，发挥多种符号的作用，帮助学生理解。为使这三者配合得既恰当又自然，教师应注意采用缩短挂图与板书间距离的办法，在图的旁边对应图中各部分的位置写板书。演示挂图时不板书，总结时再板书，使板书起到归纳总结的作用，做到讲解、演示、板书有主有从，同时也充分发挥语言和挂图的作用。

（三）画略图或使用辅助图配合主图

挂图的大小是有限的，尤其是在图形比较复杂的时候，不管多大的挂图都难免有个别细小的部分不易被学生看清楚。例如，地图挂图中，某些地区学生是不容易看清楚的。如果在挂图上没有局部放大内容时，教师就应当在讲解中再在黑板上画一些略图，或使用辅助挂图，把局部放大，帮助学生配合主图看清一些重要而细小的部分。例如，在讲述七年级（上册）第十课《秦王扫六合》一课时，教师演示"秦始皇画像"，画像上的秦始皇目光炯炯，虎视眈眈，流露出威镇六国、统一天下的勃勃雄心。这样的演示，丰富了教学内容，增强了教学的效果。

> 一位老师教《白杨》,在图片运用上作了优化处理,通过单幅到多幅的贴画演示,与情节发展同步。学生看图学文,印象深,理解透。开始时,老师在黑板上贴上一幅茫茫戈壁的图画,结合课文内容,让同学们了解大戈壁恶劣的自然环境。当教到大戈壁铁路沿线出现一行高大挺秀的白杨树时,老师在戈壁图上贴上一行白杨树。这样图文结合,学生对白杨树那高大挺秀的身姿留下了深刻印象。当最后教到大白杨树旁几棵小白杨正迎着风沙成长起来时,老师又在白杨树两旁贴上几棵茁壮成长的小白杨树,暗示祖国边疆的接班人正战胜各种困难不断成长。这样,随着教学内容的进展,配合图片分步演示,既揭示了课文内容,又增加了教学手段的新奇性与趣味性,学生兴趣高,收获大。

三、幻灯与投影演示

幻灯、投影演示即使用幻灯机、投影仪进行的演示,它能够化抽象为具体、化虚为实、化大为小,向学生提供相关事物丰富的感性材料。幻灯片、投影片的制作简单,成本低廉,容易掌握,因此,幻灯机和投影仪在现代教学中运用十分广泛。

幻灯、投影的演示,课前要设计好每一个细节,调试好所有的仪器,排好底片的顺序。解说词最好用录音机录制下来。课堂教学中演示前要说明演示内容及注意的问题。放映过程中要引导学生观看,并进行必要的讲解,了解学生观看时的反应。放映后要及时总结和留下思考题,并安排相应活动。

使用幻灯、投影演示时应该注意以下问题:

(一) 要保证画面的质量

幻灯、投影放映出来的画面质量直接影响教学效果。清晰、色彩鲜明、色调和谐的画面，能够引人入胜；反之，模糊、色调暗淡的画面，会使人产生厌烦情绪。因此，演示前对幻灯、投影片要精心设计，仔细挑选；放映时焦点调节准确，画面大小适当。

(二) 演示时间不宜过长

幻灯、投影的演示虽然容易吸引学生的注意，激发学习兴趣，但长时间演示会使学生产生视觉疲劳，因此，每次演示的时间不宜过长。同时，演示的次数要适量，不能过于频繁。

(三) 室内局部遮光

幻灯机、投影仪虽然亮度较高，但在演示时仍需有一定的遮光条件。教室内长时间遮光会影响学生的视力，亮暗变化过大不但教师操作不方便，还会影响学生的情绪。因此，一般采用局部遮光的办法，把靠近银幕的窗户遮挡起来。这样，既不影响学生看书或做笔记，又不会太影响放映效果。

四、电影电视与计算机演示

电影、电视的演示是最流行、最常见的大众传播媒介在课堂教学中的应用。它能为学生提供形象生动的感性材料，尤其是它的活动性是其他教材所不能比拟的。电影、电视的演示有辅助课堂教学的演示和专门的电影、电视的课堂教学两种形式。演示程序与幻灯、投影的演示基本相同。

近10年来，由于计算机和液晶投影设备在学校中的普及，多媒体演示正在逐步取代粉笔、黑板、胶片投影等传统演示媒体，成为课堂教学中的重要组成部分。多媒体演示教学的全过程，可以分解为若干个阶段。按照美国卡耐基培训中心对演示过程的总结和概括，一个完整的演示基本上包括四个阶段或步骤：即"规划"(Plan)、"准备"(Prepare)、"练习"(Practice)和"发表"(Present)。①

使用电影、电视、计算机等媒体演示，必须注意做好以下几方面的工作：

（一）做好课前准备

主要包括选择媒体软件，了解媒体软件的详细内容；计划课程进度，把媒体软件内容和课堂教学活动有机地结合起来；准备演示前必要的说明，对媒体软件内容的提示，在观看中应思考的问题，和有关部门进行联系等等。

（二）辅助课堂教学

在用电影、电视、计算机辅助课堂教学时，可在概念、原理的讲解之前演示，也可以在之后演示，为概念或原理的理解提供感性材料。其程序是：教师讲解概念或原理；放映媒体软件，提供感性材料；结合讲过的概念、原理对媒体软件内容作系统分析，促进学生认识的深化；继续新的教学内容。

四年级语文《五彩池》一课中，有这样一段描述："这些五彩池大大小小，玲珑多姿，池子的边沿是金黄色，像一圈圈金色的带子把池子围成各种好看的形状，有的像葫芦，有的像镰刀，有的恰似盛开的荷花……最美丽的是那五颜六色的池水，在阳光下，闪耀着红、黄、白、绿、紫、蓝等各种光彩，

---

① 孙昌达. 多媒体演示教学的理论与方法 [J]. 中国远程教育，2002(7).

像一幅巨大的彩画展在眼前。"这些迷人的景色对于未到过四川藏龙山的学生是难以凭空想象的。这时教师演示录像配以动听的乐曲，学生一下子被五彩池的美丽景色所吸引，情不自禁地赞叹："太美了！"教师通过演示，为学生创设情境，使他们身临其境，展开想象，激发了热爱祖国大好河山的情感。

五、实验演示

在课堂教学中，为了使学生对教学内容获得直观的感性认识，有时也采用实验演示的方法。实验演示是"在课堂上进行的、密切配合讲授内容的实验。它主要由教师操作，学生观看。演示实验要求装置简单、主题突出、操作简便、效果直观、形象并富于启发性"。[1]

实验演示可以深入浅出地揭示颇为抽象的科学现象，展示事物的复杂过程，给课堂教学激趣添味。从演示的目的性看，实验演示可以分为获取新知识的实验演示和巩固验证知识的实验演示；从演示的内容看，可以分为演示实验的全过程、实验的开始和实验的结束，即实验的片断。

（一）传授新知识的实验演示

传授新知识的实验演示主要用于引导学生观察现象，启发和运用感性材料进行系统分析，导出新概念，获取新知识。从逻辑上看，是由特殊到一般的过程。

有位教师在讲鱼鳃的呼吸作用时，通过投影，让学生观察鱼

---

[1] 孟桂菊，杨昌权．运用微格教学手段，提高学生演示实验技能[J]．黄冈师范学院学报，2000（3）．

鳃的标本，学生说像把梳子。再让学生看活鱼鳃的颜色，学生说是红色的。教师说明，这是由于毛细血管多造成的。然后教师把高锰酸钾放入鱼口，要求学生从投影仪上看，高锰酸钾溶于水后红色的液体从哪儿排出。学生聚精会神地观察，发现从鱼鳃流出。教师引导学生分析观察到的现象，认识到鱼从口喝进的水，绝大部分从鳃排出，鳃是梳子状的，与水接触面积大，又有丰富的毛细血管，在鱼喝水、排水的过程中，吸进了水中的氧气，排出了废气，鳃是鱼的呼吸器官。

（二）巩固知识的实验演示

巩固知识的实验演示是以验证和巩固知识为目的进行的，即通常所说的先讲解后实验的方法。从逻辑上看，是由一般到特殊的过程。实验演示可以采用三种方法：

一是在演示前，教师向学生指出要做什么样的实验，然后引导学生用刚学过的理论，预测有什么样的结果，道理何在，再开始实验。例如：讲"水能溶解别的物体"时，将食盐放入水中，一会儿就不见了，而通过蒸发又得到了食盐晶体。

二是教师向学生指出要做什么实验之后，不告诉实验结果，让学生在实验中细心观察，实验结束时，由学生解释为什么会产生这样的效果。例如：用一块纸板盖在装满水的玻璃杯上，手按着纸板分别把杯子侧放、斜放、倒过来放，松开手水也不会流出来；把一个装满水的试管倒放在玻璃缸的水里，试管里的水面大大高于玻璃缸的水面。通过演示这一类实验，由学生归纳出大气存在着压力而且在各个方向都有压力的结论。

三是实验之前，向学生说明打算做一个产生什么结果或验证什么规律的实验，让学生讨论做这个实验需要什么条件，怎么做才能产生预期的效果，由学生自己设计实验。例如，自然课讲空气的热胀冷缩性质时，教师首先提出：空气有热胀冷缩的现象吗？然后让学生以小组为单位设计实验方案，并指导实施。结果不同的组用了不同的方法，看到了不同的现象。教师逐一让各组演示并分析自己的实验，最后得到共同的结论——空气有热胀冷缩的性质。

（三）实验片断的演示

有些实验需要较长时间才能完成，在课堂上不可能让学生看到实验的全过程。这样在课堂上只能演示实验的一个片断。其方法是：

演示实验的结果。在实验前应首先向学生介绍前一段的实验情况，可用挂图、黑板画、录像等帮助说明。

演示实验的开始。教师在讲授了某一方面的知识后，为了验证知识的正确性，或使学生获得感性知识，教师进行实验演示。但是，这个实验结果在课后一段时间才能看到，这时教师只能演示实验的开始，实验的结果让学生课后去观察。对于学生的课后观察应拟定详细计划，督促学生完成观察过程。

应该注意的是，无论什么样的实验，都要求学生用文字或图表等形式把实验结果记录下来，以此来巩固所学的知识。

> 例如讲《称象》一文。事先准备一个透明玻璃缸，缸里盛了水，当作"河"。用一个铝制盒，当作"船"。用木头做一只"象"，再准备一些小石头。演示开始前，教师问：曹冲称象的方法是怎样的呢？教师让学生根据课文内容回答，边回答、边演示。先把"大象"赶上"船"，教师提醒学生注意"船"有什么变化？学生答"船"下沉了，找出"船"下沉的原因，并在"船舷"上画上记号。然后把"大象"赶上岸，再往"船"

上装石头,等到"船"下沉到原来记号的地方,教师问:"还能不能再装石头?为什么?"学生讨论,认为这时"船"下沉的深度同载上"大象"时相同,表示石头和"大象"的重量相等。如果再装石头,石头与"大象"的重量就不相等了。最后,教师问:"曹冲称象的办法好在哪里?"学生讨论认为:大象是不能分割开来称的,而石头却可以分开来称,把几次分开称的石头的重量加在一起,就是大象的重量。这个办法,既不用宰大象,又能准确地称出大象的重量,曹冲想的办法比大官们的好。

第三节 课堂演示的原则与要求

课堂演示是经常使用的教学手段,以此阐明基本概念、原理,揭示事物本质和规律。掌握好演示技能,不仅可以激发学生学习的兴趣,有利于知识的理解和记忆,也可以培养学生的观察能力、分析能力和推理能力,还有助于培养学生实事求是、严肃认真的学习态度和学习方法。

一、课堂演示的原则

（一）目的性原则

演示必须服务于教学目的,有利于突出教学的重点、难点,不能单纯为演示而演示,也不能单纯为引起学生兴趣而演示。要提高演示的教学效果,最重要的是要引导学生进行积极的思维。这就要求学生明确演示的目的和观察中的要求,并对有关装置、操作步骤、观察到的现象进行积极的思考,把观察到的现象与已有的知识和经验建立起必要的联系；启发他们对观察的现象和测定的数据进行分析，经过抽象和概括，总结和归纳，得出规律，透过现象认识本质。

(二) 科学性原则

即演示的教具选择要适当，演示的过程展示要清晰，演示的结果分析要准确，使课堂教学生动、活泼，达到优化的目的。演示所反映的内容必须是真实科学的，所提供的感性材料一定要准确无误，具有典型性、全面性、可信性。因为通过演示的都属真实现象，但用来证明什么问题、怎样分析、得出何种结论，并不一定都是恰当的。

(三) 规范性原则

教师操作要规范、正确。正确、规范的操作是演示成功的基础，也是提高演示效率的前提。演示过程是在学生注意力高度集中的情况下进行的，教师的一举一动都会给学生留下深刻的印象。教师的很多操作又是学生第一次看到，这种"先入为主"，一旦给学生留下不规范的操作印象，将来纠正起来会很困难，因为除了要理清错误的映像外，还要努力排除前摄抑制的干扰去获取正确的映像，因而需要付出双倍的努力。所以演示必须是规范的，要能为学生起到示范和潜在的楷模作用，使学生获得正确的知识，并掌握规范的操作方法，同时养成严肃认真、实事求是的科学态度。[1]

(四) 安全性原则

在演示教学过程中，特别是演示实验，要确保安全，特别是

---

[1] 冯彤. 计算机教学中教师演示技能的应用要点〔J〕. 湖南教育，2002 (15).

做一些易燃易爆的演示实验时，往往带有一定的危险性。如氢气的燃烧实验，必须切实掌握实验关键，如气密性、纯度等。并要向学生讲明：①实验的要领和成败的关键。②危险和安全的辩证关系，即认真对待，用科学的方法进行操作就安全。如果马虎，不认真对待，不按照科学的方法和步骤去操作就可能产生危险。这样做既可以防止学生产生恐惧心理，又可以鼓励学生大胆地按科学方法实践。

> **一次家兔的观察**[①]
>
> 在教学有关家兔的知识时，A教师为激发学生兴趣，带来一只活家兔让学生观察。一开始果真吸引了学生的注意力，学生观察仔细，课堂气氛比较活跃。A教师为了让学生认识家兔的内部构造，就取出一柄铁榔头猛击兔子头颅。小兔垂死挣扎，情状凄惨。前排胆小的孩子吓得闭上眼睛。A教师当场解剖活兔，并不断提醒学生仔细观察：这是心脏、这是肠……然而许多孩子眼见活泼可爱的小白兔变成一具血淋淋的尸体，早已吓呆了，有的还不停地哭泣，哪里还谈得上去观察认识。A教师事与愿违。

二、课堂演示的基本要求

为了发挥教学演示的作用，提高演示效果，教师需要在演示时遵守和注意以下几点：

（一）演示与语言讲解紧密结合

教师在演示的同时需要进行必要的讲解。学生以视听结合的

---

① 童建杰. 刍议演示教学的误区 [J]. 实验教学与装备，2001 (3).

方式理解并接受知识，对于提高他们的理解力和巩固知识有重要的作用。演示与讲解相结合的形式有以下几种：

1. 用直观手段辅助讲解

教师通过对教学内容进行语言描述并附有直观的教学演示，让学生在观察的过程中获取知识。

2. 将直观教学手段作为讲解的出发点

这种方式是教师先提出问题，然后让学生根据问题对直观事物进行观察，最后教师对学生观察结果进行概括并将其上升到理论的高度。这时，直观教学手段的应用只是作为教师讲解的出发点，为学生的学习提供感性基础。

3. 利用语言指导学生的观察

这种形式是让学生通过自己观察，获得直观教学手段呈现出来的知识，此时，教师并不直接传授知识，而是通过指示学生有重点地观察，启发他们思考问题。

4. 引导学生自己得出观察的结论

这种方式由教师先提出问题，然后由学生自己观察。在观察的基础上，引导学生自己思考，得出概括性的结论，最后由教师进行总结。

(二) 演示要适时适度

所谓演示适时是指演示要在恰当的时候进行。教师的演示总有其特殊的目的、特定的时机。教师应根据具体情况在适当时机演示，不能提前也不能延后。否则，就达不到演示效果。通常，根据学生的心理特点，演示时机有离散时机、渴求时机、疑难时机、升华时机、欲试时机和懈怠时机等类型。所谓演示适度是指演示时，需要学生观察时则展示媒体材料，不需要时则收起媒体材料，以免学生产生疲劳，不能注意听讲。

（三）选取能给学生适宜刺激的素材

在选择演示素材时，应该注意选取能给学生适当刺激效果的内容素材。太强烈的刺激会对学习产生不利影响，最好是选取既能激发学生的情感活动，又能引起学习兴趣的刺激强度的内容素材。

例如，在物理课堂上讲授超重和失重时，有的教师用细线拉重锤进行演示，当重锤处于静止状态时，细线可以提供足够的拉力来平衡重力，当教师用细线拉着重锤突然加速向上运动时，细线断开，铁锤便重重地落下，学生们都震得心里一惊。在讲授分子力时，用磨光的铅块压在一起，吊起装有好几个重锤的塑料桶。学生先看到吊的是一个塑料桶，没觉得怎样，当教师把塑料桶中的四个重锤一个接一个地拿出来时，学生们发出了一阵惊呼。在观看这样刺激强度的演示实验时，学生就不容易分散注意力，同时对所学知识也会留下深刻的印象。

（四）活用演示材料

充分发挥演示教学的艺术性，需要运用各种演示材料来调动学生的积极性，促使学生对所学知识产生浓厚的兴趣。

例如，中小学作文对于老师和学生都是件头疼的事，"没东西好写"是最大的难题。看图作文，有一幅图摆在眼前，应该是有东西可写，但学生因经历和想象力不同，也有人写不好。有的老师使用学生自己小时候的照片来做教具，要学生写作文，取得了超乎寻常的成功。

（五）设置悬念，引导探索

教学演示前要激发学生渴望演示出现的心理，以便演示出现后能吸引学生认真观察和积极思考。因此，演示前应有简短的引言，努力激发学生想看、想弄清楚某些问题的欲望。

例如，教学"麻雀的外部形态"，在演示麻雀外部形态挂图时，教师应先提出：麻雀生活在什么环境中？它具有哪些跟这种环境相适应的形态、结构呢？让学生回忆日常生活经验进行思考，然后演示挂图指导观察。这样，演示挂图前不仅诱导学生期待挂图出现的心理，集中了注意力，而且在挂图出现后学生的注意力会集中在应当观察的主要方面。

三、演示技能的评价

演示技能的评价单

日期_____任课教师_____

请您在听课后对以下各项进行评价，并在恰当的等级栏内画"√"

班级_____讲课人_____时间_____

序号	评 价 标 准	权重	A (1.0)	B (0.8)	C (0.6)	D (0.4)	E (0.2)	得分
1	演示目的明确，紧密结合教学重点	15						
2	演示前对仪器实验原理等交待得较清楚	10						
3	演示装置简单可靠，尺寸足够大	5						
4	演示有启发性，为学生指明观察方向和重点	15						

5	演示现象明显，直观性好，能见度大	20							
6	演示程序步骤分明，过程明了	5							
7	演示操作规范熟练，示范性好	10							
8	演示与讲解提问配合，促进学生思维	10							
9	演示能确保安全，排除干扰因素	5							
10	对演示结果能作出正确解释和说明	10							
合计									
评价意见									

【教师手记】

"演示失败"的反思[①]

在听"绿叶在光下制造淀粉"一课中,教师向学生做实验演示:展示一张课前已准备好的白纸,然后向纸上"发信息",再把这张纸放入盛有碘液的水槽里,等到把纸拿出来时,上面显示出四个大字:贵在实践。

大部分学生到教师处取纸并仿效教师进行实验,均成功,而用自己的白纸的学生实验均失败。成功的学生有说不尽的喜悦,失败的学生心中不服。他们提出质疑:教师的纸有问题。教师对质疑的学生提出表扬。接着,教师做第二个实验:取一片实验要求的叶片,按照书上的实验步骤操作(课前学生已做好绿色植物的暗处理、遮光、光照等步骤)。但这个实验却失败了,叶子上没有出现蓝色。学生惊讶了:老师怎么失败了?在课堂上演砸了,太丢脸了!

此时学生的态度是多样的:有想帮助教师挽回局面的;有看热闹的;有想借此机会展示自己才华的;有茫然的:老师怎么会失败……此时的教师更是尴尬,只见他拿着手帕边擦额头边说着:失败是成功之母。此时学生探究的兴趣已被激发出来,跃跃欲试。

教师求助于学生,让学生帮助他找失败的原因,方法不限。学生立即进入实验状态:有自己独立实验的,有几个人组成一个小组合作实验的,有按照书上提示的步骤实验的,也有自己设计实验步骤的。大部分学生实验成功了,绿叶上出现了预想的蓝

[①] 资料来源:http://www.edudown.cn/article/show.asp?id=8860.

色：有字、有几何图形、有照片……但也有像教师一样失败的。

实验失败的原因是什么？学生"帮助"教师分析失败的原因：取材错误，老师选取了蝴蝶梅而不是天竺葵。课即将结束时，教师用探询的语气问："你们还有疑问吗？"突然有学生问：为什么用绿色植物蝴蝶梅做实验就没有出现预想效果呢？于是，课后学生又去查资料，得知：有些绿色植物在叶子中合成了有机物，但没有暂时贮存，而是立即运走。

这是我听的一节课的片段。我做了深刻的反思。新的课改给我们提供了精美的教材，作为一线教师，要运用智慧，适时造势。本节课教师"演砸了"的目的就是创设探究情境，让学生形成一个"我要学、我要帮助老师"的心理，自然地随教师走进科学殿堂。

【思考题】

1. 说明演示技能的内涵和结构。
2. 举例说明演示技能的功能。
3. 结合教学工作，举例说明演示技能的类型。
4. 简要说明演示技能的基本原则。
5. 举例说明演示技能的注意要求。

【技能训练】

1. 在全班播放一段有关演示的教学录像，学生分组讨论演示是否符合教学要求。

2. 每人从中学教材选一个需要运用演示技能的教学内容，编写教案，进行5～10分钟教学实践，并按照演示技能标准进行评价。

第七章
巩固与强化的技能

知识的保持离不开巩固与强化，我国早有孔子的"学而时习之"、"温故而知新"提法，尤其对于以学习间接知识为主的学生来说，巩固与强化更有其特殊的意义和价值，并贯穿于课堂教学的始终。

第一节 巩固、强化技能概述

一、巩固、强化的教学意义

（一）巩固的意义

一般而言，在巩固之前，对所获得的知识，学生的理解可能较为粗浅、零散，记忆不深，甚至记忆存在缺漏。通过巩固旧知，可以使师生双方都更全面、细致地了解学生的学习情况。

1. 有助于知识的记忆

一般而言，在较短时间内学习新的书本知识后，学生对知识尚未透彻理解，而未经全面、深刻理解的知识难以牢记；再者，学生学习的内容主要是间接经验，对未经亲身实践获得的知识难以留下深刻的印象，而巩固知识可以帮助学生进一步了解知识的来龙去脉，及其如何在实际情境中运用，这样有助于学生深刻地理解并记忆知识。

2. 有助于知识的运用

一方面，学生知识掌握得越牢固，就越有利于相应的技能、技巧的形成，而技能、技巧关乎运用知识的能力。另一方面，在组织巩固知识中，教师要求学生运用知识解决实际问题，或通过实际操作加深对知识的理解，加快对操作技能的掌握，均有助于学生更好地运用知识。

3. 有助于学习新知

其一，复习旧知识为新课的学习设置悬念，能激发学生学习新知识的兴趣；其二，旧知识是学生学习新知识的必要基础，具有承上启下作用，学生牢固地掌握旧知识，能更有效地在旧知识体系中找到新知识的"生长点"，使新旧知识发生合理联系，从而有利于理解和掌握新知识。

4. 有助于知识系统化

巩固能确保学生掌握知识的连贯性，有助于学生从学科的层面综合理解知识，了解知识点之间的内在逻辑关系，知道每一个知识点在学科整体知识结构中的位置，辨别主干知识，并对之重点掌握，这样有助于学生把知识点连成知识线，把知识线连成知识面，把知识面连成知识体，获得系统知识。

5. 有助于提高思维力

知识具有智力价值，巩固知识有助于学生智力，尤其是思维力的发展。学生掌握的知识越广泛、越牢固，学生的思维就越可能趋向广阔、灵活、深刻、独特。

(二) 强化的意义

1. 激励功能

强化会引发学生的内心体验，而重复引发快乐体验的行为和避免引发痛苦体验的行为是人的天性。为了获得或者避免某种引发快乐或痛苦的学习强化物，学生必须明确学习目标，使自己的认识和行为朝着教师期望的方向发展，提高学习的正确率，这样，学生学习的外在动机和内在动机得到激发，积极主动地投入学习。例如：教师表扬一位同学"回答得很好！希望大家都能像××同学一样勤于思考，灵活运用知识"。

2. 维持功能

强化可以促进教师与学生的双向交流，防止和减少非教学因素刺激对学生学习产生的干扰，使学生在教学过程中将注意力集中于学习活动，提高学生注意的持续性。例如，教师对认真听讲的学生给予肯定和表扬，对学生的正确反应给予鼓励和奖赏，能对学生的学习兴奋状态实现正强化；当学生不注意听讲时，教师放慢语速或戛然而止，并长久注视学生，能使学生在强化的作用下集中注意力。

3. 促进功能

强化增强学生某种与教学目标相符的认识和行为重复出现的可能性，学生的认识和行为逐渐从量变到质变发展，从而使最近发展区不断转化为现有发展区。例如，有的学生犯了小错误，自尊心又很强，如果教师能用信任的眼光注视他，他可能很快地振作精神,从头做起。

4. 巩固功能

强化使学生正确的认识和行为得到巩固。如当学生作出正确的反应,如回答正确、思维灵活、见解独特等,符合甚至超过了教师的期望时,教师用肯定和赞许给予强化,会使学生获得成就感和满足感,促进了学生的内部强化,从而巩固正确的认识和行为。

5. 强化功能

强化是师生相互作用的一个关键环节。学生在课堂上做出反应后,若教师不进行任何反馈强化,学生得不到来自教师的反馈信息,他们会无所适从,正确的反应可能减弱,错误的反应可能被重复和增强。强化不仅有助于调控学生个体的认识和行为,而且有助于统一全班认识、调控教学进程。

二、巩固、强化技能的界定

巩固技能是指教师以组织学生复习为主要手段,在教学过程中引导学生在理解的基础上牢固地掌握学习内容,并能根据实际需要准确再现、恰当地运用的教学行为方式。

强化技能是指教师在教学过程中对学生活动进行直接或间接干预,即对学生认识或行为中符合教学要求的成分进行肯定、表扬、奖励,对学生的认识或行为中不符合教学要求的成分进行否定、批评、惩罚,使直接或间接呈现的刺激物与教师所期望的学生认识或行为之间建立稳固联系的教学行为方式。

值得注意的是,强化技能涉及的教师行为不仅包含肯定、表扬、奖励等外部积极强化,以及否定、批评、惩罚等外部消极强化;同时,还包括引导学生自主对尝试活动中的尝试性的意义解释进行验检,判断真伪,将证实的尝试性的意义解释这一反应固定下来的内部积极强化即间接正向强化,将证伪的尝试性的意义解释修改或消除的内部消极强化即间接负向强化。

三、巩固与强化技能的关系

(一) 巩固和强化技能的区别

1. 心理学理据不同

巩固技能的主要心理学理据是艾宾浩斯遗忘曲线揭示的记忆规律;强化技能的主要心理学理据是"操作条件反射式学习"的联结主义学习理论、认知心理学派的学习理论以及积极心理学有关人格、动机与成功领域的研究成果。

2. 运用目的不同

巩固技能的运用目的是促进学生理解、记忆、运用学习材料;强化的运用目的是有效地使学生在尝试活动用较短的时间,在积极的学习体验中获得多方面发展,达到学习目标。

3. 运用涉及的学情不同

巩固技能涉及的教师引导行为的发生一般是在学生对学习材料有了初步学习和一定程度的正确认识之后。强化技能涉及的教师引导行为的发生一般是在学生的尝试活动过程中或尝试活动之后。学生对学习材料的认识较为复杂多样,可能形成错误认识,也可能形成正确认识。当学生的正确认识并没有普遍地、稳定地出现或者其形成需要学生更强的动力和更多的努力的时候,特别需要运用强化技能给予学生额外诱因。

(二) 巩固技能和强化技能的联系

1. 理据丰富

均以当代教育学原理、教学论原理、学科教学论原理、相关心理学的研究成果为指导，具有丰富的理论支持。

2. 以教育目的达成为旨归

两种技能涉及的教师教学行为方式都具有鲜明的思想意图和目的指向，要求涉及的教师行为不仅要科学精准，而且要服从人文主旨，以教育目的为标尺衡量其运用是否恰当。

3. 需要灵活运用

两种技能涉及的教师行为都具有相应的适用范围和条件，所以不能机械、片面、静止地理解和实施。教师的引导都必须具有动态目标意识，密切关注不断生成变化、丰富多样的学情，并迅速、准确地判断，适时运用技能。

4. 运用的手段相似

如都可以通过语言、标志、图表、动作、活动等手段。

5. 可以相互促进技能运用目的的达成

如通过给予学生包含明确期望的激励性评价的正向强化刺激，有助于学生理解、记忆、运用学习材料，达到巩固目的；通过学生在复习巩固中证实或证伪预想，推动学生进行内部强化，加深对所学内容的理解，发展了思维，提高正确认识（行为）出现的强度和频率，达到强化目的。

第二节　巩固技能的运用

一、教学巩固的类型

（一）学期开始时的巩固

指学期开学后，教师在学生学习新的学习内容之前，组织学生巩固已学的知识，弥补学生的知识遗忘、缺漏，为顺利地接受新知识奠定基础。

(二) 日常教学中的巩固

指日常教学中新授课开始时的引导性复习、新授课进行中的复习、部分新内容教学后的局部复习、新授课结束时的总复习和完成课外作业。

新授课开始时的引导性巩固,目的在于检查学生现有发展区,降低学习坡度,激发学生信心,为讲授新课创造认知前提和心理前提。讲授中的随机性复习,主要通过即兴提问,引导学生应用已学知识,达到巩固目的。部分新内容教学后的局部复习,重在引导学生用简洁的语言、归纳的方式复习所学知识的重要内容,帮助学生记忆知识,训练学生综合思维能力和概括能力。课业结束时的总复习,旨在使学生记住基本的事实、关系、规则,集中整理学生应当记住的内容。完成课外作业,旨在激发学生学习的主动性和积极性,使他们自觉地及时巩固知识、提高能力。

(三) 单元教学后的巩固

指教师在某一单元教学结束后安排的巩固,通常专设复习课进行,旨在使学生遵循学科知识的内在逻辑关系,对所学的知识进行分类疏理,揭示诸知识点之间的关系,加深对重要知识点的理解并牢固掌握,把所学某一单元或章节的知识系统化。

(四) 学期结束时的巩固

指教师在学期结束时安排的巩固,通常专设复习课进行,要求学生对一学期所学知识进行全面系统的复习,了解教材的基本内容、重点、难点以及前后章节之间的联系,使学生完整地、牢固地掌握课程标准规定的基本知识。

二、巩固的方法

(一) 复述式巩固

指教师在导入新课时，复述与新知相关的旧知，或教师要求学生复述所学的重要内容。例如：教师通过课件展示一个圆——

师：同学们，我们已经认识了一个特殊的平面图形——圆，说说你已经知道了关于圆的哪些知识？

生：知道圆的特征，圆的各部分名称，圆的周长和面积的计算方法……

师：同学们真棒！掌握得很好！这节课，我们上有关圆的练习课。

(二) 问答式巩固

教师针对学生学过的内容提问，由学生回答，以促进学生巩固所学知识。例如，教学《生物的特征》一节，学完生物的五个特征后，教师提出两个问题：想想人体具有哪些生物特征？当你看到路边的一棵草、一朵花时，是否认识到它们也有生命呢？通过解答这两道与生活实际紧密联系的问题，学生对本节的重点内容——生物的基本特征，进行了及时的复习和巩固。[①]

(三) 板演操作式巩固

指通过学生亲自板演和动手制作达到巩固目的。例如，教师在讲完《长方体和正方体的认识》后，要求学生拿出预先准备好的小刀和土豆，把土豆切成带有"面"、"棱"、"顶"的形状，说出什么是"面"、"棱"、"顶"，并指出"面"、"棱"、"顶"的位

[①] 改编自李晓燕. 复习巩固的多种形式在课堂教学中的应用〔J〕. 生物学杂志，2006（3）.

置。这样,通过制作,学生对立方体的三个基本构件要素——面、棱、顶的概念及其形状有了深刻记忆。[①]

(四) 图像式巩固

指教师展示大量静态图片及动态图像,或要求学生画图、说图,以达到复习巩固的效果。呈现图片可发挥学生的形象思维,调动学生的学习兴趣,减轻学生阅读文字的负担,有利于学生加深记忆。多媒体的使用,可以在短时间内将动态过程图像呈现给学生,使学生充分感知所学内容,化抽象为具体,便于加深记忆。如消化、呼吸等生理作用,脊髓控制的膝跳反射,生态系统的物质循环,许多不易见或见不到的生物现象,都可用动画或特技摄影一一呈现。[②]

此外,学生也可通过亲自画图、说图法来巩固信息。画图法可调动学生的手、眼、脑、耳多种器官协同活动,尤其是眼的活动较多,视觉通道接收的信息丰富,使学生的大脑皮层处于兴奋状态,注意力高度集中,迅速正确地巩固所获得的知识。说图法可调动学生的眼、脑、口协同活动,巩固所学知识。

(五) 实验演示式巩固

在巩固教学时教师还可让学生上讲台模仿教师的演示进行表演,例如,讲完楞次定律一节时,就叫学生重做验证楞次定律的实验,通过自己做实验,使学生们进一步加深了对定律的认识,

---

[①] 改编自默耕主编. 教学方法荟萃〔M〕. 福州:福建教育出版社,1993:36.

[②] 李晓燕. 复习巩固的多种形式在课堂教学中的应用〔J〕. 生物学杂志,2006 (3).

较好地掌握了楞次定律,从而提高了课堂教学的效果。[①]

（六）新旧知识对比式巩固

指教师要求学生将新旧知识进行对比,以此巩固知识。新旧知识总是存在着内在的联系,教师必须善于诱导学生在回忆旧知识的基础上联系新知识,并将其有机地结合起来,使学生将所学的知识梳理清楚,系统地巩固所学知识。

（七）归纳表格式巩固

有些教学内容之间存在着相近的关系,学生的记忆容易产生混淆,教师应引导学生共同概括所学知识,并列成表格以达到巩固教学内容的目的。例如,学完了花、果、种子形成的知识后,可引导学生归纳成图表式的知识系统,让学生在此过程中巩固知识。[②]

（八）列举式巩固

对于公式和规律以及其他需要熟练应用的教材内容,教师可采用举例的方法进行巩固教学。举例时,教师可以根据教学内容、学生特点、学生生活实际精选一些典型的、有指导性、可使学生举一反三的例题,与学生们一同研究如何解答,使学生在解答问题的过程中掌握公式和规律,并懂得如何应用。

（九）练习式巩固

通过练习巩固学生所学内容。练习题的设计要根据教学目标和学情,要有坡度、重实效、多样化、有针对性、适量、有趣,

---

① 苏志超．课堂教学中的"巩固教学"〔J〕．中专物理教学,2001(2):12.

② 李晓燕．复习巩固的多种形式在课堂教学中的应用〔J〕．生物学杂志,2006(3).

教师要妥善安排学生练习的时间，可以安排在刚上课的时候，可以穿插在新知识的传授过程中，也可以放在课堂教学内容完成后。课堂练习能当堂检测出学生掌握了多少知识、技能，理解程度如何，能否学以致用等，并巩固学生所学，教师还可以据此调整教学节奏，及时弥补教学不足。

三、巩固技能的应用要点

（一）为巩固创造必要前提

1. 有效处理教学内容

教师对新授课内容，分清主次，突出重点，并运用适当的教学方法，结合实际，启发学生的思考，学生感知和理解新教材就会明确、透彻，印象深刻。这为巩固新知识打好基础。

2. 要求学生适度进行"过度学习"

教师传授新知识之后，要求学生在"记得"、"学会"的基础上增加学习量，多用一些时间深入思考、练习、记忆。将"过度学习"维持在合理数量和次数上有助于提高巩固效果。

3. 正确地理解教材

如果学生错误地理解了教材，并加以巩固，那么，学生只能记住错误的知识，而要纠正错误远比学习新知识困难得多。因此，在巩固之前要使学生正确地理解教材。

4. 激发学生牢记知识的心向

对学生明确提出要在多长时间内牢记知识的要求，这会增强学生巩固的动机，激发学生潜能，在巩固中做出更多的努力。

5. 掌握巩固规律

根据遗忘规律，让学生养成良好的巩固习惯，形成巩固策略。教师和学生可以商讨后共同拟定巩固计划；并督促学生严格执行。

（二）突出巩固重点知识

一般而言，重点知识是学生需要着重理解、识记、运用的内容，但由于重点知识和一般知识存在关联，所以不应将它们完全割裂，而应引导学生将重点知识巩固和一般知识巩固相结合，突出重点知识巩固，从而全面而准确地掌握知识。对于新课，教师要注意引导学生巩固重点知识。复习课中，教师要注重引导学生系统整理知识，突出重点、难点、关键点，做到以主带次，以点带面，使之条理化、系统化，避免出现简单复述旧课的情形。

（三）注重巩固方法、手段、途径的多样化和适宜性

由于巩固的内容是学生已学的知识，其积极性和敏感性比学习新知识低，如果运用单一的巩固的方法、手段、途径，对人脑单调刺激，会加剧大脑抑制水平，使学生产生厌倦感，导致效果不佳。因此，教师可以将多种多样的巩固方法、手段、途径交叉、配合使用，调动学生变换多种角度理解，运用多种感官参与巩固，如运用口述、笔述、问答、做习题、讨论、自测等多种方法，采取纸笔、黑板、多媒体等多种手段进行巩固。

例如，导入阶段的巩固，可以运用朗读、表演、班级全员的简单运算练习，或者简单的巩固作业、问答、观察挂图等等。学生在复习中口述的内容尽量借助卡片、模型、黑板、挂图之类的直观手段来呈现、说明、提示。单纯用口述的方式不仅使学生难以真正理解，而且易导致学生厌倦，而将具体直观的东西与抽象的概念事物联系起来，了解抽象的概念与语言表述中蕴含的丰富具体内容，则有助于学生认识到两者之间的关系，提高巩固效果。

在强调巩固方法、手段、途径多样化的同时，教师还应根据

教学情境，巩固的内容及难度，学生年龄特征、学习风格和学业水平的差异等因素而定，对巩固方法、手段、途径、内容取舍，使之具有适宜性。例如，对低年级学生，要增加巩固的趣味性，集中学生的注意力，巧妙地将巩固融入游戏活动，使他们乐于参与。对高年级学生，重在进行综合性或概括性的巩固，复述出新课文中最关键、最重要的内容，或让学生列出归纳提纲，画出归类表格、图解等，掌握主要的事实、概念、法则以及知识体系。此外，应根据学生年龄特征和个别差异设计巩固的提问内容和练习，巩固的提问内容和练习要有合理的层次、坡度和难度。

（四）及时巩固和经常巩固相结合

根据遗忘先快后慢的特点，要用及时巩固减缓遗忘速率，每次学了新知识后巩固要及时紧凑，有的放矢。如教师在讲完新知识之后，要重视安排学生及时复述和归纳，教师及时小结，要求学生课后及时复习、及时完成课外作业等加以巩固。研究表明，经常巩固效果好于集中巩固。但经常巩固要注意控制好每次巩固间隔的时间，应遵循先密后疏的安排原则，巩固初期安排的次数可较为频繁，每次巩固的时间可较长，各次巩固的时间间隔较短，越往后，各次巩固的时间间隔可逐渐增大，每次巩固的时间逐步缩短。在日常教学中，教师将知识的复习巩固贯穿于教学过程的始终，有助于学生养成经常巩固旧知识的良好习惯。如教师在讲授新教材之前，让学生复习和运用已有的知识来理解新知识；在教学中安排不事先告知的对全体学生或个别学生的随机测验，促使学生经常巩固旧知识。

（六）注意巩固成效反馈

巩固成效反馈是指学生对所学知识巩固后理解和记忆情况的反馈，这种反馈可通过学生回答问题、讨论、演示，或教师检查作业、分析试卷等方式获得，巩固成效反馈是检验学生复习效果的量尺，教师要重视测评巩固成效，确保巩固落到实处。特别对于基础差、学习被动、课后不及时复习的学生，教师要加以关注，及时抽查其巩固效果。

（七）思考与练习相结合

思考与练习相结合是使学生完全地掌握知识的最重要手段。思考有助于学生将所学知识联系起来，层层深入巩固，而非停留在简单重复记忆的水平。学生对所学知识加以思考实际上是分析、联系、归纳和比较所学知识的过程，思考既是对所学知识的理解、吸收，同时也是对所学知识的质疑、创新，往往记忆深刻，需要时能准确提取并加以运用。因此，引导学生在巩固过程中思考极为必要。教师引导学生思考的主要手段是要求学生做思考题，教师将巩固与新问题、新课题的解决关联起来设计思考题，使学生将所学知识应用于实践课题，展开练习，这样，所巩固的知识对学生来说便会具有挑战意义。此外，引导学生在实际操作中巩固，有助于学生拥有感性认识，理解抽象符号所代表的实质意义和具体内容，提高巩固成效。

第三节　强化技能的运用

强化的手段和途径有许多，每种强化都具有优点和局限性，都有适用的情境。在适用的情境中，缺点可能转化为优点，反之，优点也可能转化为缺点，所以，教师在课堂教学中要根据具体情况来选择相应的强化，只要运用恰当，就可以获得良好的效果。

一、强化的类型

根据不同的分类标准,强化可以划分为不同的类型。

(一)积极强化和消极强化

根据使用奖赏性刺激物或取消不愉快的刺激物,强化分为积极强化和消极强化。

1. 积极强化

积极强化是指在学生出现正确认识或良好行为时,教师使用带有鼓励、肯定、赞许、表扬、奖励意味的强化刺激物增加学生该认识或行为的强度、数量和出现频率。运用积极强化时,可以是有形的或物质的,如奖励学生喜爱的读物、金钱、食物;也可以是无形的或精神的,如教师的微笑、口头夸奖、竖起大拇指、奖状、游戏、自由活动时间等。研究表明,比起物质奖励,精神奖励能更有效地激发学生行为,因而,应多用精神奖励。

2. 消极强化

消极强化是指在学生出现不正确认识或不良行为时,教师先给予学生否定、批评、惩罚等令学生不愉快的强化刺激物,而后指出学生该做什么、该怎么做,承诺如果学生有所转变,将取消不愉快的强化刺激物,以此促使学生的不正确认识或不良行为受到抑制和消退。有时也指学生缺乏信心和缺少努力,而好胜心极强,教师故意用"激将法",给予学生不愉快的强化刺激物,激起学生增强和重复某种正确、积极认知(行为),以避免教师预言实现。

教师要根据学生特点进行消极强化,批评不可滥用,但也不可不用,必要的、中肯的批评和指正是教育不可或缺的。但教师要避免用心灵虐待、体罚、变相体罚等杀伤力巨大的刚性强化刺激物伤害学生的心灵和肉体,应选取较温和的、但又是学生企图极力避免的柔性强化刺激物,如课后留下来、不准坐下、不准参加某种喜爱的活动、不准自由活动或惩罚的威胁等。

(二)外部强化和内部强化

根据强化来源于学生的外部或内部,强化分为外部强化和内部强化。

1. 外部强化

教师根据学生的认识和行为表现,自己或发动学生集体舆论运用肯定、表扬、奖励或否定、批评、惩罚,以激发学生增强、重复某种认识(行为)或抑制、消退某种认识(行为)。外部强化的强化刺激物的给予者是教师或同学,外在于被强化对象而存在。外部强化的效果取决于学生是否具有学习的外在动机,当学生能够充分意识到某些认识和行为能使自己赢得成功和内心满足,就无须额外的外部强化。过多使用外部强化一方面容易造成学生片面追求外界的肯定和奖赏,产生表扬依赖症候,削弱和减缓内部动机的发展;另一方面容易遮蔽、钝化学生对学习的真实感受,使其难以判别何为自己真正喜爱的学习内容,学习什么能给自己带来内心的满足,甚至影响其职业生涯规划。此外,外部强化使用不当还容易使学生感到受控制、受伤害,产生逆反心理,所以,教师应当慎重、适度、恰当地使用外部强化,避免上述情况发生。

2. 内部强化

内部强化是指教师引导学生对尝试活动中的尝试性的意义解释进行验检,判断真伪,将证实的尝试性的意义解释这一反应固定下来或将证伪的尝试性的意义解释修改或消除,也指学生由于对学习材料本身感兴趣,为满足求知欲和好奇心,追求认知的连续性、自我实现，而自觉增强、重复良好认识或行为。内部强化的强化刺激物是来自学习本身和学生内在动力，其效果取决于学生是否具有学习的内在动机。因此，教师应准确判断，把握特定个体或群体某个时刻的动机，注意运用与动机关联性强的强化，提高强化效果。教师应注意引导学生更多地运用内部强化。

二、强化的手段

根据强化刺激物的不同，强化的手段有语言强化、物质强化、标志强化、"代币制"强化、活动强化、练习强化、替代强化。教师可根据教学需要和某种强化的特点进行选择，可单独使用某种强化，亦可综合运用几种强化手段。

（一）语言强化

语言强化指教师用语言对学生的反应作出判断和表明态度，或引导学生相互鼓励，使学生对自己的反应中正确或错误的成分认识清楚，以激发学生重复正确的认识和行为，将错误的行为加以改正的一类教学行为，主要有口头语言强化、书面语言强化、体态语言强化等三种形式。

1. 口头语言强化

口头语言强化是教师运用口头语言的形式对学生在课堂上的认识和行为表扬肯定或批评指正，以达到强化的目的。教师常用的鼓励、表扬学生的口语有："很好"、"非常棒"、"完全正确"、"观点很独特"、"回答颇有见地"、"进步真快"等。当学生出现不妥当的认识和行为，教师常用否定陈述句式的口语予以批评，如"不要大声喧哗"、"不要开小差"、"不要作弊"。但单纯使用这类口语并不能使学生得到有效强化，教师接着应用肯定陈述句式的口语向学生指明要做什么、怎么做，学生才能真正明白怎样才符合教师预期,从而得到强化。

2. 书面语言强化

书面语言强化是教师运用书面语言对学生的学习行为产生强化作用,例如在学生的作业、试卷、档案上写批语,标注百分制或等级制分数,颁发奖状等。批语又分为断语式和交谈式两大类,断语式批语是以词或词组的形式写出自己的判断,表明教师的主观看法,语气不容置疑,不容商量。交谈式批语采用与学生面谈的语气,有侧重点地写评语,评语既表明自己的主观看法,又帮学生分析好或不好的原因,热情地肯定学生好的方面,以商榷的语气指出不足。交谈式批语较之断语式更具体、有针对性,更容易被学生接受,往往对学生产生积极影响。

3. 体态语言强化

美国心理学家伯特·梅拉宾总结出一道公式:交流一项信息的总效果=7%词语+38%声音+55%的面部表情。[①] 体态语言强化是指教师运用身体语言,如面部表情、头势、手势和体势,对学生在课堂上的表现表明态度和情感,例如通过赞许的目光、会心的微笑、点头或鼓掌对学生的表现表达期望,给予鼓励,通过审视的目光提醒学生注意纠正不当反应,以强化学生的正确反应。常用的体态语言强化有:

眉语强化。眉可以表情与传情。扬眉表示心情舒畅;皱眉表示不满意;横眉表示生气愤怒。当需要强化学生正确的表现时,可以扬眉;当需要提醒学生注意不良表现时,可通过皱眉、横眉促使其调整自己的认识(行为)。幅度过大的皱眉、横眉有可能

---

① 王耀辉. 教学体态语的特点与应用 [J]. 陕西教育学院学报,2004 (3).

引发学生较为强烈的负性情绪体验，降低思维效率，一般而言，教师不要轻易通过皱眉、横眉达到强化目的。

眼语强化。由目视产生的眼语具有丰富的表意功能，是最富有表现力的面部表情。眼语可用于表示肯定、鼓励、表扬、默许、否定、制止、批评、告诫，也可用于提醒、引导学生和对学生表示关注。解读眼语的含义主要依凭目视时间长短、频率和眼神的情感变化。说话时不目视对方通常被解读为漠视；从上到下扫视对方一遍通常被解读为傲慢；久久不眨眼地目视对方通常被解读高度关注或警示；目视频率低且目光接触时间短通常被解读为漫不经心；目光接触后马上避闪通常被解读为缺乏自信。教师要明确眼语使用的目的，自觉地把握目视时间、频率，并赋予眼神一定的情感内容。例如，如果学生学习积极性高，教师可用亲切的眼神注视全班，以示鼓励；当发现全班或某一同学喧哗或做小动作时，教师可通过凝视，引起学生反省，停止不当行为；如果学生无所事事，教师则可故意在他（她）面前看手表或墙上挂钟。

唇语强化。嘴角上扬，形成微笑表情，表示肯定、鼓励、表扬；嘴角下垂，形成生气表情，表示否定、制止、批评、告诫。

沉默强化。指教师停止讲话片刻，引起学生注意并默会教师沉默的含义，以起到调控学生认识和行为的作用。如当学生违反课堂纪律时，教师突然中断语流，即是运用沉默控制课堂，达到强化目的。

头势语强化。主要指点头或摇头。点头用于表达肯定、支持、同意、赞许、鼓励；摇头用于表达否定、制止、不同意、遗憾。教师赞成学生的见解或行为，可以通过点头给予肯定，反之则摇头。

手势语强化。教师可通过手指、手掌、腕、肘、臂的运动，表达肯定、否定、赞扬、批评等意图，如通过竖大拇指、拍手、鼓掌、举手等，对学生的表现给予强烈的鼓励和支持。教师手势运用要目的明确、简练、自然、活泼，如果手势太多，动作夸张，会造成学生注意力分散，达不到强化目的。

　　体势语强化。教师可用身体姿势或身体接触表达肯定或否定。如身体前倾表示高度关注；背着双手踱步表示检阅；双手交叉于前胸表示和对面的人拉开距离。教师可有意走到学生身边，观察他们的活动，与之谈话、讨论。当学生某项学习任务完成得出色时，教师可通过适度地轻轻拍肩、抚头、握手、拥抱等，传达赞赏、关心、鼓励。但教师走动，对学生拍肩、抚头、拥抱不宜过于频繁，且教师不应站立时双手叉腰、用手指着学生鼻尖、在学生面前打响指、用手指敲桌子、用力关门或摔书本，这些体势语易导致学生烦躁不安，得不到有效强化。

　　以上这些常用的语言强化在课堂教学中常常被综合使用，一般而言，在明确强化意图的前提下，和谐地、综合地使用各种语言强化有助于提高强化效果。

　　（二）物质强化

　　物质强化指用实物、金钱奖励学生的良好认识（行为），表示鼓励和肯定。比如发放笔记本、铅笔、文具盒、点心、金钱等奖励学生。物质强化宜对低龄学生使用，目的在于使学生花更多的时间学习，但物质强化不宜过多过频，否则，易阻碍学生对学习材料的兴趣，导致学习内在动机不足；同时易使学生混淆目的和手段，把得到物质奖励视为最终目的，忽视真正的学习目的。

　　（三）标志强化

　　标志强化是指教师对学生的良好认识（行为）给予各种象征

性的奖励标记，以表示鼓励和肯定，例如，在学生的作业上加盖象征奖赏的印章图案，如小花、小红旗、小五角星、笑脸图等，以提高学生正确认识（行为）的发生频率。为了持续强化学生积极行为并减少消极行为，还可将学生的表现用图表的形式展示出来，横栏标明各项达标项目名称，竖栏标明一系列时间段，当学生在某个时间段内在某达标项目上表现良好，教师就在相应位置做标志，这样，当学生看到图表时，就知道自己哪些项目做得好，哪些项目做得不够好，从而得到强化。

(四)"代币制"强化

所谓代币，指五角星、小卡片、游戏币、玻璃珠、扑克牌、自制小存折上的"金钱"等。教师和学生一起制定"代币制"规则和选定奖励种类，而后，教师发动学生和教师一起依据各个学生的良好认识（行为）出现的强度、频率裁定每个学生可以获得多少代币，如果学生出现不良认识（行为）则要依规则扣去一定数量代币。以上做法可与每个学生自制小存折结合起来运用，自制小存折的做法是要求学生按一定标准每天检视自己言行，自觉依据表现往里面"存入"或"支出""金钱"。教师把奖励内容与所需代币数量的清单明示学生。由于每一种奖励都需要用一定数量的代币"购买"，所以学生为了得到某种自己喜爱的奖励，必须努力积累代币"兑换"，其操作原理类似于现在许多大型商场推出的购物积分奖励。学生获得的奖励可以是郊游、食品、荣誉称号、游戏、有趣的读物等学生想要而又合理的任何东西。学生为了获得更多的代币兑换更令自己满意的稀缺奖励，必须更加自律自强。"代币制"强化的趣味性使学生自觉地接受强化，尤其适用于小学生。

（五）活动强化

活动强化指以特殊的、学生喜爱的个别活动作为奖赏物，对在教学活动中有良好表现的学生进行鼓励，例如部分地代替教师的工作，帮助教师检查学生的练习，听音乐，看MP4，阅读杂志，玩游戏，在课本剧中扮演自己喜爱的角色等。但在运用活动强化时要防止学生动机异化，要将学生的注意力及时转移到学习本身，提高学生参与教学活动的意识。

（六）练习强化

练习强化即根据教学目标、学情设计不同坡度的、多样化的、适度的练习，使学生有所选择，并产生兴趣，在有实际意义的情境中运用新知识。在此过程中，可以由教师从外部肯定学生的正确、积极认识或行为，抑制或消退错误、消极认识或行为，也可以由教师引导学生通过将自己的认识结果与正确认识进行对照检验，从内部得到强化。练习强化不仅可以较为有效地促使学生明确学习目的，在学习过程中将注意力集中在学习活动上；而且可以帮助学生形成正确的认识或行为，提高能力。

（七）替代强化

指教师表扬或批评某个或某些学生，知晓这种情况的、同时期待受表扬或避免受批评的其他学生，就会采取与被表扬或被批评者相同或相反的行为。这种强化就是替代强化。通俗地说，替代强化的效果类似于榜样的作用和"杀鸡给猴看"的作用。教师有意识地对学生中的好人好事广而赞之，如当众表扬某一学生，把质量好的作业、作文、试卷张贴出来，在校报上或校广播中描述学生的成就，易促使学生反思自身与榜样的差距，从而努力模仿榜样的受到表扬的行为。教师有意识地对学生中的不良行为广而批之，会促使学生避免犯同样错误。

一般说来，替代强化更适合对低年级学生使用，在教师挑选的强化刺激物能激发高年级学生共鸣的前提下，替代强化对高年级学生也同样有效。替代强化要注意把握强化的分寸，不要对被表扬者夸大其辞进行表扬，也不要把被批评者批得一无是处，否则会使旁观的学生感到失真，不愿仿效或避免。替代强化要考虑到被表扬或被批评的学生的特点和感受，如果被表扬者有自满倾向，或不喜欢被当众表扬，或觉得自己名不副实、受之有愧，或担心教师对自己评价、期望过高，或担心过于出众而被人疏远，或担心以后不慎犯错遭人非议，因而产生巨大心理压力，那么，教师不应经常对其当众表扬；如果被批评者敏感、脆弱、自尊心强，知错就改，那么，教师不应当众直接批评，可以隐去其姓名，旁敲侧击，委婉指出，既警示被批评者也警示他人。

连续强化和间歇强化的使用[①]

根据强化的时间和频率，强化分为连续强化和间歇强化。

1. 连续强化即对学生每次出现的理想行为反应都予以强化。连续强化可以使学生的学习加快速度。

2. 间歇强化即对学生的理想行为表现经常给予强化，但并不是每次都给予强化，而是有所间隔。根据其提供的强化次数比例和时间间隔，间歇强化一般又可细分为以下几种方式：

（1）固定比例强化。指在一定数量的反应之后提供强化刺激，例如，在学生理想行为每出现若干次（如5次）之后，给

---

① 改编自施良方，崔允漷主编.《教学理论：课堂教学的原理、策略与研究》〔M〕.上海：华东师范大学出版社，1999：263-264；田宝，王乐.浅析"强化"及其在教学中的运用（一）〔J〕.中小学教材教法（中学文科），2002（11）.

予1次强化，或者是每第5次（或第3次）出现后给予1次强化，这是固定比例强化。

（2）变化比例强化。如果在出现20次理想行为的范围内，给予4次强化，至于哪一次出现后给予强化则是随机安排的，这便是变化比例强化。

（3）固定间隔强化。例如，每隔若干时间（如5分钟）对学生的理想行为进行强化（当然这期间学生要有理想行为出现），这就是固定间隔强化。

（4）变化间隔强化。如果在20分钟内给予4次强化，至于何时强化则是随机安排的，这属于变化间隔强化。

各种强化安排有各自的优缺点，教师可根据具体教学目标要求和教学实际情况，有针对性地加以运用，进行恰当的组合安排。一般而言：

（1）连续强化通常安排在学生学习的初期，用于新知识的学习；间歇强化通常安排在学生理想行为初步形成之后，用于行为的维持。

（2）运用连续强化来形成良好的行为，所花时间短，但行为减退快；运用间歇强化来形成良好的行为，所花时间较长，但行为减退缓慢，在良好的行为形成之后即使不予强化也能维持较长时间。

（3）变化比例强化和变化间隔强化比固定比例强化和固定间隔强化更能阻止良好的行为的减退；比例强化比间隔强化更能产生高比率的行为。变化比例强化可以产生比率高且稳定的行为，而且强化之后行为没有停顿；变化间隔强化产生稳定的中等偏低的行为比率，没有降低—升高的模式；固定比例强化能够产生高比率的行为，但强化之后行为有短暂停顿；固定间隔强化产生低比率的行为，行为具有降低—升高的模式，在临近间隔结束时反应比率升高。

（4）比例强化偏重于结果，而间隔强化偏重过程，所以在想获得结果时，宜采用固定比例强化安排和变化比例强化安排；如欲使学生维持良好的学习过程，则宜采用固定间隔强化和变化间隔强化安排。

三、强化技能的应用要求

（一）准确判断学生的认识或行为是否符合目标要求

在实施强化前，教师首先要准确判断学生的认识或行为是否符合教学目标和教育目的要求。学生在尝试活动中可能形成错误或正确的认识或行为，可能形成片面认识或全面的认识或行为，可能形成肤浅或深刻的认识或行为，也可能形成从众或独特的认识或行为，需要教师正确判断。如果判断错误，强化不仅不能促进学生的学习，反而还会阻碍学生的有效学习。因此，教师要做到以下几方面：

1. 准确理解学生的认识或行为的真实含义

学生对教学材料刺激的最初反应，往往辞不达意，不全面、不连贯、含混不清。因此，教师应该加强与学生的对话，弄明白学生反应的真实含义，例如，教师将自己对学生反应的理解表达出来，询问学生方才是否表达教师所理解的意思。

2. 寻找学生的闪光点

教师要细心寻找学生的认识或行为中的每一个闪光点、每一个微小进步。

3. 区分学生认识或行为中与目标的吻合成分

学生的认识或行为往往具有复杂性，教师应该准确区分学生认识或行为中的合目标成分与不合目标成分，为强化提供依据。

4. 安排学生充分表达想法

对学生的反应一时不能作出准确判断时，教师可以延迟判断，不做即时武断的评论，给学生充分表达想法的机会，为判断做充足准备。

(二) 确保学生正确理解教师的强化意图

教师在对学生进行强化时，要保证强化意图被学生正确理解，应注意做好以下几个方面：

1. 教师要明确强化意图

教师首先要明确强化意图，要肯定和鼓励学生何种认识（行为），否定和抑制其何种认识（行为），教师要做到了然于心。

2. 强化物要相匹配

第一，体态语言与口头语言这两种强化物要相匹配。研究表明，当教师的口头语言传递的信息与体态语言传递的信息不一致时，学生倾向于接受体态语言传递的信息。所以教师在运用强化时，体态语言应该与口头语言相匹配，以确保学生正确理解教师的强化意图。比如，教师要用体态语言的赞扬支持口头语言的表扬："你做了很多努力，老师很欣赏你持之以恒的精神！"只有在教师说这话时眼睛亲切地注视学生，面容和气，带着微笑，语气柔和，充满激赏之情时，学生才会觉得是在表扬自己。

第二，语言与物质、活动、符号等强化物相匹配。比如，颁发奖品给学生，必须用相适应的语言，如口头语言表扬、奖状、一段写在纸质媒体或电子媒体的赞词与之匹配，这样学生才知道自己为什么能获得奖品，从而明白教师要强化何种认识（行为）。

3. 实施不同的强化

当学生的认识或行为中包含多种成分时,教师应首先对学生说明其中各成分的正误性质,然后分别给予不同的强化,即对学生认识或行为中的合目标成分给予积极强化,对不合目标成分进行消极强化。或者视学生具体情况,优先进行积极的局部强化,强化教师认可的那部分认识或行为,以及相应的动机,以激励学生继续努力。教师要避免对学生进行简单的全盘肯定或全盘否定,同时要避免以偏概全。

4. 具体描述强化的行为

常用的语言强化,往往只是用"好"、"很好"、"对"、"很对"之类的词语作出评论,这些语言强化物过于简单,容易使学生产生误解,失去强化的作用。教师要极力避免强化时使用的语句过于简单、模棱两可。例如:可以这样评论学生的朗读:"我对你的朗读非常满意。你朗读时感情充沛、饱满,表情变化与课文基调很契合,而且,你把课文中的人物对话模仿得很逼真,令人感到仿佛在现场听到他们对话似的。希望你继续发扬优点。"

(三) 选择恰当的强化物[①]

教师应针对不同学生的特点,精心挑选恰当的强化物。因为不同的学生所理解的强化物是不同的,所以,对学生来说,最好的强化物就是他们自己挑选的强化物。教师可以通过多种途径来了解适合学生的强化物,如通过观察、访谈和问卷调查等。选择最有意义的强化物时,有一个重要原理,即用爱好的行为作为不爱好的行为的强化物。通俗地说,就是先做要你做的,然后才可

[①] 施良方,崔允漷主编. 教学理论:课堂教学的原理、策略与研究〔M〕. 上海:华东师范大学出版社,1999:258-266.

做你想做的。这两者的先后顺序不能颠倒。

（四）强化手段要多样化

如果教师对某个特定学生群体或某个学生长时间使用一两种强化方法，并且强化物没有变化，那么，使用多次之后，学生由于一直受单调刺激，对刺激的反应会变得迟钝，强化就会失去作用。例如，对某个班级学生经常使用语言强化，那么语言强化的作用将很快降低。再者，教师表扬学生时词语缺少变化，会让学生感到教师只是在说套话，听起来有些不真诚，产生教师并没有真正注意自己取得的成绩的印象，从而降低学习兴趣。此外，过多地使用同一种强化手段，有的学生对某强化物印象太深刻，会把它误当目标，从而刻意追求强化物本身，而不关注学习过程，影响学习质量。因此，不宜过多地单一地使用某种强化，而要经常变换强化类型，或改变强化物，或将几种强化类型灵活组合，或改变其使用方式，才能发挥强化的效用。

> **特级教师贾志敏《惊弓之鸟》教学片断**[①]
>
> 学生一下子说了许多和"成"有关的词语，其中有个学生激动地说：诚实的"诚"。其他同学听了，有的哈哈大笑，有的摇头叹气，有的小声嘀咕"错了"。那位同学悄悄地低下了头。这时候，只见贾老师轻轻地用手制止住同学们的议论，然后快步走到那个同学身边，用手轻轻地抚摸他的头说："小朋友们，这位同学没有错，他讲对了！"没有错？讲对了？大家怀疑地看着贾老师，贾老师又说："是的，他讲对了，是诚实

---

① 雷玲主编. 好课是这样炼成的（语文卷）〔M〕. 上海：华东师范大学出版社，2006.

的诚,再——"说完,贾老师用期待的目光亲切地看着那位同学,那个学生在老师的鼓励下大声地说"是诚实的'诚'再去掉一个言字旁,就变成了成功的'成'"。

(五) 强化要有针对性

一方面,学生个体差异很大,因此,强化要具有针对性,必须关注个体。比如,有的学生不喜欢被当众表扬,当众表扬会令他很不安,对这样的学生,教师要进行私下表扬,这会让学生觉得这种表扬是真诚、真实的,因而强化的效果较好。对多数学生尤其是差生来说,教师的关注是一种有效的强化物。缺乏教师的关注会引发学生焦虑和不满,有些缺少关注的差生,甚至采取破坏性行为来得到教师的否定性关注。因此,教师可以用言语陈述或非言语动作来表达自己对差生每一个小进步的赞赏和每一次受挫时的鼓励。

(六) 适时反馈

在对学生的反应进行反馈强化的时机方面,教师应根据具体情况采用即时强化和滞后强化。

1. 即时强化

在课堂教学中的感性认识阶段,教师通常提问一些简单、短小的问题,由全班或某一同学应答。在此阶段,往往要求学生的认识保持连续性和明确的方向,这时教师对学生反应的强化应该是即时强化,语言简短明确。由于即时强化及时、明确,学生容易明白自己是因为什么认识而受到肯定或否定,产生深刻印象。此外,教师对学生的理想行为也应采取即时强化,使学生立即受到激励。

2. 滞后强化

抽象的、开放性问题需要有充分的依据和合理的推理，应使学生充分认识后再进行强化。对一些学生前一段时期发生的重要的认识或行为实行滞后强化，主要目的是让学生明白有些行为仍然很重要，不应忘记，同时，也向学生表明了教师对学生早先的良好行为非常重视，希望继续重复良好行为。

> **特级教师贾志敏《我不怕鬼》教学片断**[①]
>
> （学生读鲁迅的朋友的母亲的话）
>
> 师：你读得太好了。读到老妇人的话时，语气马上就变了，真像一个朋友的母亲。你读书很有功底！
>
> （学生读鲁迅、鲁迅的朋友、朋友的母亲之间的对话）
>
> 师：同学们看，他们读得多好。读鲁迅的话要有力、掷地有声，因为这时候的鲁迅是一个血气方刚的青年人；读老夫人的话要带着真诚的感情，读得沙哑一点，"哎哟"，是鬼被踢疼以后，不由自主发出的声音。
>
> （学生根据理解课文的情况，做填空练习）
>
> 师："鲁迅远远的看见一个白影，就踢了一脚。"你这样填空，通顺吗？（学生修正："鲁迅远远的看见一个白影，就走过去，朝白影踢了一脚。"）这就对了，说话一定要准确，不能让听的人挑出毛病来。

（七）适度强化

一方面，要把强化的次数控制在合适的范围内。教师在学生学习过程中不宜过于频繁地运用强化，尤其是外部强化，否则会

[①] 雷玲主编．好课是这样炼成的（语文卷）[M]．上海：华东师范大学出版社，2006．

导致学生经常把注意力集中在教师要呈现的新的强化物上,从而分散对学习任务本身的注意,影响思考和交流。在一节课中教师应该把握住几个关键的强化的有利时机,以起到事半功倍之效。一般而言,教师应在确定所有学生完成学习之后,才进行个人或小组强化。另一方面,强化刺激物的强度要适度。度的把握主要根据学生实际情况,如果一个学生取得在他自己看来是微不足道的进步,而教师却过度表扬,可能令学生感到很虚假;如果学生仅仅犯了一个小错误,教师却屡屡当众提及,大肆批判,可能令学生产生对抗心理。

(八)促进学生内部强化

一方面,对于年龄较大的学生而言,教师通过外部给予其简单的肯定或否定产生的强化效能有所下降;另一方面,尽管教师直接说明强化个别学生某种正确认识(行为)的原因和做法,但并不利于大多数学生学习能力的培养。所以,对年龄较大的学生,教师要促进他们的内部强化,即不直接进行强化,而是提供进行检验的线索,或检验方向的指引,以培养学生的学习能力,促进学生的内部强化。

(九)确保强化有利学生发展

有效的强化未必是有利于学生发展的强化。教师运用强化使某学生在某领域增强了某种行动动力,提高某种认识(行为)出现的频率、数量、强度,显然,强化的目的达到了,强化是有效的。但是,可能学生并不具备某方面的潜质,尽管动机很强,一再努力,却无果而终,没有达到某种才能获得发展的目的。比如,教师鼓励一个爱好写作却没有写作才能的学生经常练笔,往成为作家的目标努力,该生很勤奋练笔,写作水平却没有提高。这样,学生与其在不擅长的方面浪费时间和精力,还不如在自己擅长的领域进取。因此,教师应对学生潜质做出正确判断,由此决定是该给学生"泼冷水"还是给予鼓励。总之,教师要给予学生正确而真实的强化,做到愿意真实评价、能真实评价、敢真实评价,以确保强化有利学生发展。

【教师手记】

批语的"三变"[①]

经过几年教学实践,我发现,与学生交流一定要讲究语言技巧,才能变逆耳为顺耳,变难听为中听,变不听为想听,才能有效地强化学生某种认识和行为。

我认为,批语要"三变",第一,变命令为商量。学生作业潦草,教师如果写上这样的批语:"重写!""写字非工整不可!"有的学生可能会服从,但某些调皮的学生却依然故我,甚至干脆不做作业,怎么样?气人吧!但如果换一种商榷的语气写批语,如"下次写字认真些,好吗?"学生听起来舒服了,不好意思了,果真下次作业工工整整,嘿!老师乐了,再批上一个大大的鲜红的"优",学生更乐!这往后,他会不愿意把作业做得更工整吗?第二,变否定为肯定。如果学生作业大部分做错了,教师批语:"你不是一块读书的料,笨透了!"大多数学生看到如此伤人的论断,不伤心、不气馁才怪呢?!也许有的学生被激将一下,能愈挫愈勇,但在学生群体中,那种能把打击化为力量的学生有几个呢?因此,面对同样的情况,我写这样的批语:"练习本来就有难易,容易的你做对了,难的你没做对,但只要在老师讲解时你

---

① 改编自龙启连.激励:教育的艺术〔M〕.南昌:江西人民出版社,2002:185-186.

认真思考，并记在纠错本上，多巩固几遍，一定不会再出错了。老师相信你！"看了这样的批语，这个学生会没有信心吗？第三，变陈述为赞叹。赞叹的语句悦耳动听，暖人心田，催人奋进。我对那些平时低调处事的学生更是不吝赞叹，以此激发他们的表现欲和荣誉感，不管他们做的事多么细微平常，我总是走近他们，当着其他学生的面真诚地、大声地赞叹："你对班集体多么关心啊！默默地擦窗户捡纸团！""你的手多么巧啊！做的小泥人栩栩如生！"……这样不仅这个学生会再接再厉，其他同学也会仿效，一举两得，何乐而不为呢！

【思考题】

1. 试以某一课程为例，谈谈如何根据课程的特点有效地运用巩固技能？

2. 试述如何有效运用积极强化和消极强化。

3. 有人认为："鼓励比表扬更有效"、"内部强化比外部强化更有效"。试通过对中小学生的调查判断这两个观点是否正确。

4. 人是一个极其复杂的系统，好比"黑箱"，教师只能借助学生的外显行为间接推测"黑箱"内部的变化，而行动本身并不完全代表"黑箱"内部的实际情况。根据这一情况，教师在运用强化技能时应注意什么？

【技能训练】

1. 选择中小学某一门课程的某一单元，设计一系列巩固练习，并说明如此设计的理由。

2. 选择中小学某一门课程的某一单元，试想应如何安排连续强化和间隔强化，并说明理由。

3. 案例分析

请认真阅读以下案例，并思考如下问题：

(1) 在这个案例中，于漪运用的强化类型有哪些？

(2) 在这个案例中，于漪运用的强化技能为什么能取得好的效果？

(3) 试想一下，如果你在课堂上遇到这个案例中的情况，你将怎样运用强化技能？请设计出一种有别于于漪的做法的强化方案，预测其效果并说明理由。

《宇宙里有些什么》[①]

上海特级教师于漪在教《宇宙里有些什么》时，课文中有一句话："宇宙里有几千万万颗星星。"这时，一个学生提出了问题："老师，万万等于多少？"话音刚落大家都笑了起来，有一个学生说："万万不等于亿吗？"在大家的笑声中，提问题的学生很后悔，责怪自己怎么问了这么一个愚蠢的问题，灰溜溜地坐下了，埋下了头。于老师觉得他的积极性受到了打击，于是她问："既然万万等于亿，但这里为什么不说宇宙里有几千亿颗星星，而却说宇宙里有几千万万颗星星呢？"这一问，学生们都哑了，都开始思考。过了一会儿，一个学生站起来说："不用亿用万万，有两个好处，第一，用'万万'听起来响亮，'亿'却听不清楚；第二，'万万'好像显得比亿多。"这时学生们又笑了。其实这个学生的回答是正确的。于老师当即给予肯定，并表扬说："你实际上发现了汉语修辞中的一个规律，字的重叠可产生两个效果，一是听得清楚、响亮，二是强调数量多，增强了表现力。"这时，

[①] 资料来源：http://www.cn910.cn/lunwen/200704/20070412005319_22283.html.

学生们都用钦佩的眼光看着那个学生,而于老师却说:"大家可以想一想,我们今天学到的这个新的知识,是谁给予我们的呢?"噢,这时,大家才将目光集中到第一个提出问题的同学,这个学生十分高兴,如释重负,先前的羞愧一扫而光。这对他以后敢于大胆提出问题,起到了很好的作用。

第 八 章
结课与作业设计的技能

一堂好课既应有渐入佳境的导入,还要有余音绕梁的结束。如果说激情的导入能够有效激发学生的学习热情,那么,完满的结尾则给学生以无尽的回味。正如特级教师李观博所说:"一节课上下来后,也要注意这节课的结课方式。比方说,吃花生,如果开始和中间吃的花生都很香,而最后一颗却是发霉的,那么其结果不但香味没有了,而且留下满嘴苦涩。一堂课的结束也是如此,结束的好坏直接影响课堂教学效果。"[1]

---

[1] 傅建明. 教育原理与教学技术〔M〕. 广州:广东教育出版社,2005:354.

第一节 结课的技能

教学的结课技能,是指在一节课内完成了预设的教学内容或活动时,教师利用课堂教学时间对该节课教学的知识进行归纳总结,并予以升华或延展的教学行为方式。探讨教学的结课技能经常以一节课为单位,但教学的结课技能也同样适用于一个单元或一个模块教学内容的结束时,这是教师必备的重要教学技能之一。

一、结课的意义

前苏联教育家达尼洛夫和叶希波夫认为:"一节课的结束工作做得认真、合理而灵活,就会使学生感到这一节课的完整性。"[①] 结课是课堂教学不可忽视的基本环节,是完成课堂教学任务应有的步骤,甚至对一节课具有画龙点睛之功效。具体而言,结课的意义主要体现为以下几个方面。

（一）增强学生学习兴趣

有效的教学一定不是仅仅满足于把学生带进门,满足学生的好奇心,更重要的还在于把激发的学习热情和兴趣转化为持续的学习动机,利用课堂教学的结束环节,让学生充分体验获得知识的喜悦和乐趣,内化所学的知识,或留下悬疑保持学习的新鲜感,以及需要不断挑战的阶梯,让学生不断享有进步的快乐。因此,有效的课堂教学导入能够激起学生的学习兴趣,耐人寻味的

[①] 达尼洛夫、叶希波夫编著. 教学论〔M〕. 北京：人民教育出版社,1961：481.

教学结尾则能够维持并增强学生的学习兴趣。

（二）整理教学知识要点

课堂教学是一个复杂的行进过程，一般而言，课的类型不同就有不同的结构。以传授新知识的课为例，课的结构就包含了激发学习兴趣、激活已有知识、传递新知识、巩固新知识、运用新知识等部分，每个部分都各有其特点和需要完成的任务，常常还因教师的性格特点和教学风格不同而迥异。一节课的展开过程并非天然形成完整的知识结构，尤其是当该节课的教学重点和难点不一致时，或学生的概括和抽象能力较弱时，这个问题会更加突出。因此，课堂教学的结课环节有助于学生理清知识脉络，明确知识的核心问题，使知识条理清晰，帮助学生更好地理解和掌握教学内容。

（三）巩固强化学习内容

学习内容的巩固和强化，就需要有效的记忆。记忆是个复杂的心理过程，根据心理学的研究成果，遗忘过程遵循先快后慢的规律，记忆的时机和方法都应符合记忆的规律，主动对记忆的内容进行联想和积极回忆是提高记忆效率的关键。一堂课的结束环节实际上也就是对该节课教学内容的再现过程，是一种及时记忆，它要比课堂教学结束几小时后的回忆要有效得多。同时，由于结课环节的时间有限，教师一般不可能重复该节课的所有内容，一定是突出教学内容的重点和难点部分，这样势必有助于学生更好地梳理和理解教学内容，加深记忆，便于学生巩固强化所学的内容。

（四）帮助学生理解升华

理想的课堂教学结束环节，不仅要起着画龙点睛的作用，帮助学生把握教学的重点和难点，形成系统化的知识，及时巩固教学内容，而且，还应在理解和掌握的基础上，留给学生思考的空间。教师可以采用留下问题的方式，运用教师设疑和学生讨论的方法，既帮助学生更好地理解和掌握知识，又鼓励学有余力的学生深化教学内容的理解和运用，推动课堂教学再一次进入高潮。

（五）铺垫后续教学内容

中小学的教学内容是以课程为单位，每一门课程所蕴涵的知识都有其相对的独立性，每一节课则是课程内容的具体化，在具体教学实施中，人们通常容易把每一节课作为独立体来看待，实际上一个相对完整的教学内容往往是由几节课来完成的。所以，它要求教师在教学设计时应充分考虑课与课之间的内容衔接，在课堂教学的结束环节里，不仅是对本节课的小结和概括，有时还要为下节课创设教学情境，或为以后的教学内容做好铺垫工作。

二、结课的一般程序

结课作为课堂教学的基本环节，根据其展开特点和要求，一般可以由以下几个方面构成。

（一）简单回忆

简单回忆，是指教师利用课堂教学的结束环节，对该节课所传递的教学内容进行标题式的回顾，理清认识思路。这是结课环节中的铺垫部分，也是使用最普遍的环节。一般耗时不多，主要以教师的表述为主，用简洁的语言，紧紧围绕课堂教学的中心内容进行梳理，帮助学生形成知识系统或实现知识条理化。

例如，一位历史老师在讲《第一次世界大战》后帮助学生这样总结："这节课简单地说可以小结为一、二、三、四、五。一个原因——帝国主义为重新瓜分世界争夺霸权的斗争；两个侵略集团；三国同盟和三国协约；三条战线——西线、东线和南线；

四大战役——马恩河战役、凡尔登战役、索姆河战役和日德兰海战；五个年头——从1914年到1918年。"①

教师利用几个数字，对本节课的教学内容进行了提纲挈领式的概括，简单明了，给学生留下清晰的印象。

(二) 提示要点

提示要点是指教师在课堂教学的结束环节中，主要就该节课教学中的重点、难点部分做进一步的说明，强调重要的概念、事实和规律。提示要点与简单回忆的不同在于，简单回忆重在知识梳理，提示要点则在于突出重点，深化知识的掌握。教师可以采用比较、提问等方法予以实施。

例如，教学数学《平行四边形面积的计算》时，教师采用了提问的方式进行结课。

师：今天我们学习了平行四边形面积的计算，我们是用什么方法求出它的面积公式的？

生：先把平行四边形变成长方形，再根据长方形的面积公式来求平行四边形面积公式。

师：这种方法我们叫什么呢？

生：割补法。

师：我们经常会遇到新的图形，想求它的面积，就可以用这种"割"、"补"的方法，把未知面积公式的图形转化成我们知道面积公式的图形，来求它的面积公式。以后学习三角形、梯形的面积公式也可用这种方法来推导。②

---

① 资料来源：http：//broadcase.chsnenu.cn/edu/chapter/.
② 资料来源：http：//broadcase.chsnenu.cn/edu/chapter/.

(三) 巩固练习

巩固练习是指教师运用精心设计的练习题，通过学生的具体运用和实践活动，巩固课堂教学传递的知识。结课中的练习题设计应讲究"巧练"，不求多，但求精。同时，教师除了精选练习题外，还应尽量设计一些富有情境性的练习，引导学生把所学的知识应用到实际的情境中，提高学生分析问题和解决问题的能力。同时，通过练习，方便学生自我检测听课的成效，及时反馈课堂教学效果，有利于教师调整教学目标和进程，改进教学方法。

例如，一位数学教师在教《统计初步知识》时，根据不同层次学生的需要，在结课环节中设计了这样的练习题：请同学们根据自己对周围事物了解的情况设计一张统计表。同学们积极地动起来了，有的独立设计，有的两三人合作设计，设计了各种各样的统计表，包括四（1）班财产统计表、四（1）班教学用具统计表、四年级各班人数统计表、四（1）班各组人数统计表、某小组家庭住址统计表、某小区人数统计表、四（1）班数学成绩统计表等等。[①]

这一练习既巩固了所教的知识，又与学生的生活紧密联系，关注数学知识在实际中的运用。

(四) 拓展延伸

拓展延伸是指在明晰了该节课所传递的教学内容的基础上，教师利用课堂教学的结束环节，对教学内容进行必要延展的教学行为。其主要目的是为了开阔学生的视野，拓展学生的思维，引

[①] 傅建明.教育原理与教学技术〔M〕.广州：广东教育出版社，2005：360.

导学生将学习的结果向课外延伸，帮助学生"得法于课内，学法于课外"。

例如，一位小学科学（自然）课教师，在《叶的蒸腾作用》课堂教学结束环节时，给学生提出了这样的问题："寒冷的冬天快来了，大部分树木的叶子脱落了，这样树木就能减少蒸腾，保持体内水分，顺利度过寒冷、干燥的冬季。那么你们课后观察观察，落在地面上的叶子，是背面朝上的多，还是正面朝上的多？然后再想想为什么？"[1]

这个问题既能帮助学生更深入地理解所学的知识，而且能激发学生探索自然的兴趣，使课内的知识有机地向课外延展。

三、结课的方法

人们常说，结课有法，但无定法。课堂教学是极富个性色彩的过程，结课的方法也异彩纷呈，教师应根据班级学生的学习特点和学习水平，结合不同的课程和不同的教学内容，以及教师的教学风格，选择使用不同的结课方法。这里给大家介绍几种中小学课堂教学常用的结课方法。

（一）归纳式结课方法

归纳式结课方法指教师就课堂教学讲述的主要内容，进行归纳、概括和总结，用简明扼要的语言或辅之以板书表达给学生。课堂教学的归纳总结大多由教师来做，当然，也可以由学生来做，但教师必须进行必要的补充和说明。归纳式结课方法是中小学教师最经常使用的结课方法。

---

[1] 李旭明. 科学（自然）课结课技巧例说〔J〕. 中小学教材教学，2005（1）.

值得注意的是,结课时的归纳总结不是对课堂所讲授的内容的简单的重复,而是对该节课内容的重点、难点、知识体系的强调性陈述,重在对知识的整理和概括。它要求教师对所传递的知识要有学科的整体意识,明确学科知识的重点、难点和关键点,以及学生掌握该学科知识容易发生的普遍问题,使得归纳式结课给学生留下深刻的印象,具有画龙点睛之功效。因此,准确、明了、具有一定的启发性是归纳式结课方法所要追求的准则。

例如,小学数学课《乘除法各部分之间的关系》一节,教师利用板书进行归纳式结课,板书内容如下:[①]

积＝因数×因数

因数＝积÷另一个因数

商＝被除数÷除数

除数＝被除数÷商（求除数用除法）

被除数＝商×除数（求被除数用乘法）

教师结合板书进行总结,可以让学生更加清晰地理解该节课教学内容的重点,以及知识之间的内在联系,加深学生的理解和巩固。

（二）探索式结课方法

探索式结课方法,即教师利用课堂教学的结束环节,结合该节课的教学内容,提出问题,引导和鼓励学生把所学的知识向课外延伸,激发学生学习和研究新知识的兴趣,提高分析问题和解决问题的能力。探索式结课方法可以运用教师设疑、师生讨论、内容比较、结论推想等形式,给学生留下足够的思考空间,让学

[①] 杨学高. 结束技能在数学教学中的应用〔J〕.保山师专学报,2001(4).

生用自己的心得来填空。

例如，有一位小学教师在教学《蝙蝠和雷达》的结束部分时，向学生提出了这样的问题："人们从蝙蝠身上得到启示，发明了雷达。你还知道人们从什么地方得到了启示，发明了什么？"孩子们争先恐后地回答："人们从荷叶得到了启示，发明了伞。""人们从火药得到启示，发明了火箭。""人们从大脑得到启示，发明了电脑。"……同学们一下子就举出了十多个例子。尽管有的讲得不准确，但说明学生对这样的问题非常感兴趣。教师便又提出一个问题："你从什么得到启示，觉得可以发明什么？"要求学生积极开展科技小发明、小创作活动，及时把课堂上激起的探索兴趣延伸到课外。①

（三）悬念式结课方法

悬念式结课方法，是指利用人们急切期待的心理状态，使用"欲知后事如何，且听下回分解"的说书方式，在表述到扣人心弦处戛然而止，给学生留下一个有待探索的未知数，激起学生继续探究的强烈愿望。课堂教学中的悬念式结课方法容易唤起学生的探究欲望，给学生以合理的学习期待。一般来说，上下两节课的教学内容或形式具有密切联系或适宜迁移的，最适合使用悬念式结课方法。

例如，数学的《等差数列》、《等比数列》是上下衔接的教学内容，一位数学教师在《等差数列》课堂教学结束时，提出了这样的问题：数列 20，10，5，2.5，1.25……的第 10 项是多少？这时学生马上活跃起来，有的在一项一项地算下去，有的在试图

---

① 全国小学语文特级教师教学艺术集萃〔M〕. 济南：山东教育出版社，1992：702.

寻找什么规律。这位教师就抓住学生此时的心理,说:其实第10项是很容易找的,等下一节课你们就知道了。在结课的同时,为下一节的《等比数列》教学做好了铺垫。[①]

(四)震颤式结课方法

震颤式结课方法,是指教师用富有情感式的语言,触动学生的心灵深处,以分享教师的情感体验。震颤式结课方法主要通过激发学生的情感体验,实现对教学内容的升华。教师在运用震颤式结课方法时,可以使用抒情式的语言、警醒式的语言、感悟式语言、鼓舞性语言或含蓄深沉的语言,抒发教师的真情实感,让学生真切地体验到教师的情感,达到以情共鸣的教学效果。

例如,有位教师在语文《最后一课》教学结尾时,声情并茂地朗诵课文:

忽然教堂的钟声敲了十二下。祈祷的钟声也响了。窗外又传来普鲁士兵的号声——他们已经收操了。韩麦尔先生站起来,脸色惨白,我觉得他从来没有这么高大。

"我的朋友啊!"他说,"我——我——"但是他哽住了,他说不下去了。

沉默,老师也哽住了,读不下去了,教室里鸦雀无声。这位老师,仿佛他本人就是韩麦尔先生,完全投入了角色。突然,他转身朝着黑板,拿着一支红粉笔,使出全身力气,疾书:

"法兰西万岁!"

恰巧此时,下课铃声响了,学生们深情地注视着老师,老师做了个手势,于是班长喊道:"起立!"学生们"刷"地起立,向老师表示了前所未有的敬意,教学在高潮中结束,震撼了学生的

[①] 全国特级教师经验选〔M〕.北京:人民教育出版社,1981:201.

心灵，给学生留下了无限的审美情思。①

(五) 回应式结课方法

回应式结课方法是指课堂教学的结尾应是对课堂教学导入时教师设置的悬念、问题、假设、困难等的回答，强调教学的首尾相呼应，让学生有一种"思路遥遥，惊回起点"的茅塞顿开之体验。

例如，一位教师在教学《一元二次方程根与系数的关系》时，在课堂教学导入时用小黑板出示这样一个问题：弟弟解一元二次方程 $x^2-15x-100=0$，得出两个根为 20 和 5。姐姐走过来，刚看了一眼就说："你做错了。"姐姐是怎样看出来的？有的学生脱口而出："验根。"

教师强调：由题意可知，姐姐是在一瞬间作出判断的，不可能是利用代入原方程根的方法。(学生点头)

当讲完"一元二次方程根与系数的关系"——韦达定理后，重新出示小黑板，让学生再次思考课前提出的问题，学生恍然大悟，齐答："是利用了韦达定理。"②

(六) 自然式结课方法

自然式结课方法指教师讲完一堂课的最后一个内容或最后一句话，下课的铃声正好响起，"瓜熟蒂落，水到渠成"地结束了这堂课的教学。这种结课方式与以上介绍的不同在于，它不强调结课的形式技巧，讲究的是课堂教学进程和时间的精心设计，自然而然，一气呵成。有时，这种结课方式是得益于教师的课堂应

---

① 高艳. 现代教学基本技能〔M〕. 青岛：青岛海洋大学出版社，2000：214.

② 资料来源：http：//broadcase.chsnenu.cn/edu/chapter/.

变能力。如有位地理教师讲解一幅地图,没有想到地图没钉结实,"啪"地一声掉了下来。这时恰好下课的铃声响起,这位教师不失时机地幽了一默:"看来挂图也想休息了,下课。"干脆利索,饶有风趣,师生在会心一笑中完成了课堂教学。①

> **吸引学生注意力的 17 项技术**②
>
> 1. 将所教的内容与学生的兴趣做连结。
> 2. 以实际的问题开始一个单元。
> 3. 提供真实情境中一个模拟的角色。
> 4. 提出关联:何处何时用到这些教学内容。
> 5. 指出或显示用途和好处。
> 6. 使用有意义的引文。
> 7. 使用有意义的概括。
> 8. 解说成功应用的例子。
> 9. 说明或了解观念可能产生的问题。
> 10. 进行可以显出学习需求的活动。
> 11. 提出令人困惑的问题,用以显示学习的必要。
> 12. 提出相关而令人困惑的事件。
> 13. 问学生哪一个观念才是正确的。
> 14. 呈现尚未解决的个案。
> 15. 以学生自己的观点来比较信念与行动。
> 16. 问学生为何他们认为某个主题是重要的。
> 17. 给一个案例或活动并问学生主题和他们有怎样的关系。

---

① 资料来源:http://jiaozhimei.bokee.com/128604.html.
② Stephen L. Yelon,单文经等译. 教学原理〔M〕. 上海:华东师范大学出版社,2003:294.

第二节　作业设计的技能

作业是教学工作的有机组成部分，它是学生在课外的时间，主要以独立的方式完成的学习活动。作业的主要目的在于巩固、消化课堂所学的知识，加深对所学知识的理解，有助于学生运用知识，形成技能、技巧，对于培养学生独立学习和自我管理的能力有重要的意义。

一、作业设计的原则

学生的作业是课堂教学的动态延伸，不是所传递的教学知识的简单重复，作业的设计是教师以习题的方式，表达其对教学的理解，体现着教师教学设计的思路和智慧。它是实现教学目标的一个重要手段。基于作业在教学中的特殊意义，教师在作业的设计过程中，应遵循以下基本原则。

（一）科学性原则

科学性是作业设计应遵循的基本原则，主要是指作业的观点、内容、表达方式应该是正确的，符合其学科知识的发展特点和要求，对学生学习程度的要求是合理的。科学性作为作业设计的基本要求，体现了作业的严肃性和规范性，它反对教师在设计作业时的随意性。教师不能为了追求作业设计的新颖，违背习题本身应有的科学性，甚至出现反科学的题目，从根本上背离作业的目的，那对学生的成长是有害的。

（二）针对性原则

作业的针对性原则，主要强调作业的设计不能偏离了教学目标，切忌盲目随意，应根据学科的特点和学生的学习程度，以有助于教学目标的实现为根本追求，使得作业的过程能够有效地巩固课堂教学所传递的知识，并通过练习提高学生分析问题和解决问题的能力。缺乏针对性的作业设计，是很难达到作业训练应有的目的的。

（三）适度性原则

作业的适度性原则，即要求作业的设计应把握好数量限度和难易程度。太多的作业往往占用学生过多的业余时间，客观上限制了学生的生活空间，常常会让学生感到压力和紧张。根据美国密歇根大学库珀教授的研究，适宜的学生作业时间是：小学生每晚为10～20分钟，初中以后，每年级按10分钟递增。美国全国家长—教师协会建议家庭作业的时间是：幼儿园至小学3年级，每天20分钟；小学4年级至6年级，每天20～40分钟；7年级至12年级，每天2小时。[①] 当然，还应根据学科的类型和学生程度进行适当调整。2000年我国教育部颁发的《关于减轻学生过重课业负担的十项规定》规定：小学一、二年级一般不留书面作业，三、四年级不超过45分钟，初中不超过1.5小时，高中不超过2小时。

在控制好作业总量的同时，还应把握好作业的难度，太容易的作业可能无法激起学生的学习需要和兴趣，太难的容易让学生感到茫然，失去学习的信心。一般而言，如果一个学生对所提供的作业题目，思考5～10分钟后，仍然无法解决的，就可以将这个题目视为该学生的难题。因此，教师的作业设计应充分考虑学生的个别差异，设计有层次性的作业供学生选择。

---

① 徐学福. 美国中小学家庭作业时间与指导〔J〕. 外国中小学教育，2001（3）.

(四) 发展性原则

一个好的作业设计不应该仅仅满足于巩固课堂所学的知识，还应有效地促进学生的观察、思维、记忆、表达等能力的发展。它要求教师在进行作业设计时，要充分考虑学生发展的可能空间，不要设计过多重复性的习题，或机械的练习方式，如生字词抄写20、30遍等，浪费学生的时间和精力，要注重设计那些具有较好迁移力的习题，关注学生的解题思路，通过练习，促使学生的思维结构更加合理，提高学生的思维能力。

作业布置的"要"与"忌"[①]

一、要郑重其事，切忌随口布置

二、要强化目的，切忌盲目随意

三、要难易有别，切忌"一视同仁"

四、要适量，切忌题量"超载"

五、要题型多样，切忌乏味单一

六、要讲究趣味，切忌简单枯燥

二、作业设计的类型

作业的种类繁多，形式各异。为了方便理解和认识，人们常常根据一定的标准，对作业进行分类，如按照作业的形式，分为口头作业、阅读作业、书面作业、实践作业等；根据完成作业所需要的时间，分为即时作业、短时作业和长时作业；按照作业涉及的内容，分为知识型作业和技能型作业。下面我们主要从日常教学作业功能的角度，把作业分为以下几种类型。

---

① 耿化友. 作业布置的"要"与"忌"[J]. 黑龙江教育，2001 (10).

（一）预习型作业

预习型作业是教师在上新课之前，针对将要传递的新课内容给学生布置的作业，其主要目的是为了学生在课堂上更好地接受和理解新知识，提高课堂教学的效率。

预习型作业的设计主要以增强学生对新知识的感知和激发学生的学习兴趣为目的。一般而言，作业的容量不能太大，要求不宜过高，经常采用阅读作业、实践作业等形式。如在教学《小数的意义》之前，可以要求学生用米、千克等单位，量一量、称一称身边的实物并记录下来，让学生充分感受生活中的小数。有时，预习型作业也通过书面作业来完成，如要求学生做阅读笔记；布置一些学生已经学过的与新知识有联系的习题，让学生温故而知新。

（二）巩固型作业

巩固型作业是日常教学中最经常使用的作业类型，以学生应掌握的基础知识和基本技能为主要内容，其目的是为了帮助学生理解和强化课堂所传递的新知识。在所有的作业类型中，巩固型作业所占的容量最大，选用的形式最丰富，如书面作业、口头作业、阅读作业、实践作业等。从完成作业的时间来看，一般以短时作业为主。

巩固型作业的设计以学生对新知识的掌握为根本目的，是面向全体同学的基础型作业。在作业的设计中，主张精练和巧练，注意控制作业的容量，突出重点和难点，设计有针对性的练习，不设计过多的重复性练习，注重增强和提高作业的实效。

（三）拓展型作业

拓展型作业是为了加深理解课堂所学的知识，以及对课堂所学知识进行一定延伸的作业。这是相对高层次的作业，主要是为了适应学生在掌握知识上客观存在的层次性差异,以更好地满足学生发展的不同要求。因此,拓展型作业的设计,应关注学生分析问题和解决问题的能力,强调学生对知识的综合运用,可以适当加大作业的难度,由学生自由选择完成。拓展型作业的形式不拘,以提高学生的知识迁移能力和鼓励学生创造性地解决问题为主要目的。

(四)综合型作业

综合型作业主要是在学习内容相对完整的阶段,如学期的期中、期末或单元学习结束时,教师为学生设计的复习型作业。综合型作业的目的是帮助学生对学习的内容进行必要的总结和回顾,通过复习进一步巩固和加深对知识的理解、掌握和运用。因此,综合型作业的设计应重视对学习内容的归纳、分析和整理,在强调基础知识、基本技能有效练习的基础上,还应加强分析问题和解决问题能力的训练,培养和提高学生综合运用知识的能力和水平。

化学课题研究作业的设计[①]

课题研究作业是指教师引导学生对教学中涉及的一些问题进行究其本质规律的一种探究学习活动,以培养学生的创新精神和创新能力为目的,一般通过调查研究、实验探索、文献研究等方法进行。

---

① 姜淦萍.化学课题研究作业的设计与实施〔J〕.化学教学,2000(9)

作业类别	课题作业内容	研究方法提示	作业形式
联系生活实际	1. 碘和IDD（碘缺乏病） 2. 吸烟有害健康 3. 工业废水污染及其处理 4. 调查市场合成洗涤剂种类与性能，对环境的影响及对策	1. 调查分析；查阅文献 2. 调查分析；实验研究 3. 调查分析 4. 调查分析；查阅文献	1. 小论文 2. 小论文 3. 调查报告 4. 调查报告
课堂知识延伸	5. 元素周期表中"构、位、性"关系 6. 合成氨的条件选择 7. 有机物通式在研究有机物组成、变化中的重要意义 8. 醇与酸的反应规律	5. 比较与分类；归纳与演绎 6. 分析与综合 7. 归纳与演绎 8. 分析与综合	5. 编制试卷 6. 说明文 7. 自定 8. 纲要与总结
化学实验研究	9. 各种催化剂对双氧水分解的影响 10. 燃烧与灭火条件的控制 11. 模拟温室效应 12. 弯头试管实验设计	9. 观察与实验 10. 实验研究 11. 创意实验研究 12. 创意实验研究	9. 实验报告 10. 实验报告
反映科学前沿	13. 足球烯和1996年诺贝尔奖 14. 纳米陶瓷 15. 光纤和光纤通信	13. 查阅文献 14. 查阅文献 15. 查阅文献	13. 科学小品 14. 科普文章 15. 科学小品

三、作业设计的方法和步骤

学科不同,作业的设计也有不同的特点和要求。但总的说来,作业的设计一般要经历这样几个过程。

(一) 研读课程标准和教材

课程标准是国家教育行政部门根据课程计划,以纲要的形式制订的有关学科教学的理念、目标、要求和内容,以及如何组织、评价教学的指导性文件。教材则是课程标准的具体表达。课程标准是教师教学的重要依据,是教师教学前必须阅读的材料。教师只有"吃透"了课程标准,认真阅读教材,才能正确地把握学科的作业价值,形成合理的作业观,为作业的优化设计提供必要的基础。这个过程可以结合备课进行。

(二) 确定作业的内容

明晰了课程标准以及该学科的作业价值取向,教师就可以结合教案的撰写,确定该学科的主要作业内容。可以学科的学习单元为单位,明确哪些内容属于以知识的巩固和应用为主的知识型作业,哪些内容属于以动作训练、技能培养为主的技能型作业,安排好每个学习单元的作业类型和数量。在确定作业的内容时,应注意该学科知识间的逻辑展开方式,以及学科之间知识的内在联系。

值得注意的是,一个学科在一个学期里,除了日常布置的大家熟悉的短时作业外,一般每个学科有时还应布置一些长时作业,即需要花费几周或几个月才能完成的作业。长时作业不求多,主要以培养学生的综合实践能力为主,关注社会生活,强调知识的拓展。

假期数学作业新设计[①]

北京大学附中的张思明老师为他的学生布置了以下数学暑期作业：

1. 阅读一本数学科普读物或学习参考书。

2. 发现并找出数学参考书中的三处非印刷性错误，指出错误所在并予以更正。

3. 利用立体几何展开图的知识，动手制作纸模型或工艺品。

4. 采集生活中的数学问题并试着解决它。

5. 写一篇数学小论文。为学生提供的参考选题有：（1）对一种数学思想方法的认识或应用；（2）数学应用的小发现、小研究、小成果；（3）解题中的发现或"我的小窍门儿"；（4）以自己名字命名的定理及它的证明和应用；（5）谈谈数学某一部分内容的学法和教法。

6. 就你掌握的数学知识，自编三道数学小综合题。要求写出题目、题解、设计意图、"易陷入之坑"和得意之处。

7. 自编一个计算机程序，用它来解决某一学科某一问题。

8. 以计算机为工具，进行"微科研"实践，推荐选题6个。

在以上的几类作业中，学生选择完成四类即可。

（三）选择作业的形式

根据选定的作业内容、要求和学生的年龄特点，设计合适的

[①] 史根东，傅道春. 教师创新行为案例与评议〔M〕. 北京：中国科学技术出版社，2000：99.

作业形式。在日常教学中,经常使用的作业形式主要有阅读作业、书面作业、口头作业、实践作业。书面作业主要采用填空、辨析、问答、研究报告、实验设计等方式,以纸笔为载体完成作业,主要适用于知识型的学习内容。阅读作业是要求学生以阅读的形式完成的作业,其主要目的是增加学生的知识面。口头作业主要包含陈述、复述、角色扮演、演讲、口头问答等方式,通过口头形式来完成作业。口头作业比较多地运用于语言类的学科。实践作业主要运用实验、社会调查、技能训练等方式,通过学生的亲自操作来完成作业。有关技能的学科、研究性学习等比较多地采用实践作业。

高中语文寒假作业设计[①]

任何一门学科的教学都必须讲究整体性原则,寒暑假作业应该作为高中语文教学环节的一个重要组成部分纳入教师的教学统筹安排之中。新课标理念下,寒暑假的作业设计应既注重开拓性、灵活性,引导学生关注生活,积极探索,又注重实效性、操作性,引导学生温故知新,整理归纳。因此,我的高中语文假期作业分为六个专题。

一、背诵积累——落实读本内容,保证读本功效

重点落实在常规教学时间内无法落实的《语文读本》的阅读,如高一语文寒假作业,我就要求学生结合赏析文字品读并背诵读本"雅韵幽香"中的系列诗词,既品味了经典古诗词的意境,又为下学期学习古诗词单元提供了基础。

---

① 陈文娟. 高中语文寒暑假作业设计[J]. 综合天地,2005(9).

二、目标阅读——辅助文本教学，开阔思维视野

假期阅读必须要开具书目，以两到三本为宜，开具书目的思路有两种：一是"后顾式"，即从上学期教材文本涉及到的经典作家作品中精选一到两本进行补充式阅读；二是"前瞻式"，即提前布置与下学期文本教学相关的作家作品阅读，先睹为快，为下学期教学做好铺垫。

三、综合研究——延伸课堂空间，加强宏观总结

落实语文教材重点教学单元后设计的综合研究学习活动，实践新课标提出的探究、合作的学习方式。

四、视听收录——构建立体网络，增强语文意识

看《新闻联播》体会凝练的新闻压缩语；看《今日说法》体会夹叙夹议的表达方式；看《实话实说》关注热点问题的透视；看《佳片有约》学会透过影视看人生；等等。

五、资料整理——学会梳理归纳，以便温故知新

把上学期用过的教辅资料、历次考试收拢，挑出最有价值的部分，分为课内知识点小结、文言文阅读选文、现代文阅读选文、课外拓展阅读选文、诗歌鉴赏题设计、语言运用题设计几类，分别剪下，分类贴在大本上形成资料集，用于今后阅读、复习查询用。

六、专题训练——找准知识弱点，力求对症下药

假期中，教师应针对学生的薄弱环节布置相应的练习，以专题为主，力求练有所得，题量应少而精。

（四）明了作业的实施

在确定了作业内容和选择了恰当的作业形式后，教师就要设

计在什么时候布置作业是合适的，布置作业时应对学生提出哪些要求和帮助，作业采用什么样的批改方式，是否进行作业交流，以及设计作业的交流方式。

> **有效作业的特征**[①]
>
> 1. 作业设计意图明确清晰，考察的知识点或技能符合教学活动进展的需要及学生的基础和认知特点。
>
> 2. 作业的陈述准确恰当，不出现理解的干扰与歧义。
>
> 3. 作业形式灵活，为学生所喜欢，书面作业与实践作业相结合，即时作业、延时作业和长期积累性作业相结合。
>
> 4. 作业选材贴近学生，一方面要多一些学生熟悉的应用性问题，另一方面要重视涉及知识面的宽广，且无客观常识的不当。
>
> 5. 作业设计尊重学生的起点能力，对学生能力不可及处有必要的提示或示例。
>
> 6. 作业与前期作业、后续作业有一定的相关性与衔接性，具有系统性与渐进性。
>
> 7. 作业有一定的开放性，让学生有自我发挥的余地。
>
> 8. 作业有利于培养学生意志品质、科学态度，并有一定的思想性。

---

① 许晓芸．试论作业设计的评价 [J]．上海教育科研，2002（5）．

第三节 作业批改的技能

作业批改是教师对学生独立学习活动结果进行评价的过程，教师可以通过对学生作业的批改，全面客观地掌握学生的学习情况，及时发现学生学习和教学中的问题，检查课堂教学的效果，为改进教学提供重要的信息。批改作业的过程也是实现教师与学生交流的重要渠道之一。因此，作为教学的一项常规性工作，批改作业也是教师必须具备的技能。

教师批改作业的目的就是为了引导和帮助学生更好地完成学习任务，实现有效学习。由于作业的内容和形式不同，学生的学习状况各异，作业的批改可以采用多种方式，如全面批改、部分批改、当面批改、指导学生相互批改等等，但无论选用什么样的批改方式，教师的作业批改应做好以下环节。

一、及时批改作业

及时批改作业是对教师的基本要求，但由于教师批改作业是一项费时费力的工作，特别是像数学、语文、英语等课程几乎是每天都有，以一个教师带两个教学班，一个班级有40名学生来计算，如果一份作业的批改时间是2分钟，那么80个学生就需要160分钟即2.5小时，如果是作文这样的作业，不仅要批而且还要改，并写出评语给予学生恰当的指导，这就需要更多的时间。如果教师不能及时批改作业，势必影响作业功能的有效发挥。

根据美国心理学家罗斯和亨利的实验，他们将一个班的学生分三组，每天都接受测验，但教师给三组学生的学习结果提供不同的反馈次数：A组学生每天反馈，B组学生每周有一次反馈，C组学生则没有反馈。八周后测验表明：A组学生进步最大，B组次之，C组则几乎没有进步。[①] 由此可见，及时反馈对学生的学习成效影响很大。实际上，及时批改作业不仅能给学生提供有效的信息，帮助学生巩固、理解知识，同时也是教师反思和调整教学策略最及时和可靠的信息源。

及时批改作业，要求教师要设计好作业的形式和批改方式，以学习单元为一个阶段，根据学科的学习特点和学生的学习能力，搭配好长时作业和短时作业的布置时间，计算好作业的容量，合理分配教师自己的教学准备和实施时间，以保证作业的批改时间，为批改作业提供充分的条件。

二、作业批改形式

在日常教学中，从作业的批改者来看，常用的主要有教师批改和学生批改。教师批改主要有：根据批改的对象分为全班批改与抽样批改；依据教师与学生的沟通程度分为书面批改与当面批改。学生批改主要有学生自批自改与相互批改。

（一）全班批改与部分批改

全班批改是教师对同学交上来的作业进行全员和全面批改。部分批改则是对同学交上来的作业，随机抽样或根据学生的以往表现，分层次选择部分同学的作业进行批改。全班批改作业有利于教师及时、全面地了解和掌握学生的学习情况，但是需要教师花费比较多的时间，并可能因此影响作业的批改质量。因此，全班批改作业对教师的时间要求比较高。部分批改能减轻教师批改

[①] 张文华.作业的意义、设计及批改〔J〕.教学与管理，2001（8）.

作业的负担，通过部分作业的批改基本能反映学生的学习情况，但是，学生的学习个别差异性较大，学习问题的表现也各不相同，抽样作业的批改反映出来的问题可能无法包含全体同学的所有问题，缺乏针对性，进而影响作业的批改效果。

(二) 书面批改与当面批改

书面批改是指教师在学生完成的作业上批注意见或给予成绩。当面批改则是学生完成作业后，教师与学生面对面就作业的完成情况进行交流。书面批改作业简便易行、省时，是教师最经常使用的方式，也是使用最普遍的一种方式。但是，书面批改缺乏交流，尤其是当教师的批改对作业的完成情况只提供对和错的记号时，就会降低作业批改应有的功效。当面批改能有效克服书面批改作业缺乏沟通的局限，使教师深入了解学生的思考过程，但比较费时，效率较低，主要是针对学生的特殊情况，作为补充方式运用。

(三) 学生自批和相互批改

学生自批是指学生根据教师提供的答案对自己完成的作业判断正误和分析问题所在。相互批改则是指学生之间互相交换作业，根据教师提供的答案对作业的完成情况进行判断和分析。有时，教师会指定部分比较优秀的学生完成对同学作业的批改。学生自批和相互批改一般作为教师批改的补充形式而存在，无法替代教师的作业批改。选用学生自批和相互批改的主要目的在于培养学生自觉检查的习惯和自我纠正错误的能力，提高学生的责任感与分析问题和解决问题的能力。

三、书写作业评语

批改作业是教学环节的必要部分，通过作业批改，不仅能够有效地反映学生的学习情况和教学效果，为改进教学提供及时的有效信息，而且，还能促进教师与学生的沟通和交流，融洽师生关系。

教师批改作业同课堂教学一样也是一门艺术，并主要通过教师对作业完成情况的批语来表现。长期以来，教师一般采用"√"和"×"表示学生作业的对和错，这种方法简便易行，重在对解题结果正误的表达，但是缺乏对学生解题思维过程的分析和判断，也缺乏评价应有的激励作用。随着新课程的不断推进，现代教育评价越来越重视对学生的形成性评价，力图通过形成性评价实现评价应有的教育功能，使得教育评价真正具有教育教学的本性，成为一种教育教学活动。

因此，采用多种作业批改符号，写上教师的作业评语，已经成为教师的共识。如用"＿＿?"表示学生此处解题思路有问题，或用"○?"把错误圈出来；用"?!"表示对学生粗心大意出现错误的惊讶；用"……"表示表达不完整或有遗漏；用"☆"表示应重点关注的问题；用"～～～"表示需要修改之处等等。作业批改符号一般由教师自行与学生约定即可。丰富批改符号的目的主要在于通过作业批改提供给学生更多的信息，便于学生明了作业的问题所在和努力的方向。同时，教师还应考虑给作业写评语。简短的评语不仅仅是对作业的评价，也是对学生学习态度的评价，有助于学生养成良好的学习习惯，实现师生交流，起到教育的作用。因此，作业评语的书写要因学生而不同，以鼓励为主，寓情于理，富有启发性，重在沟通和交流感情。

常用的几类作业评语[①]

1. 期盼性评语

教师在给学生作业的评语中,应注重学生发展的过程,强调学生个体过去与现在的比较,使学生真正体验到自己的进步,在评语结尾加上一句"愿……""希望今后……""……比以前更……"等诸如此类的期盼性语句,让学生感到教师对自己的期望、信任和信心。

2. 激励性评语

教师通过评语把关心、尊重、信任、鼓励传递给学生,消除学生胆怯、自卑心理,使学生勇敢地参与学习活动,体验成功的喜悦,如"你的解法很具有创造性,说明你有创造潜力……""对函数概念理解深刻,相信你会发现函数的巨大价值……""此种方法很灵活,你是如何想到的?愿意和老师谈谈吗?"等等。

3. 建议性评语

评语要具体,让学生看到自己的进步和存在的问题,以及如何解决不足,如"你将某某部分的知识重新梳理一下,你会发现其中的……""建议你利用……查询核实有关……""你能从另一角度分析以下……""你可以与某某同学一起交流研究,找更合理的……"评语尽量用商量的语气,与学生平等沟通、交流,鼓励学生敢于提问、质疑。

4. 针对性评语

[①] 毛辉华."成绩+评语"数学作业批改法〔J〕.上海中学数学,2005(1).

一是针对不同层次的学生，对其优点加以肯定和鼓励，对存在的不足提出完善的建议；二是针对同一学生不同阶段的表现，及时给予评价，如对课堂反应快、善于与他人合作交流、学习进步明显的学生，要给完全的肯定和表扬，对学习过程中习惯不好、态度不够端正的学生应婉转地提出批评并提供具体建议和要求；三是针对学生知识缺乏或方法烦琐给予提示，起到指点迷津的作用。

四、作业讲评

作业讲评是批改作业的延续，主要是教师针对批改作业中发现的带有普遍性的问题，就其产生错误的原因，与全班同学进行分析和交流的过程。其目的在于弥补作业书面批改的局限，使学生不仅知其然，而且知其所以然，尤其是对教师原先教学中估计不足的学生发生的错误，及时提醒，提出改进和纠正的措施，减少和预防发生类似的错误。如果教师选择的是部分批改作业，就应更重视做好作业讲评工作。

作业讲评时，教师还可以根据学生作业的完成情况，归纳出多种不同的解题思路和解题方法，激发学生的思维，开阔学生的视野，对学生作业中有价值的思考给予肯定和积极的鼓励。对于一些典型性的题目，在学生亲自动手做过后，教师进行重点讲评，相互交流和启发，容易给学生留下深刻的印象，提高学生分析问题和解决问题的能力。

五、作业批改记录

作业批改记录，就是指教师在批改作业时，对学生作业中反映出的问题进行登记、分析、归纳、小结的过程。其主要目的在于帮助教师发现问题,寻找问题中的教学原因,为改进教学提供有依据和针对性的意见,促进教师进行自觉的教学反思,有助于教师的专业成长。

作业批改记录有其独特的意义和价值,因其需要花费较多的精力,教师可以有选择地进行。教师做好作业批改记录贵在坚持,持之以恒,养成习惯。下面给大家介绍一种作业批改记录。

英语书信写作作业批改记录单[①]

___年___月___日　　　填写人_____

教师反思项目	作业批改过程中发现的问题			……
	问题一	问题二	问题三	
主要表现	格式不正确	过去时态运用错误较多	表达中文化	
内在原因	学生受语文学习的影响较深,作业时粗心大意;教师对格式的强调不够	学生对动词过去式的特殊变换记得不牢;在过去时态语法的理解与运用上不够熟练	受中文思维模式的影响较大,且常用的英语习惯表达记得不准确,表达出错率高	

[①] 金绍荣、肖前玲.作业批改记录与教师专业成长[J].上海教育科研,2006(9).

应对措施	运用中英文书信作对照，让学生自己再次分析两者的异同，从而加深印象	进一步总结过去时态的运用范围，并加强时态运用的单句练习	加强平时的情境教学，展开小组讨论式教学和情境对话式教学	
信息反馈	87.2%	78.1%	76.5%	
效果评定	好	较好	较好	
备注				

注：信息反馈和效果评定，主要根据学生再次作业和课堂提问中正确率即通过的百分比大小来判断。正确率达到95%及以上为很好，85%~94%为好，75%~84%为较好，65%~74%为较差，64%及以下为差。

【教师手记】

精美的作业会"说话"[①]

在书店看到一部《毛泽东评点二十四史》，影印书的空白处，清晰地留着毛泽东用毛笔写下的大量批注，心理不禁涌起一阵冲动：要是让学生在作业本的空白处写下或画上自己的感受，那该多好啊！

第二天上课时，我对同学们说，以后，你们可以在语文作业的空白处，随便写、随便画，充分发挥你们的想象，展开你们的才能，让作业本告诉老师，你最近读了什么好书，看了什么电视节目，学了什么新的知识，明白了什么道理……

---

① 许爱所. 精美的作业会"说话"[J]. 小学教学设计，2001（10）.

作业本里的故事真精彩！什么"知识乐园"、"成语点滴"、"小小信息台"，还有"自编小故事"等等，一幅幅图画点缀在文字之间，作业本一下子充满了诗情画意。

作业本上红红的苹果眨着眼睛，茂盛的大树上长着胡须，就连老师订正的错别字上的那个小小的叉，也被做了装饰，叉上两只可爱的眼睛，正流出两滴泪珠，仿佛在说："我真不该这么粗心！"读书笔记《学会坚强》中间，画了一片深绿色的树叶，树叶上蹲着一只仰颈的蜗牛，蜗牛头上竖着的两个触角显示着倔强，面对着蜗牛的是一根常青藤，缠绕着竹竿一直向上生长……

再看另一本，"几月几日"右边空出的"自留地"上画了一只胖得可爱的卡通小狗，嘴里吐出一个大泡泡，上面写着："请看今天的作业！"填写、写句格外认真。作业后面，小主人画了一只黑白分明的大足球，在足球的阴影里写着："今天我看了一篇好作文《贝利·我》。小作者和我一样是个狂热的小足球迷，这篇作文写的好像就是我呀！上次……"在足球的旁边还画上了一只会说话的脚："瞧吧，我一定要把你踢出亚洲，踢向世界！"就在我看得起劲时，忽然冒出"时间关系，未完待续"几个字，让人忍俊不禁。

学生想象的翅膀放飞，精美的作业"说了话"。

【思考题】

1. 课堂结束环节的教育教学意义是什么？
2. 请列举几种教师常用的结课方式。
3. 作业设计应遵循哪些基本原则？
4. 教师作业批改应做好哪些事？

【技能训练】

1. 请同学寻找一节结课的典型案例,组织部分学生演示,并请同学就演示的内容进行评价和分析。

2. 以你要教的学科其中的一节教学内容,设计一份课外作业,并说明设计思路。

3. 请设计一份作业记录表,帮助一位教师批改一次课外作业,并用设计的记录表记录此次批改情况。

第九章
组织教学的技能

良好的班级秩序和学习环境的构建,是实现有效课堂教学的必要条件,它可以促进教师与学生的良性互动,形成和谐的教学环境,促进学生养成积极的学习态度,对自己的行为负责,实现自我指导,提升教学效能。

第一节 组织教学的意义

组织教学是指在课堂教学中教师集中学生的注意,维持教学秩序,建立和谐的教学环境,引导学生学习,协调各种教学因素,实现预定的教学目标的过程。具体而言,组织教学主要表现为教师对课堂的有效管理,是为学生参与课堂活动营造有利环境的过程。重视课堂管理,学会课堂管理,对有效提高课堂教学质量具有十分重要的意义。

一、陶冶学生的性情

以班级为单位的课堂教学是学校实现教育目标的基本途径,也是学生学校生活的重要内容之一。教师组织教学的过程,就是对课堂中的人、事、物等各个方面有机协调的过程,其主要目的就是为教学的顺利进行创造有利的条件,使教室和课堂成为最适合学生学习和成长的环境,愉快地生活。有效的课堂管理能够营造充满教育性和启发性的教学情境,要求教师设计各种有效的教学活动,运用各种教学技术,布置适当的教学环境,激发学生的学习兴趣,在潜移默化中陶冶学生的性情,实现教学目标。

二、发展学生的自控能力

班级是一个特殊的社会组织,它既有一般社会组织的特征,即为完成任务而专门建构的正式群体,具有制度化了的角色结构和管理体系,以及相对稳定的规范,同时,又有其特殊性,即班级组织的自功能性和半自治性特征。这使得班级组织产生的影响力具有特殊的社会化意义和价值。教师的教学组织离不开课堂常规的建立,通过教师与学生共同参与制定的课堂常规,其主要目的在于约束学生的行为,培养学生自我管理和相互合作的精神,有助于将教师的外在控制转化为学生的自律,发展学生的自控能力。

三、增进教学效果

在课堂教学过程中,由于经常会出现各种新的问题,发生各种偶发性干扰事件,需要依托师生之间的交流,以减少课堂问题行为的发生。因此,及时预见并排除各种干扰课堂教学活动的不利因素,加强师生之间接触与沟通的机会,减少师生之间产生矛盾与冲突的可能性,有效维持正常教学秩序,对课堂教学的顺利进行具有重要意义。同时,良好的课堂组织教学可以最大限度地满足课堂内个人和集体的合理需要,形成积极良好的课堂学习环境,激励学生的参与精神,激发学生的潜能,促进课堂的互动,从而圆满地达成教学目标,完成教学任务。

> **课堂类型举例**[①]
>
> 1."无法应对型":王老师的这个班的特征是嘈杂喧闹。王老师一直在奋力把本班建成一个可控的班集体,但他从未完全成功过。命令甚至威胁常常也不见效,惩罚看来早已失效了。
>
> 2."贿赂学生型":李老师这个班也很吵闹,但课堂气氛要积极得多。李老师尽力让学生感到学校生活很有趣,他给同学们讲了许多许多故事,让他们看了许多电影,做了各种游戏,开展了丰富多彩的活动。尽管李老师把学术活动压缩到了最低程度,而且尽可能使学术活动令人愉快些,但学生上课时的注意力还是不太集中,而且学生常常不会完成课堂作业或者是做得比较马虎。
>
> 3."铁腕手段型":张老师这个班比较安静,纪律非常不错,因为张老师已建立了一套班规,并确保学生遵守了这些规

---

① 〔美〕Thomas L. Good & Jere E. Brophy 著,陶志琼等译. 透视课堂〔M〕. 北京:中国轻工业出版社,2002:166.

范。违规行为很快被注意到，并且马上会受到严厉的警告，如有必要，张老师就会对学生进行惩罚。张老师看起来是个成功的严师，因为，尽管班上气氛有点紧张，但他的学生通常会服从他的管教。但麻烦总是潜伏着的，随时都有可能发生。所以，只要张老师一离开教室，教室里就会炸开了锅。

4."与学生合作型"：乐老师这个班看起来是自己在运转。乐老师把他的大部分时间用在了教学上而不是用于处理纪律问题上。学生在独立学习时，会在没有严密监视的情况下遵守班上的规章制度并完成作业。学生们在学习时常常会产生互动，但他们发出的声响是有效果的参与学习活动的和谐之音，而不是疯来疯去打闹的噪声或者说是争吵声。当学生们发出的声音变得有些烦人时，乐老师的一个简单提醒就可以解决问题。观察者感觉到了乐老师的温和气氛并深受感动。

第二节 组织教学的途径

组织教学不同于一般的教学技能，在课堂的展开过程中，主要以渗透的方式，贯穿于教学的始终，包含对课堂教学的管理性组织、指导性组织和诱导性组织等方面。就组织教学的实施而言，主要表现为以下内容。

一、课堂规则的拟订

课堂规则是对一般的教育期望及其课堂行为所进行的约定。有效率的课堂组织教学开始于事先的计划，即课堂规则的拟订。在拟订课堂规则时，教师应对课堂的目标及对实现该目标会起影响作用的学习环境作全面考虑。一般来说，一项好的课堂规则必须满足以下五个要求。

（一）合理性

一项好的课堂规则一定是合理的，即课堂规则拟订的内容和表达方式必须符合学生的年龄和行为能力，而且，要能被学生所理解。一般而言，能被学生理解的课堂规则，容易被学生所接纳和遵守。

（二）清晰明了

课堂规则的拟订不能模棱两可，它不是在暗示做什么，而是要清楚地说明做什么。例如"所有学生都必须上课"，这样的说法就很模糊。一条清晰的规定应该是，"除非有学校老师或家长的请假条，所有学生每个上学日内必须参加所有课程的学习"。

（三）可实施性

一项规则必须是可操作和方便执行的。例如"不要骂人"的表述就不符合这样的要求，如果表达为"不要在我面前骂人"则是可实施的。因为，理想中我们不希望学生骂人，但如果学生在家中或与朋友们在一起时骂人，教师是无法实行这项规定的。

（四）一致性

在课堂规则拟订中，一般来说每项规定都有一个或几个执行的条件，必须对这样的条件尽可能给予清晰的说明，以增强规则内容或要求本身的一致性，避免产生冲突。例如"不要打架，除非你被袭击或为了保护你的同学"，就是一个很好的例子。

（五）灵活性

课堂规则执行时，有时可能出现一些超出规则之外的特殊情况，教师应能根据不同情况灵活地加以处理。例如，班级进行一次旅行，规定在晚上 9:30 必须熄灯休息，但到了 9:25 电影才结束放映,这时,规则就应该有一定限度的调整。

> **课堂作业规则拟订示例**
>
> 1. 教师布置作业及其学生作业要求。例如,布置作业的形式;教师是否接受不完整的作业或迟交的作业;如何安排补课来帮助缺席者。
>
> 2. 监控作业的进展和完成情况。例如,用什么形式来监控和检查作业;保留作业记录的内容;怎样监控特殊的作业项目和非常长的作业。
>
> 3. 提供给学生的作业反馈信息。例如,完成作业的反馈形式和内容;如果学生不做作业会给予怎样的反馈;教师与学生家长如何进行联系;教师打算在什么地方展览学生的作业;教师如何记录学生的作业。
>
> 4. 作业的评分。评分的作业项目;每一个项目的比重占多少;加分作业的政策。
>
> 一般而言,教师越是对其拟定的规章和程序考虑得仔细周到,对学生清楚解释这些规章和程序,以及保证其执行的连续性准备得越好,规则就能越好地得到遵守和接纳。

二、教师的管理态度

如果要使制定的课堂规则起作用,就必须要求教师具备某些重要的管理态度和素质,使教师成为受学生尊重和喜欢的人,而不只是必须服从的人。

(一)了解、喜欢和尊重学生,并把学生当作独立的个体

学校是学生获得自我认同感的一种重要途径。在整个课堂体系中,每个学生都是独一无二的职能个体,这种独特性构成了课

堂的整体人格特性，在一定的课堂参与指导下，每个学生都有自由发展他的个性的权力。教师不能将固定模式套用在学生身上。学校生活可以帮助学生回答这样一个问题"我是谁？"对学生的欣赏和对学生个人利益的关心贯穿在说话的口气、面部表情以及其他日常行为中。

如果学生受到了别人的尊重和接纳，他们就会学着去尊重和接纳别人；如果受到了别人的责骂和否定，他们就会学着去责骂和否定别人。喜欢和尊重自己老师的学生会想方设法使自己的老师高兴，更可能模仿他们的行为和采用他们的态度。当老师受到挑战或攻击时他们也更可能同情老师，而不是站在挑衅学生一边与教师对抗。

（二）尽早让学生信任自己并尽力保持住

教师的信任度能否建立起来，主要靠教师能否保证做到言行一致并在必要的时候向全班指出这一点。

信任提供了一种学生想要的和需要的组织保证。如果学生信赖老师所讲的，就不会一直不断地去检验老师了，而且更能够接受承担自己行为的责任。当教师建立起了公正的规章并持续不断地强化这些规章时，违规者只会对自己的违规行为非常生气而不会怪罪老师和规章制度。但是，如果教师进行空洞的威胁或执行规章没有连续性，被惩罚的违规者会感到受到了欺侮。

（三）给学生恰当的期望

学生会对教师所说的与其所实际期望的持不一致的理解。如果学生知道"不要在那里说话"实际上是指"把吵闹减小到可以忍耐的程度"，学生就会对第二个而不是第一个信息做出反应。除非教师的意思的确是"不准讲话"。

为了避免这种情况的发生，教师必须考虑清楚他们到底期望学生怎么做,然后确保自己的行为与期望的相一致。这种自我监督的做法有助于消除空洞的、过泛的或不连贯的说法。

总之,要想为成功的课堂管理奠定坚实基础,教师必须:①赢得学生的尊重和青睐;②坚持不懈而且值得学生信任和依赖;③承担确保学生学习的责任;④重视并喜欢学习,希望自己的学生也一样。

三、恰当地使用奖励

教师的组织教学,是教师与学生之间的不断碰撞和磨合的过程,是师生之间信息和意见充分交流的过程,绝不是一个简单、盲目地服从或严格执行教师权威的过程。一个秩序井然的课堂可能是没有吵闹的,但也可能是一个充满运动、对话和热烈的课堂,关键在于是否让信息得到有成效的交流。因此,教师要卓有成效地组织教学,就必须学会恰当地使用奖励。

组织教学中的奖励主要是指教师根据学生在教学中任务完成的情况或问题的解决以及完成的质量,所给予的必要的反馈。奖励的形式多种多样,可以是口头的,也可以是实物,可大可小,可以大张旗鼓,也可以低调进行,只要能够促进师生之间的有效交流即可。在诸多的奖励形式中,表扬因其方便易行,符合学生的年龄特点和发展需求,是教师最经常采用的奖励方式,在使用时应注意以下要求。[①]

第一,表扬要简单明了和直截了当,语气和语调要自然,不要华而不实或夸大其辞。

---

① 〔美〕Thomas L. Good & Jere E. Brophy 著,陶志琼等译. 透视课堂〔M〕. 北京:中国轻工业出版社,2002:194.

第二，表扬适宜用直接的肯定句，而不要用热情洋溢的解释或反诘句，后者像是在给人恩惠，并且可能让人觉得浑身不自在，而不是感觉受到了奖励。

第三，具体化受到表扬的内容，并承认任何值得注意的努力、认真或毅力，例如，"太棒了！完全是你自己算出来的。我喜欢你面对困难绝不屈服的做法"。让学生注意到新技能或进步的证据，如"我注意到了你会在作文中使用各种类型的比喻，这使得你的作文读起来非常生动有趣，保持这个好风格"。

第四，用多种多样的词语表扬学生。不要用一些表扬的套话，让学生听起来觉得不真诚，给学生留下教师并没有真正注意到自己取得的成绩的印象。

第五，用非言语的体态赞扬，来支持和加强言语表扬。如"那太好了！"只有在教师说这话时面带微笑，并且说话的语气带着欣赏或温馨时，学生才会觉得教师是在表扬自己。

第六，避免模棱两可的表扬。因为，它容易让学生把这种表扬看作是服从而不是学习。例如，表扬学生努力学习时要具体，"我对你今天早上的阅读非常满意，尤其是你有表情的那种朗读方式，我非常欣赏。你把毕利和泰勒先生之间的对话模仿得就跟真的一样。希望继续发扬你的优点"。

第七，注意对个别学生要进行私下表扬。当众表扬会让一些学生觉得难为情，甚至会引起他们与同学之间的麻烦。在与学生私下打交道时所给予的表扬会让学生觉得这种表扬是真诚的、真实的，避免表扬像是在把这个学生树立为班上其他同学的榜样的问题。

总之，教师的表扬应是对学生取得进步和成绩的自然而真实的反映，而不是为了控制学生。有效表扬的关键在于质量而不是频率，表扬的关注点在于学生的努力或成绩本身，这有助于学生学会把自己的成功归因于自己的能力和努力，而不是归功于教师、任务缺乏挑战性或纯粹的运气，实现表扬的发展价值。

第三节　组织教学的技巧

组织教学的过程即是教师实施课堂管理的过程。课堂管理的成功在于预防，要使管理有效，就必须使课堂管理的每个方面都作为一个整体发生作用。但不论怎样预防，课堂中还是会存在学生的问题行为，教师在应对这些问题行为时，需要掌握以下几个技巧。

一、准确清晰传递信息的技巧

当面对课堂中的问题时，教师首先应让学生明了问题出在什么地方，进而才有改进的要求。因此，教师与学生交流时应注意以下问题：

（一）信息中心是学生的行为而不是学生本人

教师要告诉学生他的行为是错误的，但不要把批评的重点放在学生的态度或个人的价值上。教师如果不想让学生打断自己的谈话，就应该说，"某某，请你别插嘴"，或是"某某，请你等我把话说完再发言"，而不能说，"你没看到我在忙吗？""你嗓子有毛病了吗？"或"你怎么这么不长记性"之类的话语。

（二）提供清晰、详细、准确的信息

教师应该直截了当地告诉学生想让他做什么，如"我希望你下午3:00来这儿"，"现在必须交卷"或"请马上离开教室"等，这样就很具体明了。像"我不希望你在课堂上干傻事"这样的说法就很模糊，尽量不要这样表达。

（三）用平常的语气传递简洁的信息

教师传递信息时所用的词越少越好，千万不要长篇大论，更不要词不达意，那样肯定会使学生失去注意力。当教师表述自己精心选择的话时，必须控制情绪，保持平静的心态，以很平常的语气传递所要发出的信息。

（四）体态语言的运用

要想使自己态度坚决的信息被学生所接受，恰当地运用身体语言也是很重要的，如，保持眼神交流，站直坐正，不要抱胳膊跷二郎腿，保持与学生之间的距离等。如果教师的语调、用词、身体语言都是一致的，那么，它将对学生产生综合的影响，这比教师单纯用语言效果会更好。

（五）在恰当的时间表达教师的要求，必要的话，继之以行动

如果教师与学生处于力量抗衡中，教师在发出要求的同时，必须使学生清楚不服从要求的后果。要让学生认识到，这不是威胁，也不是惩罚，这是一种更好的解决问题的方法。例如，当学生生气时，教师想阻止他骂人，然而，教师知道这种行为还会发生，此时，教师应该说，"不要在我面前或班级里骂人，否则，我叫你的家长来，商量怎么处理这个问题"。这样，学生知道他必须合作。教师的言行必须是一致的，学生才会认真考虑你的要求，如果教师不能言行一致的话，那么，所说的话自然也不能奏效。

研究表明，当教师更多地使用肯定语言描述受人欢迎的行为时，而不是用否定语言描述不能做什么时，学习就会变得比较容

易。示例如下：①

肯定的语言	否定的语言
• 在计算机上操作尽可能快点，其他同学在等着。	• 不要在计算机上"磨磨蹭蹭"。
• 关门要轻声点。	• 不要砰地一下关门。
• 努力自己把这些题做出来，不要找同学帮忙。	• 不要抄邻桌同学的来骗人。
• 学习时保持安静。	• 不要发出这么多的嘈杂声。
• 总要这样处理废弃化学品（演示）。	• 那不是处理废弃化学品的办法。
• 身子要坐正。	• 不要瘫坐在你的椅子上。
• 如果你认为自己知道答案就举手。	• 不要吼叫出答案。
• 你做完时把剪刀放进盒里，把纸屑放进废纸篓里。	• 不要弄得一团糟。
• 这些蜡笔是大家用的：一次用一支，然后放回去其他同学好用。	• 停止争抢蜡笔。
• 用自己的观点。你在借用作者的观点时，确认注释了的，就是这样也要尝试把其变成自己的语言。	• 不要抄袭。
• 你在班上汇报时要自然，就像在跟一个朋友说话一样。	• 不要像在给我们宣读你的报告。
• 注意实验指南中的警告说明，在做下一步前要确认你检查了提到的事情。	• 做实验时要小心谨慎，否则会弄得乱七八糟。
• 要准备解释你的答案，即你为什么认为它是对的。	• 不要瞎猜答案。

---

① 〔美〕Thomas L. Good & Jere E. Brophy 著，陶志琼等译．透视课堂〔M〕．北京：中国轻工业出版社，2002：184.

二、清除轻度课堂捣乱行为的技巧

课堂中偶尔的捣乱行为可以被适当忽视，但当小小的捣乱行为重复发生或变本加厉时，或当其有蔓延的威胁或会造成混乱时，教师就不能忽视了，必须采取行动制止这种行为。以下这些技巧使教师可以消除课堂中的小问题，而不打断正在进行的课堂活动，并能引起捣乱学生的注意。①

（一）眼光接触

当教师的眼光示意已经成为学生能够领会的一种处理方式时，教师只扫视一眼学生就可使他们上课专心起来，也可以加上点头或做出盯一下学生的书的姿势。眼光接触对定时监视课堂的"在场"教师来说，会起到事半功倍的效果。学生知道教师在不断巡视课堂，当他们要捣乱时就会看看教师是否在盯着自己。教师可以通过眼光接触来打消学生捣乱的企图。

（二）触摸和手势

当学生离教师很近时，比如说在小组教学中教师就可运用触摸来引起学生的注意。轻轻地拍一下学生，也可能再加上指书的手势，用不着言语表达就传递了要学生专心听讲的信息。当许多低年级的教学是以小组形式进行而且学生走神是很寻常的问题的时候，这种触摸对这些低年级学生来说就非常管用。当然也有一些青少年学生不喜欢教师的触摸，教师也可以通过摇头、点头等来交流和传递意见。

---

① 〔美〕Thomas L. Good & Jere E. Brophy 著，陶志琼等译. 透视课堂〔M〕. 北京：中国轻工业出版社，2002：222-223.

（三）身体的接近

当教师检查课堂作业或在课堂里巡视时，一般情况下，通过走近正在进行无礼行为的学生就能够制止他的捣乱。如果学生知道他们应该做什么，教师的出现就会促使他们忙起来，去做自己该做的事。

（四）教学提问

在上课期间，抓住学生注意力的最简单方法就是提问学生或叫他们回答问题。这种要求迫使学生自动地集中起注意力，从而可以避免学生的捣乱行为。

（五）点名

当教师在传递知识或讲课，而不是提问时，教师为了引起某个学生的注意，可以把他的名字夹杂在自己的讲课之中，如"下一步，小郑，是……"

三、处理较重不良行为的技巧

当学生的捣乱行为时间比较长久、比较危险或对课堂造成了严重干扰时，教师就必须直接阻止这种行为了。由于教师的直接纠正行为本身就是打扰性的，所以只有在必要的时候才能使用这种方法。

（一）恰当的直接纠正

教师直接干涉学生的捣乱行为的方式有两种。[1]

第一种，教师可以向学生提出恰当的行为要求。这类要求应该简洁明快，并需要点出学生的名字，指明他们应该做什么。教

---

[1] 〔美〕Thomas L. Good & Jere E. Brophy 著，陶志琼等译．透视课堂〔M〕．北京：中国轻工业出版社，2002：224-225．

师讲话的态度要坚决但用不着大叫大嚷或满口的嫌言怨语。比如对学生下达这样的命令，"李扬，回到你的座位上去，做你自己的作业去"，"盖尔，劳娜！别讲话，听我讲"，用这种方式引起捣乱学生的注意就没有必要。相反，简洁明快地告诉学生应该做什么才是十分恰当的做法，"李扬，完成你的作业"或"盖尔、劳娜，看这儿"。

第二种，直接纠正学生捣乱行为的技巧，就是提醒学生应遵守的规则以及教师有什么样的期望。如果清楚明白的课堂规则已建立起来了，要对建立这些规则的理由进行全面的讨论。教师可以通过简要地向学生提醒这些规则从而达到纠正他们的捣乱行为的目的，这样就不会没有必要地使学生产生尴尬的感觉了。在学生独立完成作业期间，当课堂里变得吵吵闹闹时，教师提醒一个班规通常是最好的解决办法。教师不是点出捣乱学生的名字，而是说："同学们，你们的声音太大了。要记住这一点，只谈论与作业相关的事情，而且说话要轻声点。"

与其他直接干涉的方式一样，规则提醒应该简洁、坚定。通常这些规则倾向要求恰当的行为，这样有助于学生内化行为控制。当学生对规则及其制定理由十分清楚时，规则提醒有助于学生接受自己对捣乱行为所应负的责任，从而会控制冲突的发生。

教师在对学生的不良行为进行纠正时应该避免下面这些举动：①进行反问或没有意义的质问；②不必要的威胁或展示权威；③对学生的不良行为唠唠叨叨。这些做法不但对解决问题没有帮助，反而会引起不必要的担心或抱怨。

（二）进行调查

当学生发生问题的情形不明朗，而且教师没有其他的信息以致对采取什么行动没有把握时，就有必要向一两个学生打听到底是怎么回事。教师对学生所提问题应该是真心诚意想获得情况，而不是进行诘问。所提问题要直截了当，并要求基本上反映真实的情况。也需要问一些有关学生正在做什么事以及为什么要做的问题，如"你为什么要离开教室?""你为什么没有交作业?"

教师应该清楚地表明，他们希望得知事情的真相，学生应该用可靠的行动来支持自己的言行。教师要让学生明白，说谎肯定没有奖赏，告诉真相肯定也没有惩罚。

对事实并非总是需要细节。如果目标在于促进整体的自我控制的长期发展，就不要只是去解决某一个单独的事件，让矛盾悬而未决甚至接受一个说谎或夸张而并不贴上这样的标签，也可能是称心如意的。

（三）帮助学生解决冲突

1. 冲突是正常的

青少年间的同伴冲突（争名次地位或观点、兴趣）是潜在的学习经验，不仅因为它们为学生解决问题提供了背景联系，同时也为学生面对更加宽广的社区中的社会两难处境时提供了亲身经验。

许多学生经历过与同伴的冲突。但学校的成人和学生主要是做出努力避免冲突，而不是试图解决冲突。

2. 引导学生解决冲突的步骤和技巧

有报告认为，没有受过训练的学生都会依靠退缩和压制冲突来解决冲突。我们希望教会学生运用完整的协商程序，在冲突的基础上来解决问题。具体步骤如下：①

---

① 〔美〕Thomas L. Good & Jere E. Brophy 著，陶志琼等译. 透视课堂〔M〕. 北京：中国轻工业出版社，2002：238-239.

第一步，教师要鼓励学生通过表达自己对冲突的看法以及自己对冲突有什么感觉来直接面对冲突的对方，同时要求另一方也这样做。这意味着只有当冲突双方有时间共同来界定冲突并拟订一个进行协商的时间表时，双方才会直接面对冲突寻求解决办法。

第二步，共同对冲突进行界定。这是解决冲突的关键步骤。应该以所有当事人都能接受的方式来界定冲突问题。对冲突的界定要达成共识需要遵循三条原则：①对不喜欢的行为进行描述——不是贴标签、谴责或侮辱对方；②把冲突界定为共同解决的问题；③尽可能以最具体最精确的方式界定冲突。对冲突进行一般的和模糊的界定，从本质上讲很难解决问题。

第三步，换位思考，即将心比心，站在对方的角度看看有什么体会。对冲突利益进行协商的一般原则是，首先理解双方有什么样的分歧，然后再尝试把两方面的意见融合起来。提出融合和妥协的方法不可能比对个人彼此不同的感情、看法和需要持理解的态度会更好。

第四步，交流合作意图和接受对方的观点。产生冲突的原因之一，通常是对对方行为背后的动机没有很好地理解，而协商成功的希望就在于对对方感情的理解。其实，相互进行争论，有时候会有助于争论者理解另一方的观点，并使协商变得容易。

第五步，把动机调整到真诚协商上来。在解决冲突时通常存在着尖锐的利益分歧。如果要想冲突得到解决，需要激励所有的参与者去寻求成功的解决办法。

最后一步就是达成双方都有责任接受并执行的协议。协议应该具体阐明双方在以后的行为要怎样不同，如果冲突再出现，以后的问题要怎样解决。

四、惩罚的使用技巧

使用惩罚意味着教师没有能够处理好问题,也传达了教师对学生缺乏信任的信息,表明教师认为学生的不良行为是故意为之的而且学生也不想努力改进。

严重依赖惩罚的教师仅仅会取得有限的和暂时的成功。他们可能会达成勉强的一致意见,其代价则是长期的群体紧张和冲突。当他们在场时学生出于害怕会服从他们,但他们不在场时学生就会失去控制。因此,我们建议教师,只要可以使用其他方法就最好别使用惩罚。

(一)有效惩罚

有些时候惩罚很有必要,但教师应该在需要的情况下恰当地使用。一般来说,惩罚只用于学生反复发生的不良行为。惩罚是对那些置教师的合理要求于不顾的一直表现不良行为的学生不得已而采取的办法。所以,如果没有理由认为学生会再犯,惩罚就不适合用于处理孤立的事件,即使是非常严重的事件。

大量的证据表明,惩罚能控制不良行为,但惩罚本身并不能教会受人欢迎的行为或者减少捣乱的欲望。

有效惩罚部分取决于教师对学生进行惩罚的方式。真正使用它之前,惩罚就应该是有威慑力的,这样学生受到的警告才是公正的。他们应该明白他们的行为受到惩罚是必需的,因为他们让教师无可选择。因此,教师应该解释学生为什么受到惩罚以及必须恢复什么正常行为。

教师的语气和态度非常重要。教师惩罚时要表现出对学生的深切关心、迷惑不解以及对学生行为的遗憾。不管教师是否公开讲了都应该暗含这样的意思:"你一直在捣乱。我已经多次提醒和解释过了，但你还是屡教不改。我不能让这种行为再持续下去了。如果这种捣乱行为再出现，我就必须惩罚你。我并不想这样做，但我又必须这样做，因为你让我别无选择。"

如果惩罚是必需的，就应该同错误行为联系起来。比如说，如果一个学生误用了材料，最恰当的惩罚方式就是暂时限制其使用或不让其使用。如果学生在休息期间总是打架，他们就应失去休息的权利或要求其独自呆着。

（二）不恰当的惩罚

1. 侮辱性的言语攻击

这些绝对不可能是恰当的。对学生进行严厉的个人批评不可能被证明是学生需要的。这类批评不会发挥正确的作用，而只会引起受批评的学生和其他学生的怨恨。

2. 体罚

就是在合法的地方，我们也不赞成体罚，原因有这样几个：

第一，从本质上讲，体罚使得教师处于攻击学生的地位，如果不是心理上的也会是身体上的。这会导致伤害，不管怎样都会破坏教师以后有效处理学生问题的机会。

第二，体罚的焦点在于它本身而不是引起体罚的不良行为。而且体罚结束得比较快并有种痛快淋漓解决问题的感觉，正因为太快通常不能引起学生对不良行为的负疚感，或接受自己应该对不良行为承担责任，冒犯者可能会对自己被抓住了而不是对自己的不良行为感到遗憾。

第三，体罚付出的长期代价会远远胜过短时的收获。最难控制的、多数敌对的学生一般来自这样的家庭：父母经常揍他们。犯攻击罪和其他暴力罪的罪犯多数总与体罚成为家常便饭的家庭背景有关。一般来说，体罚的教师就是一生气就会攻击别人的那种人。体罚教不会学生表现恰当的行为,不过是为了维持纪律罢了。

3. 额外作业

我们不主张把布置额外作业作为惩罚,因为这会使学生把学校功课当作学习的负担。教师和学生都应该把作业看成是有用的学习工具,而不是一种惩罚。

要求学生抄写规章制度或写检讨书,可能是也可能不是一种有效的惩罚,有效与否取决于怎样操作。让学生写 5 遍或 10 遍"我不再扰乱课堂"可能有助于学生记住这条规则,但如果让学生写 50 遍或 100 遍就会使学生更多地注意到惩罚而不是规则了。

通常,让年龄大的学生对自己的所作所为进行检讨如写检讨书会比较有效,这会迫使他们思考规则背后的标准而不只是机械地抄写规则,教师应该乘机让同学讨论其检讨书。惩罚本身只是处理问题的一部分。

4. 扣分

与错误紧密相关的惩罚比较容易被看得很公平。如果学生失去了特权他们只会责备自己,因为他们滥用了特权。但如果教师在一个完全没有关联的方面强行施加限制,学生就容易感到受了冤枉。以扣分作为对其不良行为的惩罚很可能进一步打击他们努力学习的愿望。除非惩罚与学生所犯的过错是直接相关而且比较恰当。比如说对考试作弊的学生教师就应让其这次考试成绩不及格(只对这次考试而言),而不应该以扣分来惩罚。

总之,只有当学生知道怎样做但拒绝那样做,并出现捣乱行为时,使用惩罚才是恰当的。值得注意的是,因为惩罚要集中在不受欢迎的行为上,所以它可能会降低工作的参与度并增加课堂的紧张感,用惩罚针对一个问题可能会引起几个问题。这就是为什么依赖惩罚的教师会面临更多的控制问题。

教师课堂管理角色的年级特点①

教师作为课堂管理者和学生社会化者这两种角色，在不同年级水平面临的机遇和挑战是不一样的。因为，学生通过学校教育而得到成长，他们的个性和社会性的发展会影响教师这个角色以及课堂管理的目标和技巧。布罗菲和艾文特森确定划分教师课堂管理角色的四个发展阶段。

1. 幼儿园和小学低年级。这个阶段的学生在社会化学生角色并接受基本技能的教育。重点是教会学生做什么而不是让他们遵循熟悉的规则。许多学生仍然喜欢做教师事先为他们安排好的事情，当他们所做的让教师高兴时就会感到非常满足，当其所做的没让教师高兴时就会感到不安。他们依赖教师的指导、鼓励、安慰和个别注意。这个阶段教师会花大量的时间教学生怎样完成基本的日常程序。

2. 小学中间年级。当基本完成了学生的最初社会化时这个阶段就开始了，一直会持续到多数学生有了成人倾向和相对温顺的时候。学生对多数学校常规非常熟悉了，在以后一些年里频繁出现的严重的扰乱行为还不常见。创造和保持恰如其分的学习气氛仍然是教学成功的中心任务，但完成这样的任务教师花的时间比前一阶段少多了，教师能够把注意力集中在教学生正式的课程上了。

3. 小学高年级或初中年级。这个阶段越来越多的学生开始

---

① 〔美〕Thomas L. Good & Jere E. Brophy 著，陶志琼等译．透视课堂〔M〕．北京：中国轻工业出版社，2002：249-250.

从取悦教师转向取悦同伴,他们开始讨厌以权威人物自居的教师。某些学生变得比过去越来越捣乱烦人、越来越难以控制。这样一来,课堂管理再次成为教师的突出任务。但现在教师的主要问题在于,激发学生像他们自己知道应该怎样表现的那样去表现,而不是像第一阶段那样教导学生怎样表现。

4. 高中阶段。这个阶段许多最爱挑拨是非的学生离开了学校,其余的学生变得比较成熟了,课堂又集中在学术这个焦点上了。用于课堂管理的时间比第二阶段花的还要少,因为学生自己已懂得承担多数作为学生的责任。这个阶段的教学主要是正式的课程内容,当然学生的社会化在非正式的、课外的学生接触期间还是在进行着的。

当教师考虑准备要教的年级层次时,教师就应该考虑这些课堂管理发展的方面。教小学年级特别有效的教师的特点是:喜欢通过精心照料儿童来使其社会化和受到教育,喜欢与年幼儿童打交道,有耐心,能够把儿童社会化为学生角色。想把精力主要集中在教学上面的小学教师应该教小学中间的年级。最适合教初一到高一年级的教师,应该对"青春期"行为持欣赏的态度或者至少不会被这种行为所烦扰,而且会把自己看做社会化的代理人和模范,至少同把自己看做教育者一样。想主要扮演学科专家的教师最适合教高中年级。

【教师手记】

课堂管理技巧体会[①]

我在实习期间学习了几种管理技能。我最喜欢的技能之一是从我的指导教师那里学来的。在开始讲一节内容重要的课时,金杰总是向她所教的一、二年级的学生询问,她需要从他们那里得知怎样的支持才能上好课。学生们总是迫不及待地举手发言,急切地要展示他们所知道的一切。他们会连续列出 5 种需要。当学生们描述这些需要时,她就会在黑板上简单勾勒出一幅图画。

首先她需要学生具有端正的听讲姿势,她画了一把椅子表示学生需要坐直。第二,她需要学生在想要讲话时先举手,她在椅子下面画了一只手。第三,她需要学生嘴巴闭紧,在手的下面她画上嘴唇。第四,她需要学生眼睛要看着她,她又画了一只眼睛。最后,她需要学生听她讲课,并倾听同学发言,她画了一只耳朵。整节课这些图画会一直留在黑板上。

我在金杰的班上试教时,也采用了同样的方法。它帮助学生集中注意力。如果学生在哪个方面表现不好,我就会指着其中的一幅画提醒他们注意。

我承担的第二个实习任务是教小学五年级的学生。开始我没有使用这个方法,因为我想这对五年级的学生而言属于基本常识。但是我错了!在我实习的时间已经过半时,我最终还是采用了这个方法,对它所产生的效果感到非常惊讶。我只要说"听讲姿势",学生立即坐得端端正正,准确地知道我对他们的期望。

[①] 〔美〕C. M. Charles & Gail W Senter 著,吕良环等译. 小学课堂管理〔M〕. 北京:中国轻工业出版社,2003,译者序:3.

这是一个能在小学各个年级使用的方法。

【思考题】

1. 管理的概念在不断发生变化,你在中学时候的体会是什么?
2. 教师期望你积极主动还是消极被动?你的中学老师的管理方法在发生怎样的变化?

【技能训练】

1. 运用本章提供的标准进行有效表扬,描述一下你对下面这些情形会怎样反应。[①]

(1) 全班除两个同学之外,大家都考得非常好。

(2) 你的一个最差的学生通过拼命努力终于在黑板上当着大家的面做对了一道相对比较简单的数学题。

(3) 你的一个离群索居的差生在一次考试中考得非常好,但你怀疑他作弊了或是由于好运气。

(4) 玛丽和乔这周又交上了完满的答卷,因为他们整个学期都是这样。

(5) 兰蒂问了一个与题目相关的问题,表示她对其很感兴趣并作了认真思考,但是如果她看过布置的作业的话,就会知道答案了。

(6) 你的低水平阅读组终于读完了其他组几周前就已读完了的作品。

---

① 〔美〕Thomas L. Good & Jere E. Brophy 著,陶志琼等译. 透视课堂〔M〕. 北京:中国轻工业出版社,2002:210.

(7) 呆笨的、机械的伯尼交的作文虽然缺乏新意，但比较整洁，也没有错字错词；机灵的、富有创造性的琳达交的作文内容比较激动人心，但错字连篇，字迹潦草。

2. 比较有效信息和无效信息，自己做一下相关练习。

(1) 有效的信息：

立即住手！

下午3:30之前，所有学生必须离开教室。

你必须遵守游戏规则，或者离开这里参加别的活动，你愿意干什么？

现在，你必须做出你的学习计划。

使用体育器械之前，摘掉你的戒指、项链、耳环和手镯。

(2) 下面是信息之后的有效行动：

将学生带离打斗现场。

如果学生受到警告仍旧迟到，不要让他进教室。

不要更新由于粗心而被破坏的器械。

(3) 无效信息：

无效信息是指言行不一致的信息，即往往说"不"的时候含有"是"、"可能"或"有时"等之意。口头上说"不"，而行动却在说可以继续，例如：

请尽量准时来这儿，好吗？

放学后写写作业。

你能做这些就行了。

我不喜欢你的态度。

别傻了。

是不是该写作业了？

合作一些好吗？

你就不能试着合作一回?

别像个傻子似的。

没看到我正忙着吗?

别大吵大嚷的。

离开时能否把球拣起来?

我希望郊游时大家表现好一些。

我们打扫一下教室好吗?

（4）下面是无效的做法：

- 忽视学生与要求不一致的错误行为。
- 没有处理违反规定的行为。
- 劝说某科教师准许学生考试过关。
- 给好学生以特殊待遇。
- 心情好时无视错误行为的发生。
- 允许学生不履行应承担的责任。

3. 制定规章制度并不是一件容易的事情，根据本章提供的好规则的五个特性，请你为下列情况制定一系列的制度规定：

（1）放学后打扫教室

（2）打斗

（3）旷课

（4）没完成布置的作业

（5）骂人

（6）在学校喝酒、抽烟

（7）上课迟到

第十章
说课、听课与评课的技能

教师不仅是执教者,也是教学活动的研究者。说课、听课与评课的技能是教师反思与研究素质的体现。提高教师说课、听课与评课的技能,不仅能提高教师的教学技能,也能提高教师的研究能力,进而进一步提高其教学水平。

第一节 说课的技能

"说课,就是教师以教育教学理论为指导,在精心备课的基础上,面对同行、领导或教学研究人员,主要用口头语言和有关的辅助手段阐述某一学科课程或某一具体课题的教学设计(或教学得失),并与听者一起就课程目标的达成、教学流程的安排、重点难点的把握及教学效果与质量的评价等方面进行预测或反思,共同研讨进一步改进和优化教学设计的教学研究过程。"[1]

在新课程实施过程中,教师对教学的反思能力逐渐受到重视,说课就体现了教师对于自己教学设计的反思,不仅要说"教什么"、"怎样教",还要说"为什么这样教"。说课,是课堂教学研究活动中的一个基础性环节,也是贯穿于整个教学研究过程中的一个常规性内容。一般说来,完整的说课应该包括以下几个方面的内容。

一、说教材——阐述对教材的理解

说课,首先教者要说明自己对教材的理解,因为只有对教材理解透彻,才能制定出较完满的教学方案。说教材目的有两个:一是确定学习内容的范围与深度,明确"教什么";二是揭示学习内容中各项知识与技能的相互关系,为教学顺序的安排奠定基础,知道"如何教"。

说教材包括两个方面内容。

(一)把握教材

在认真阅读教材的基础上,说明教学大纲、课程标准对本年级的要求。说明课时教学内容在节、单元、年级乃至整套教材中的地位、作用和意义。

(二)明确重点、难点

分析教材的编写思路、结构特点以及重点、难点。这就要求对教材内容作知识点分析。教师说教材一定要说明确定教学的重

---

[1] 杨九俊.新课程说课、听课与评课[M].北京:教育科学出版社,2004:18.

点、难点，以及确定的教材依据和学情依据。即说明本课的重点、难点是什么，这些重点、难点根据是怎么提出来的，解决难点的关键是什么。如果所选的内容需要 2 课时或 2 课时以上，则还要就每课时的教学重点与难点做出说明。

二、说教学目标——明确提出本课时的具体教学目标

教学目标是课时备课中所规划的课时结束时要实现的教学结果。课时目标越明确，越具体，反映教者的备课理解越充分，教法的设计安排越合理。说课中要注意避免千篇一律的套话，要从识记、理解、掌握、应用四个层次上分析教学目标。分析教学目标要从思想目标、知识目标、能力目标三个方面加以说明。

北师大版小学数学第一册中"买铅笔"教学目标的确定[①]

1. 知识与技能目标

在"买铅笔"的情景中探索"十几减 9"的运算方法，在合作交流中学会"20 以内退位减法"的运算方法。

掌握 20 以内退位减法，并运用它解决生活中的实际问题。

2. 过程与方法目标

通过鼓励算法的多样化，初步培养学生思维的灵活性和独立性。

3. 情感态度价值观目标

在小组合作学习中培养学生积极参与数学学习的活动态度以及善于交流、敢于提出自己的想法情感。

---

① 梅建伟."买铅笔"说课稿〔J〕.中小学教学研究，2007（3）.

> 教学目标有三大来源：一是来自学生的学习需求。二是来自学生的现实生活。三是来自教材的学习素材。从确定教学目标角度而言，教材的价值及其研究重点在于：1. 提供学习内容的知识结构和逻辑关系；2. 确定教材所反映的知识结构和逻辑联系同学生认知特点的结合点；3. 确定教材所反映的知识结构和逻辑联系同学生现实生活情景的结合点。以"学生的全域发展"作为标准，教学目标可以分为知识技能、过程与方法、情感态度与价值观三个方面；根据教材提供的知识结构，我确立了探索"十几减9"的运算方法和掌握20以内退位减法的知识性目标。根据新课程倡导的算法多样化，课堂生活化，重视学生提出问题、解决问题的能力的培养几个理念，我确定了通过鼓励算法的多样化，初步培养学生思维的灵活性和独立性以及运用"20以内退位减法"解决生活中的实际问题为教学目标。

三、说学情——分析教学对象

说学情，主要是说学生的学习，"学情包括学生年龄特征、认知规律、学习方法及已有知识和经验等在内的总和，它是教师组织教学活动的依据，是学生学习新知识的基础"[1]。

一般说来，学情应重点关注以下三方面的内容。[2]

---

[1] 杨九俊. 新课程说课、听课与评课〔M〕. 北京：教育科学出版社，2004：28.

[2] 同上

(一) 已有知识和经验

在现代传媒非常发达的今天,作为社会成员之一,不论是否接受过正规的学校教育,学生肯定已经具备了一定的知识和生活经验,这是学生学习新知识和新技能的基础。把学生已有的知识和经验说出来,把打算如何利用这些知识与经验说清楚,有利于实现学生"旧知"向"新知"的迁移,解决教师怎样教的问题。

(二) 学习方法和技巧

所谓学习方法,其实就是掌握知识的知识,它具有传递性、交互性的特点。在进行新知识教学时,认真分析并把握学生已有的学习方法和技巧,可以有针对性地指导学生从已有的学习方法和技巧体系中检索有用信息,培养学生独立分析问题、解决问题的能力。说学习方法和技巧,就是要说出学生从已有学习方法向新的学习方法转化的切入口或途径,说出学习新知识时应重点关注的方法,有助于解决"怎样学"的问题。

(三) 个性发展和群体提高

新课程强调:一切为了学生的发展,就是要求教师要通过科学的教育教学方式,使每一个学生都能在原有的基础上得到充分的发展。说个性发展和群体提高,就是既要对任教班级的班风、学风、合作精神和团队意识等方面个性特征进行单独分析,以整体把握班级群体和个体的实际发展水平,解决"合格+特长"的问题。

人教版九年级化学第六单元课题2 "二氧化碳制取的研究"学情分析[①]

1. 说已有知识和经验

(1) 在日常生活和小学自然学科的学习中,学生对二氧化碳的性质及获取二氧化碳的几种途径有了一定的生活体验和积累。为此,在进行本课题教学时,要充分利用这些经验创设教学情境,使学生在小组讨论中对实验室制取气体的几个基本原则有一个大概的了解。

(2) 学生在课题"制取氧气"的学习中,已初步了解了气体的制取不仅要考虑反应原理,还要根据药品的状态、反应条件、气体的性质等来选择发生装置和收集装置。因此,在进行本课题教学时,要善于采取对比的方法组织讨论和交流,使学生在回忆、对比、分析、归纳、实验等过程中形成制取气体的一般思路和方法。

2. 说学习方法和技巧

组织讨论和实施探究是学好本课题的重要方法。教学中,要充分利用教材所呈现的一组实验室制取二氧化碳的常规仪器模型,组织用"拼凑"图片的方法来探究实验室制取二氧化碳的有关原理。为此,建议把这些图片复印放大,让学生先通过"拼凑"这些仪器模型的方法来设计实验室制取二氧化碳的发生装置和收集装置,再组织小组交流与展示,从中培养学生的创新意识。

[①] 转引自杨九俊. 新课程说课、听课与评课〔M〕. 北京:教育科学出版社,2004:29.

3. 说个性发展和群体提高

同以往试管实验探究活动相比，本课题设置的模型探究活动对学生来说更具有强烈的挑战性，要求学生不仅要有一定的动手能力，还要有更强的抽象思维能力。因此，在学习过程中，尤其要关注那些平时动手能力比较弱的学生，鼓励他们大胆动手、勤于思考、敢于质疑，使他们积极参与到整个探究活动中，而对那些平时动手能力较强的学生，要积极引导他们学会合作、学会交流，在动手操作中养成善于争鸣、勇于创新的科学态度，使各类学生通过本次探究活动，都能有所收获、提高和发展。

四、说教法——介绍选择哪些方法手段

说教法，就是在分析教学内容、教学目标及学生学习情况的基础上，说出选用的教学方法和教学手段，以及采用这些教学方法和手段的理论依据。

教学方法和教学手段的选择与应用对课堂教学的效果起着重要的作用，它需要教师在教学过程中不断实践、反思。说教法的过程促进了教师深入反思某一种教学方法和手段，积累方法选择与应用的经验智慧。随着教学理论的发展，教学方法的类型日益丰富多样，现代化的教学手段也不断应用于教学过程中。这更需要教师反思教学方法，实现教学方法的最优化，让自己的教学充满时代感。在说课中，教师有必要把自己选择教学方法的理论依据及其特色之处说出来。

苏教版四年级上册语文第七单元《雾凇》的教法说明[①]

1. 说教法

（1）情境教学法。学生思维正处在由形象思维向抽象思维过渡的阶段，抽象思维的发展很大程度上依赖于形象，而且他们的生活经验有限，对课文描绘的雾凇奇观很陌生，仅凭想象和抽象的语言文字难以深刻感受、领悟。因此，教学时我将通过精美的课件，把学生带入美的情境，激发学生的学习兴趣，缩短学生与课文内容的距离，让学生充分感受到雾凇的形象美，深刻领会课文的语言美。

（2）质疑讨论法

课文重点部分介绍了吉林雾凇形成的原因，我将仅仅扣住雾凇之奇，鼓励学生质疑：雾凇是怎样形成的？为什么其他地方很少出现？然后引导小组合作探究、全班讨论交流，培养学生的问题意识，提高发现问题、解决问题的能力。

2. 说学法

为激发学生的好奇心、求知欲，发挥他们的主动意识和进取精神，本课采用自主、合作、探究的学习方法。精心创设问题情境，让学生以小小旅行家的身份，主动发现问题，运用反复阅读、请教师长、查找资料等方法合作解决问题，培养团队精神和合作探究能力，提高语文素养。

[①] 喻芳.《雾凇》说课方案[J]. 教学与管理，2006（23）.

五、说教学程序——介绍教学过程设计[①]

所谓教学程序,就是指教学活动的系统展开,它表现为教学活动推移的时间序列。通俗地讲,就是教学活动是如何发起的,又是怎样展开的,最终又是怎样结束的。

说教学程序是说课的重点部分,因为只有通过这一过程的分析,才能看到说课者独具匠心的教学安排,才能反映教师的教学思想、教学个性与教学风格,也只有通过对教学程序的阐述,才能看到其教学安排是否合理、科学和艺术。一般地,说教学程序应关注以下几个环节。

(一)教学教具准备

教具学具准备,就是教师为提高教育教学活动的质量,根据授课内容的安排或优化教学过程的需要,选择使用如挂图、幻灯、录像带、录音带、新闻图片、实验仪器、计算机、网络等教学媒体。说课时,这部分内容一般可结合在具体教学环境中体现,也可单独列出。

(二)设计思路

设计思路,就是对教学流程主要环节的概括。说设计思路,有助于听者更清晰地了解和把握说课者关于教学活动的整体安排。例如,科学探究教学的设计思路一般可表示为:创设情境——提出问题——猜想与假设——制订计划——进行实验——收集证据——解释与结论——巩固运用等。这一环节,可以单独列出,也可以隐含在教学流程中。

[①] 杨九俊.新课程说课、听课与评课〔M〕.北京:教育科学出版社,2004:56.

（三）教学流程

说教学流程，就是围绕教学设计思路，说具体的教与学活动安排及这样安排的理论依据。在说教与学的内容时，不能照搬教案，像给学生上课那样详细讲解，而要力争做到详略得当，重点内容重点说，难点突破详细说，理论依据（包括教学法依据、教育学和心理学依据等）简单说。只要让听者知道"教什么"、"怎样教"、"为什么这样教"就行。

（四）板书设计

板书设计，视具体说课的要求而定。一般地，若是教学研究活动中的说课，这一环节可以省略；但若作为业务评比，则可在说课的过程中直接在黑板（或幻灯片）上演示就行。

人教版高中生物第一册第三章
《光合作用》的教学程序设计[①]

1. 复习旧知识，引入新课题

师生共同复习初中阶段学习过的光合作用的概念，并写出光合作用的反应式。根据概念和反应式，引导学生指出光合作用过程中的原料、产物、条件和场所，使学生对光合作用有一个大致的认识。紧接着教师提出问题：（1）光合作用是怎样发现的？（2）光合作用是怎样进行的？（3）光合作用对于人类的生产和生活，对于自然界、生物界有什么意义？通过复习旧知识、创设问题情境，自然引出问题，激发起学生的学习欲望，很自然地引入新课教学。

2. 新课教学

---

① 魏允.《光合作用》说课〔J〕.生物学杂志，2007（1）.

(1) 光合作用的意义

①引导学生认识到在日常生活中一日三餐的主食，分别来自动物和植物，而不论肉食动物还是植食动物，其食物最终均来自植物，而绿色植物通过光合作用合成有机物和储存能量来源。以这种联系实际生活、层层深入的讨论方式进行教学，有利于使问题简单化，激发学生的学习积极性。

②从化学中已学过的空气组成成分的知识可以知道，空气中氧气含量约为21%左右，二氧化碳含量约为0.3%左右。随即话锋一转，提出问题：人、动物、植物每时每刻都在进行呼吸作用，消耗氧气，释放二氧化碳，而且燃料燃烧等过程每时每刻也均在消耗氧气，释放二氧化碳。那么，为什么大气中的氧气和二氧化碳还能维持相对稳定呢？以此来活跃课堂气氛，激发学生的参与意识，培养学生善于思考、分析问题的能力。

③向学生阐明，在地球形成初期，地球上的原始大气中无氧气，那时的生物是厌氧生物。自从蓝藻在地球上出现，并进行光合作用向大气中释放氧气，从而使地球上其他进行有氧呼吸的生物得以产生和发展。又由于一部分氧气转化为臭氧层，有效地滤去了紫外线，从而使水生生物转向陆地生活。这样，以氧气为主线，说明光合作用在生物的进化过程中起着十分重要的作用，使学生对所要知道的知识逻辑化。在教学中，引入臭氧层破坏对动植物和人类带来的巨大危害，引发学生对自身生存环境产生兴趣，培养学生的科学素养和积极学好生物知识的意识。

(2) 光合作用的发现

课前指导课外活动小组重做普里斯特利和萨克斯实验，课间由小组代表向全体同学汇报实验过程和结果,并投影表格,指导学生依据教材和插图把表格补充完整。通过设计科学的探究实验,引导学生向科学家们学习,学会科学的探究思路,大胆地设计实验,培养学生在具体设计实验的方法步骤中,理解"对照"和"单一变量"原则,以及对实验结果分析处理、得出结论的能力。

(3) 叶绿体中的色素

指导学生通过实验对叶绿体中的色素进行提取和分离,而后依据实验现象和实验原理进行观察和分析,从而得出结论。在教学过程中,指导学生从以下几个方面进行观察探索。①弄清实验的原理,培养学生实事求是、有根有据的科学思维方法。②弄清实验的方案,对影响实验结果的问题倍加注意,初步培养学生实验操作能力,提高实验成功率。③亲自动手,独立实验。教师巡视,增强学生的自信心,培养学生的自学能力和独立能力。④以小组为单位,互相交流。师生共同探讨各组实验的优缺点,确定最佳实验小组。这种实验探索教学即让学生独立实验—小组讨论合作—各组讨论交流—师生共同补充、整合、完成实验步骤,层层递进,让学生在原有能力的基础上,互相学习,取长补短,在教师的点拨下逐步克服困难,取得进步。

(4) 光合作用的过程

光合作用是生物界最基本的物质代谢和能量代谢,光合作用的过程是本节重点,也是难点。从总体上讲,光合作用是一个氧化还原的过程,在绿色植物体内,由叶绿素吸收的光能作为反应的动力,使一个很难被氧化的水分子产生[H]去还原

一个很难被还原的 CO_2 分子,使一个基本不含能量的 CO_2 变成一个富含能量的有机物,其中所含的能量又是由人和动物不能直接利用的太阳光能转化而来的。这个反应在植物体外的常温、常压下是很难实现的。光合作用过程分为光反应和暗反应阶段,要通过光反应的条件和生成物、暗反应的条件和生成物有几种来理解、掌握。这样学生对光合作用的光反应和暗反应就有了一个大致的理解,能够解答一些常见问题。另外,采取播放多媒体课件进行教学,能使抽象的问题具体化、直观化和形象化,培养学生的理解能力。

(5) 课堂小结

一堂成功的生物课,不仅要让学生学到生物学知识,还要让学生学到一定的生物学方法,甚至形成一些基本的生物学思想。本节内容在经过 3 课时的教学后,要让学生总结本节学过的主要内容,将这些知识同化到原有的知识体系中去,以形成新的知识体系。学生总结后,视学生总结的情况作一定的补充,指出学习生物的基本方法是实验观察和综合分析法,通过对实验现象的观察和知识结构的分析得出结论,并且让学生学会这种基本方法。

(6) 布置作业

根据本节内容,布置 P57～58 复习题一至四题为课外作业。通过具体的题目进行针对性的练习,能巩固所学知识,实现学习的迁移,加深对重点和难点的理解。

3. 板书设计

简明扼要地将每节课的主要内容展示出来,使知识结构网络化、体系化,帮助学生加深对重点知识的理解和记忆。

六、说课应注意的问题

许多教师开始说课都会感到陌生和畏难,可以循序渐进分三个阶段进行:

第一阶段,"赶鸭子上架"。即每人每月必须在全组说课一次,说课前由个人充分准备,然后在全组说课,从后台到前台当演员,逼着大家提高教学艺术。

第二阶段,"跟着别人学走路"。要求在个人准备的基础上和别人研究,或者同一课教材,在听了别人的说课之后,自己修改教案再说。做到学别人的长处,改自己的短处。

第三阶段,"熟能生巧"。强调实练、苦练、反复练,练出硬功夫,练出新路数。

一般而言,教师在说课中应注意以下几个问题:

1. 说课不是备课,不能按教案来说课。

2. 说课不是讲课,教师不能把听说课的教师和领导视为学生,如正常上课那样讲。

3. 说课不是备课,也不是"读课",要突出"说"字。既不能按教案一字不差地背下来,也不能按说课稿一字不差地读下来。一节成功的说课,一定要按自己的教学设计思路,有重点、有层次、有理有据、口齿清楚地表述。

4. 说课的时间不宜太长,也不宜太短,通常可以安排一节课的三分之一到四分之一的时间。

5. 注意发挥教师自身教学个性和创新精神,防止生搬硬套专业期刊上的内容。

6. 注意运用教学理论来分析研究问题,防止就事论事,使说课处于初级阶段层次的水平。

7. 注意避免过于表现"理论依据",脱离教材、学生、教师实际,空谈理论。要提倡创新,但不能全盘否定常规教学,不能全盘否定传统教学思想和方法。

第二节　听课的技能

"听课是一般教师或研究者凭借眼、耳、手等自身的感官及有关的辅助工具(记录本、调查表、录音录像设备等),直接或间接地从课堂情景中获取相关的信息资料,从感性到理性的一种学习、评价及研究的教育教学方法。"[①] 听课是教学的常规工作之一,通过听课可达到甄别认定课堂教学优劣的目的,从而提升课堂教学研究的水平和质量。

一、听课前应有的准备

听课者在听课前要做一些准备,这样可以使自己在听课的过程中获得更多的信息,同时也有益于自己教学能力的提高。

(一)熟悉课程标准,了解编者的意图与教师拓展的空间

在教材把握上,要做到"三准",即对教材体系和教学内容认识准;对本堂课教材重点、难点把握准;对课后训练目的要求掌握准。

(二)勾勒教学框架

听课教师应对所教的内容在头脑中设计出课堂教学的初步方案,粗线条勾勒大体的教学框架,或者最好能在课前研读执教者

---

① 杨九俊.新课程说课、听课与评课〔M〕.北京:教育科学出版社,2004:64.

的教案设计，对该课的教材、教法、学情、目标达成乃至执教者的教学思想有一个预先的认识和把握。这样听课时，就能将实际教学过程与教学方案加以对照，就能有更多的时间，站在更高的层面上来仔细观察、理性分析，从而发现执教教师处理教材的技巧、处理偶发事件的艺术，找到存在问题的根源，变被动听课为主动听课，为听课后的评课活动打下坚实的基础。[1]

（三）了解听课班级学生情况

应对班级的学生情况做一些调查了解，包括学生的学习方法、学科基础、班风学风等，看一看授课者在备课、上课的过程中是否融入了学情因素，从而有利于我们对教师的教和学生的学得出切合实际的价值判断。

（四）保持平常心

听课应该保持一个平常的心态，善于在听课中发现问题，并结合自己的情况进行反思。

> **不要"跪着听课"和"骑着听课"**[2]
>
> 深深赞赏一句话——我们既不能"跪着听课"，也不能"骑着听课"。我们在听名师的课时常常丧失了自我，因为是名师就盲目崇拜，失去了辨别力；而在听青年教师的课时，往往是看缺陷多，看错误多，提意见多，挑刺多，是骑在人家脖子上去听。抱着这两种心态去听课，无论是对教学研究，还是对我们自身的发展，都是不利的。

---

[1] 顾学明. 新课改听课要三问〔J〕. 中小学教师培训. 2006（1）.

[2] 杜艳芳. 不要"跪着听课"和"骑着听课"〔J〕. 上海教育，2006（21）.

> 用"不卑不亢"这个词语来概括我们听课的态度似乎十分恰当,抱着一颗平常心来听课,不失去自我,不盲目崇拜,也不高高在上,不盲目自大。让我们以平视的眼光看名师的课,多一分理性,多一分坚持,给自己一个思维的空间;让我们以包容的心态听年轻教师的课,多一分尊重,多一分欣赏!

二、课堂上的观察与记录

教师对于课堂的观察,并不只是来源于课堂上的信息。对于那些敏于观察、善于捕捉信息的教师来说,他们从走进教室的时候就已经进入了听课的状态,即使下课后他们也利用时机继续观察学生的状态。听课者为了获得更多的信息,需要在上课前、上课中、下课后的时间里做细致、全面的观察,尽可能获得丰富的课堂教学信息。

(一)上课前的观察

对于课堂的观察并不是从教师正式上课那一刻开始的,通常听课者都会提前几分钟进入教室,可以充分利用这几分钟的时间观察并记录教室及学生的情况。学生的状态是听课者观察的重点内容,看看学生在课下的活动情况,作为思考、对比学生课堂行为的一个参照。另外听课者也可以与学生攀谈,了解他们对即将学习的内容的掌握情况,了解他们对这一堂课的兴趣程度、准备情况。与学生交谈时,听课者的态度要和蔼、平易,交谈的话题也要轻松、自然,尽量不要引起学生的情绪波动,不要分散他们上课的注意力。

(二)上课过程中的观察[①]

上课铃声响过之后,听课者也就进入了紧张的观察状态。这时候,他要清楚自己到底应观察什么,哪些对象应进入自己观察的视野,哪些在一定程度上可以忽略不计。西方一些研究表明,上课过程中,听课者可以把注意力集中在以下几方面。

- 人员特性(Personal traits)。指教师或学生的特性,例如教师是热情的还是冷漠的,学生是乐于合作的还是各行其是的,教师与学生的精神状态是否饱满。
- 言语交互作用。教师与学生如何相互交流,谁在讲话,讲的是些什么,提出的问题以及作出的回答是什么,课堂上实际使用的语词及语言表达怎样。
- 非言语行为。包括教师与学生的动作、姿态、面部表情等。
- 活动。课堂上开展的活动类型有哪些,活动的实质是什么,在学生活动时,教师在干些什么(包括活动类型:个人、小组、全班,师个、师组、师全,学生个个、个组、组组、个班、组班;活动数量与质量,其中质量可从学生的参与程度及激发的学生智慧程度来衡量)。
- 管理(management)。课堂常规情况、教师或学生干部的管理方式、管理与教学的关系。
- 教学辅助手段的使用。教师是如何使用视听辅助设备的,如电视、录音机、语音设备、电脑等。
- 认知(cognitive)水平。在课堂上思维的实质和水平,例如回答问题所需要的推理水平,或者学生对概念等表现出

---

① 郑金洲. 听课的技能与技巧〔J〕. 上海教育科研,2002(2).

的理解水平。
- 社会（sociological）方面。教师与学生在课堂上分别承担的角色，建立起来的规范和规则，各自的社会背景，以及所体现出来的权力。
- 情感（affective）水平。教师与学生之间的情感关系，相互间的融洽程度等。

除了上述内容之外，在我看来，至少还有两个方面应引起听课者的注意：
- 教学材料的使用。一方面注意含有信息的材料——教材、板书、图画等的运用；另一方面注意不含信息的材料——黑板、其他教学手段等的运用。
- 时间。各个教学环节所用的时间，教师、学生各支配的时间。

听课中观察的对象清楚了，还要掌握一些记录的技能与技巧。常见的情况是，听课者手拿一个听课本走进教室，随意地记些自己感兴趣的东西，把自以为重要的内容简要地记录在听课本上，这样的教师一堂课下来，可能写不了几个字。实际上，课堂记录也有着形形色色不同的方式，每种方式适合不同的目的和要求，在有些情况下，更是多种方式综合运用的。通常课堂记录有四种形式：①实录式，将课堂的真实情况尽可能全面地记录下来，主要反映教师与学生的言语行为和活动。②叙述式，叙述式是以第三人称的形式概括化地反映课堂情景，记录者以一个旁观者的姿态叙述课堂上发生了什么，存在哪些问题可供讨论。这种记录方式在人类学研究中曾被广泛运用，在一定意义上属人种志研究。③分类系统式，将要观察的内容分为不同的项目，分别进行观察和记录。④图示记录，除了学校或教室环境的位置图之外,还可以结合观察的具体问题,画出相关的图式来帮助说明问题。

(三) 下课后的观察

我们一般会以为当下课铃响或者老师说"下课"的时候,听课者的观察就结束了,其实并不然。虽然下课了,还要细致地观察同学们课后的表情、谈论的话题,看同学们是否产生了疑问,产生什么样的问题等。从学生的反应,仍然可以获得一些有益的信息,这些信息有助于听课者深入理解这一节课。为了从学生那里获得更多的信息,听课者可以与同学们展开交谈,了解这节课使他们获得了哪些收获。谈话对象的选择可以依据学生在课堂上的表现来确定。

三、听课后的分析与反思

听课的意义不仅仅在于你看到了什么,更重要的在于你想到了什么,引发出哪些值得深思的问题。听课的过程不只是见与闻的过程,更是一个察与思的过程。"就此来讲,传统意义上的'听课'是不确切的,不能仅局限于'听',应该是'观察课'。'观'是观看,是借助于感觉器官吸收外部信息;'察'是查明,是借助于神经系统对所吸收的信息进行加工处理。"[1]

听课后的教师可以针对教学的各个环节进行系统的反思,这即是对课堂做出评价。另外,教师也可以就自己印象深刻的问题做细致的分析,撰写听课后记。听课后记一般是给自己看的,采用叙与议相结合的方式。叙述真实客观,可以作为日后反思教学的材料来源,议论也要实事求是。听课后记应该注意捕捉课堂教

---

[1] 郑金洲. 听课的技能与技巧〔J〕. 上海教育科研, 2002 (2).

学中的亮点或令自己疑惑的问题，对于亮点的反思可以促进自己的学习，对于疑惑的探究则能够激发自己的反思能力。教师如果养成撰写听课后记的习惯，可以在日常的教学中获得很多感性的素材，进而不断提升教师的教学智慧。

第三节 评课的技能

评课是对教师上的课进行分析评论，检查教学质量，总结经验的一种方式。大体分两种：教师上课后的自我分析，称自我评课；由教学小组、教研室（组）以教学评议会形式进行的分析、评论。后者研讨教学经验，指出存在问题，分析产生问题的原因，提出改进教学的措施。《基础教育课程改革纲要（试行）》中指出："建立促进教师不断提高的评价体系。强调教师对自己教学行为的分析与反思，建立以教师自评为主，校长、教师、学生、家长共同参与的评价制度，使教师从多渠道获取信息，不断提高教学水平。"科学、理性的评课对提高课堂教学质量，提升教师教育教学素质，进一步加强和深化新一轮课程改革有很强的现实意义。

评课是听课的继续，是对课堂教学的成败得失及其原因做切实中肯的分析和评价，并且能够从教育理论的高度对一些现象做出正确的解释。评课包括三层含义：其一评价，衡量优劣是非；其二评论，议论好坏以及原因；其三研究，追问现象问题的根源以及解决的方法。对课堂教学的综合评价，往往应用评课的第一层含义，对课堂教学的单项评价则侧重于评课的第二、三层含义。

一、评课的内容

评课最基本的内容是评价什么及其评价标准是什么。从课堂教学的基本因素来思考,评课的内容包括教学目标、内容、方法、教学基本功、教学效果、教学个性等方面。因为每一堂课都可能有不同的目标、内容,因此对于什么样的课是一堂好课,不可能形成普遍性的评价模式。下面这个标准,可以为我们理解评课、强化评课技能提供参考。

课堂教学评价标准[①]

评价项目与现代教学观	评 价 标 准
教学目的 (体现目标意识)	1. 教学目标全面、具体、明确,符合大纲、教材和学生实际 2. 重点难点的提出与处理得当,抓住了关键,能以简驭繁,所教知识正确 3. 教学目标达成意识强,贯穿教学过程始终
教学内容 (体现主体意识)	1. 教学思路清晰,课堂结构严谨,教学密度合理 2. 面向全体,体现差异,因材施教,全面提高学生素质 3. 传授知识的量和训练能力的度适中,突出重点,抓住关键 4. 给学生创造机会,让他们主动参与,主动发展 5. 体现知识形成过程,结论由学生自悟与发现

---

① 徐世贵. 怎样听课、评课〔M〕,沈阳:辽宁民族出版社,2003:91.

教学方法 (体现训练意识)	1. 精讲精练,体现思维训练为重点,落实"双基" 2. 教学方法灵活多样,符合教材、学生和教师实际 3. 教学信息多向交流,反馈及时,矫正奏效 4. 从实际出发,运用现代教学手段
情感教育 (体现情感意识)	1. 教学民主,师生平等,课堂气氛融洽和谐,培养创新能力 2. 注重学生动机、兴趣、习惯、信心等非智力因素培养
教学基本功 (体现技能意识)	1. 语言规范简洁、生动形象 2. 教态亲切、自然、端庄、大方 3. 板书工整、美观,言简意赅,层次清楚 4. 能熟练运用现代化教学手段 5. 应变和调控课堂能力强
教学效果 (体现效率意识)	1. 教学目标达成,教学效果好 2. 学生会学,学习生动,课堂气氛活跃 3. 信息量适度,学生负担合理,短时高效
教学个性 (体现特色意识)	1. 教学有个性特点 2. 教师形成教学风格

围绕表格中的评价项目,评课的具体内容如下:

(一)从教学目标上分析

教学目标是教学的出发点和归宿,教学目标越清晰、明确,教学的自觉性越高,课堂效果越好。在新课程改革过程中,突出强调了三维目标的设计与实施,即教学目标要从知识与技能、过程与方法、情感态度价值观这三个维度来设计。评课时,要看教学目标是否全面,并注意三维目标的统一、整合度。在评价教学目标的达成时,要看教学目标是不是明确地体现在每一教学环节中,教学的重点和难点是否得到强化。

(二)从教学内容上分析

教师对于教学内容的处理也体现了课堂教学的优与劣。教学内容的呈现首先要具有科学性,这是教师教学的最基本的要求,同时教师还要在"吃透教材"基础上,详略适度地加工教材。那种把教材所有的内容事无巨细都要"钻"的深而透之的做法,并非聪明之举。如果进而把这些东西都纳入到教学计划当中,则更是弊多利少。

新课程改革强调教材观的转变,即由原来的"教教材"转变为"用教材",教材只是教学的一种资料来源,教师还要在教材内容的基础上挖掘其他的教学资源。在评课时,要注意授课教师是否将教材的内容与学生的生活实际和社会现实相联系,拓展学生的思维空间。但是,那种完全脱离教材的天马行空的漫游,也会影响教学的效果。

(三)从教学程序上分析

教学程序是课堂教学的关键,评课要对教学程序做出评价,具体包括教学设计思路和课堂结构安排。

教师课堂上的教学设计思路是多种多样的。为此,评教学思路,应注意看以下几个方面:[①] 一是要看教学思路设计符不符合教学内容实际,符不符合学生实际;二是要看教学思路的设计是

[①] 徐世贵. 怎样听课、评课〔M〕. 沈阳:辽宁民族出版社,2003:95.

不是有一定的独创性,给学生的感官及思维带来新鲜的感受;三是看教学思路的层次,脉络是不是清晰;四是看教师在课堂教学上教学思路实际运作的效果。

教学思路侧重教材处理,课堂结构侧重教法设计,反映教学横向的层次和环节。它是指一节课的教学过程各部分的确立,以及他们之间的联系、顺序和时间分配。

(四)从教学方法和手段上分析

选择适当的教学方法和手段可以使教学过程更加生动活泼,激发学生深层次的探究与思考。但是在评价授课教师的教学方法时,要注意以下几个方面:①要看方法和手段的运用是否科学,是否体现了现代教学的基本理念。例如,教学方法在教学过程中是否体现了教师主导和学生主体的原则,是否激发学生的求知欲,是否促进师生之间的沟通。②教学方法和运用是否体现了教学的目的,不能抛开教学目标而孤立选择方法,这样使教学走向技术化的误区。尤其是现代化的教学手段越来越多地在教学中使用,只有将现代教学手段与教学目标、教学内容结合才能发挥其教学功能。③教学方法和运用是否体现综合化、多样化的特色,单一地使用一种教学方法或手段可能造成学生的"熟视无睹",不能刺激他们的学习兴趣。

(五)从教师教学基本功上分析

教师的教学素质始终是影响课堂教学效果的关键性因素,它直接影响着教学的好与坏。教师的教学基本功包括很多方面,可以从行为方面来评价,如普通话、板书、教态、语言等,还可以从思想智慧方面来评价,如组织教学以及灵活应对教学事件的能力等。

(六)从教学效果上分析

课堂教学也要讲效率、效益,如同经济活动一样。"时间、结果和体验是考量学生有效学习的三个指标",如同经济活动讲求速度、收益、安全相似,在教学活动中,"速度可看作是学习时间(长度)——投入,收益可看作学习结果(收获)——产出,安全可看作是学习体验(苦乐)——体验"。[①] 评课时,可以从这三个方面来评价课堂教学的效果。

(七)从教学风格上分析

教学风格是教师在长期教学工作中逐渐形成的一种稳定的、个性化的教学艺术,它体现了教师的素质和个性特征。但是需要明确的是,教师过度彰显自我、学生无所适从并不是教学风格的体现。教学风格应该是教师的教学特色与整个教学完满融合的,不在于燃烧了多少激情,而在于点燃了多少火把。

二、评课的方法

评课的方法也是多种多样的,一般常用的评课的方法包括以下几种:[②]

(一)整体入手,综合评价法

综合评析法,就是从整个一堂课着眼,分别从教学目标、教学内容、教学方法、教学程序等方面来对这一堂课做出全面、系统、综合性评价。综合分析法要求评课教师具有很高的分析素质和深入的课堂理解。运用综合评价法时,首先要对课堂有一个整

[①] 余文森.课堂教学〔M〕.上海:华东师范大学出版社,2006:2.
[②] 徐世贵.怎样听课、评课〔M〕.沈阳:辽宁民族出版社,2003:92.

体的衡量，然后从整体到部分，逐步分析上述几个方面的评价结果。最后，评价还要从部分走向整体，对整节课做总体的评价。

（二）化整为零，单项评价法

所谓化整为零、单项分析，就是评课者不对一节课做综合性的评析，而是从自己感受最深、体会最多的地方选择一个角度来进行评点。这种评课尽量避免同别人重复。如可单从教者理解教材、处理教材上分析，也可以单从教者教育思想上做分析，可以单从教者选择教学方法上做分析，也可以单从教者运用教学手段上做分析。

（三）沙里淘金，寻找特点法

与单项评价类似，沙里淘金法也是从某一个侧面来评价教学，但与之不同的是，后者更突出执教者的教学特点，它的目的就在于寻找执教者的教学风格。运用这种评课方法时，要秉持实事求是的客观态度，不能为了寻找教学特点而牵强附会。否则容易使评课脱离实际，走向浮夸。

（四）以果溯因，揭示规律法

所谓以果溯因，揭示规律法，就是以执教者这一节课成与败的效果为切入点，深入探寻其产生的原因，并从中总结出规律性的东西。这种方法比较注重教学的实际效果，因此是一种很有意义、有价值的评课方法。这种方法的操作，可以采取以下几个步骤。第一，判定效果。可以根据现场教学的直觉的观察来判定，如学生的神态、课堂气氛、学生对问题的回答以及学生的课堂参与度，另外，也可以采取出题测试的方法来判定。第二，以果溯因。在判定教学效果之后，深入思考并寻找导致这一效果的原因，这就可以从教师教学目标的确定、教学重点难点的把握、教学方法的选择等方面来查找原因。第三，总结规律。在这一步骤，评课者要借助教学理论对执教者的课堂教学活动进行理性的思考，最后做出科学的结论。

（五）评研结合，教学诊断法

教学诊断法是在观摩教师的实际教学活动之后，对其进行评析，而评析方法侧重于提出问题，研究问题与对问题的解决。教学诊断通常要经历"诊——断——治"三个阶段。所谓诊，是提出问题和发现问题；所谓断，就是对于提出的问题要进行原因分析；所谓治，就是针对"患病"的原因，对症下药，提出改进教学的意见。

三、评课的基本原则

（一）实事求是，坦率诚恳

评课的最终目的是促进教师教学能力的提高，因此评价者应该坚持实事求是的原则，不带有个人的偏见，以激励执教者的成长为目的。评课者要出于公心，以学习者和研究者的面貌出现，被评的教师也应以学习和研究为主要目的。评课要以课堂的真实情况为基础，以先进的教学理论为依据，恰如其分地进行评析，详细恳切地指出该课的长处，不能含糊概之，对于教学中的缺点和不足也要直接给予点明。

（二）兼顾整体，不以偏概全

教学过程是一个完整的过程，需要各种教学的要素协调参与，评课者在评课时要坚持全面性原则，不以偏概全，既要关注到教学的局部和细节，同时要对教学的整体情况进行分析。教师执教的一节课也并不能完全反映教师日常的教学水平，因此在评价课堂教学时，还要联系教师的平时工作，不以一节课的成败论英雄。

(三)关注差异,区别对待

评价既要遵循统一的评价指标体系,也要关注个体差异,对不同教学风格和教学艺术的评价要有所差异,对不同学科、不同年段的评价也要体现差异。在不同的情况下,评课也有不同的目的,有时候强调诊断,有时意在评比,有的时候只是观摩,还有的时候重在研究。在不同场合,评课者要考虑此次评课的主要意图,在评课的方法上有所侧重。

(四)以事论理,避免空谈理论

评课要针对实际的课堂教学问题展开,追求评价的效果。评课者不要以空话、大话广而论之,也不能好话连篇,面面俱到,不深入实际。在评价的过程中,特别注意要抓住关键和要害,突出重点,讲究针对性,要提倡"一课一得"的课堂教学评价。所以评课要力戒空谈理论,必须结合教学实际,有的放矢。

(五)注意场合,讲究表达技巧

评价不是目的,改善教师的教学行为、提高课堂教学的效率、促使教师专业发展才是最终目的。从评课的效果考虑,场合问题不是一个小问题,尤其评一节不太成功的课,要讲究说话的技巧,要慎重考虑评课场合对教师的心理压力和对其日后工作的影响。

【教师手记】

观察　体验　互动
——一个教研员听课评课的故事[1]

教研员在课程改革中应如何定位，应怎样为推进教改服务？在理论上我们已经意识到：教研员要由国家课程标准和教学大纲的诠释者变为课程和教学理论的研究者，要由教师教学水平的鉴定者变为教师专业自主发展的推动者，他应当是课程标准和课堂教学的桥梁，是将抽象的课改新理念实实在在贯彻于教师教学行为的促进者。那么，在实际工作中如何有效地实现这些角色的转换？我们走进了教师的课堂，开始新的尝试。

观察，在真实的教学情境中把握教学的得与失

这是一节小学三年级的社会课：《买东西的学问》

真实教学情境1

上课铃响之前，我们走进了林老师的教室，眼前一亮：教室中央拼接了七八张课桌，放着琳琅满目的"商品"，分别写着"放心超市"、"便民超市"，学生6人一组分成了7组坐在四周，脸上流露出兴奋的神情。这样的环境布置显然是模拟的生活情境，为学生的学习活动营造了氛围。这样的座位安排既有利于小组合作学习，又有利于学生大面积参与活动。

校长介绍说，为了上这节课，林老师自己去买了不少东西，有的还是从学校附近的小商店借来的。在钦佩林老师敬业精神之余，我在心里也打了个问号：应当怎样合理开发这节课的课程资

---

[1] 陈萍. 观察　体验　互动——一个教研员听课评课的故事[J]. 人民教育，2004（9）.

源呢?

真实教学情境2

上课一开始,教师利用多媒体播放了一段商场录像。老师说:"为了陪妈妈去看外婆,要到商店帮外婆买东西。"多媒体出示购物清单:1条鹿牌毛巾、2盒牛奶、1套尺、1辆遥控玩具汽车。老师问:"应该怎么买这些东西呢?"很多学生立即举起了手,嘴里说着:"我知道,我知道!"教师并没有理会举手的同学,而是要求学生看课本、分小组讨论。一阵嗡嗡的读书声后,学生很快找到了答案:"货比三家,仔细购买。"(教师板书)

看到这我想:买东西本来就是一个生活话题,教师一方面注意到从生活事件出发,创设情境,淡化教育痕迹;另一方面教师放得还不够,事先出示购物清单,虽然便于课堂操作,但同时又剥夺了学生的选择权:教师让学生用分析课文的方法找到答案,忽视了学生已有的生活经验,因此依然存在着学科化的倾向,在一定程度上消解了学生的参与热情。

真实教学情境3

教师挑了两位同学,让他们买毛巾,其他同学当评论员,评价他们会不会买。两位同学到了"放心超市",先看厂址、电话、价格,再摸了摸质地,又到"便民超市"进行比较,在厂家、价格相同的情况下,买了质地比较柔软的一条。他们边买边讨论,俨然是购物行家;座位上的同学屏息凝神,不错过一个细节,认真履行评价职责。听课的教师们边看边点头赞许。

林老师的这一设计给了我很多启发:接触实物,现场演练,在这样的学习情境中,学生的体会是真切的;活动分工明确,多主体参与评价,学习目的明晰,学生是有责任感的。这样显然优于纸上谈兵式的空洞说教!我不由地在听课本上写下:"告诉我,会忘记;让我看,会记住;让我做,会理解。"

接着教师又分别从3个小组各挑出2名同学先后买清单所列的东西,由于每次只能有两位同学购物,观看的同学渐渐失去了耐心,参与评论的人逐渐减少。

真实教学情境4

播放录像:班上一位同学吃了妈妈在小店里买的过期变质食品,腹痛住院,妈妈非常焦急。

学生们看完录像后情绪激动,纷纷指责店主。教师对学生说:"请大家帮着出出主意,妈妈购买商品时应该怎么做?"在学生达成"买东西一定要索要发票"的共识后,教师用投影出示收据,与正式发票进行比较,然后投影出示《中国消费者权益保护法》第40条和第41条。教师问学生:"此时想对这位妈妈说什么?"学生们纷纷发言,说得有理有据,声情并茂。

此环节选取生活事件,拓宽了学生的视野,对教材进行了有益的补充。

体验,在课堂里设身处地进行现场设计

坐在教室后面,我面带微笑,试图减轻林老师的压力。看着她紧张的神情,我不禁回想起自己当年在一线教学遇到有人听课时的忐忑心情。坐在教室后面,我面带微笑,试图给林老师以鼓舞和力量。我欣赏她在教学中的探索,我仿佛看到她前行的脚步,充满活力,日趋成熟。我想,新一轮基础教育课程改革不仅呼唤一线教师职业角色的转变,也呼唤教研员职业角色的创新。作为教研员,既要贯彻国家的教育理念和课程意志,又要以研究主体的身份站在较高的层次上构建基于课堂实践的学术研究的品格,发挥课程理论形态和实践形态的中介的特殊主体功能。

置身于教室,更多时候我在想:林老师站在课改一线,用课

改理念改变以往的教学行为，注意教学情境的创设，注重民主气氛的营造，注重生活事件的撷取，注重学生的自主参与、体验感悟和一定程度上的自我建构。她比我在一线教学时更成熟。如果我来上这节课，该怎么上？我会考虑自己"怎么教"，但更多会考虑学生"怎么学"，即怎么改变学习方式，把提问权、选择权、参与权还给学生，减少预设，设计弹性化的教学方案，让每个学生感到这节课的话题跟自己有关，从而使人人真情投入，人人有所发展。如果我来上这节课，不仅考虑我想做的，更会考虑我能做的。比如，在课程资源的开发和利用上，我会把儿童生活当做最重要的课程资源，充分利用他们已有的生活经验；注重开发与买东西有关的人力资源：买东西自然会涉及卖东西的人，发票会涉及税务人员，买卖不满意还有消费者协会，这些人我会考虑请到课堂，或上门采访，或电话访谈；课堂模拟情境所需的物力资源，我会发动学生共同开发。我将采取这样的步骤：1. 立足学生真实生活中的购物经验，课前请学生跟随父母去采购家庭必需的小物品，把采购的商品或商品包装纸带到课堂。2. 课的开始时让学生在组内交流：自己经常买什么？在哪些地方买？是怎么买的？对买来的东西满意不满意？不满意怎么办？3. 各小组用自己的方式讨论解决自己提出的问题。（他们可以看书查找文本资料，可以进行模拟购物，可以采访有关人员，有条件还可当堂拨打热线电话进行咨询）4. 归纳各小组解决不了的共性问题，集中讨论。如请学生把带来的商品分类放进模拟超市，教师扮演营业员或请学校附近的营业员和学生再现购物场景，进行人际沟通，交流购物策略，让课堂成为真正开放意义上的课堂，成为"生活"的课堂。

对话，在同一平台上实现自由沟通

走进会议室，目光与校长、教师对接，开始了我们的对话。

我：各位同行，美国心理学家波斯纳提出了一个教师成长公式：成长＝经验＋反思。应对课改目前没有太多经验可以借鉴，课改让我们站到了同一起跑线上。课改理念最终必须通过在座的每一位来诠释，通过一节节课、一次次活动来实现其价值。今天我们相聚就是希望在交流中碰撞，在碰撞中反思，在反思中追问，在追问中探寻更有效的教学路径。希望我们互相启发，携手前行，共同发展。

校长：课改简单说就是为了让每个学生得到发展。发展作为一种开放的生成性的动态过程，不是外铄的，也不是内发的，人的发展只有在人的各种关系与活动的相互作用中才能实现。

我：说得太好了！那么社会课为了什么？这节课跟孩子们探讨买东西这个话题又是为了什么？对这节课林老师比我们研究的时间长，请您说说。

林：社会课是为了帮助学生更好地观察社会、了解社会、适应社会。这节课就是为了让孩子们掌握买东西的知识。

我：我们应关注传授社会知识还是帮助学生更好地生活？我们在教学中应遵循学科的逻辑，还是生活的逻辑呢？

林：好像应该更关注他们生活的逻辑。

我：说得对！这节课您创设情境，模拟演练，对此已经有所体现。可不可以说教育的最终目的还是为了让学生健康、安全、积极、愉快、有创意地生活，为了提升生活品位、提高生命质量？

林：那我是不是应该从学生自己买东西的情况入手？

听课教师：事先可以让学生跟父母去买一次东西。这样学生就会发现问题，有所体验。

林：教学内容好像应侧重谈他们自己买东西的情况？

我：可以按什么顺序展开？

林：教材先讲货比三家，再讲仔细购买，最后讲索要发票。

我：生活中所有的学生一定要按这样的顺序买东西吗？

林：不一定。但教材怎么办？

我：其实教材编写是"由繁到简"提炼生活的过程，教学就是要实现"还原生活"。教材编写其实有很多无奈，比如，在有限的篇幅内无法穷尽某个话题，无法兼顾城乡差别，无法彰显学生个性，等等。今天我们已经在批评昨天自己编的教材了，明天还会对今天的教材进行反思，您干嘛那么迷信教材？

在座的教师笑了。

林（松了一口气）：这样我也觉得轻松了。

我：今天课上你对发票问题的处理就已经超越了教材。教材与其他文本最大的不同在于它要通过教学才能被激活，是教学赋予它生命。教材以静态呈现，教学过程却是动态生成的，我们的职责不是拘泥于教材的预设，而是艺术地捕捉各种偶然的、生长性的因素，使课堂充满生活气息、生命活力，产生超出预设的"溢出效应"。在学生生活与教材间有一片不确定的开阔地，也是发挥我们创造力的园地，我们的职责是衔接、引导，找到结合点。因此，教材只不过是个范例，是个引导。

听课教师：本来我们担心要是不教教材，你们评课时要说教学任务完成得不好。

我：教学理念是先导，教学方式是载体，学习方式才是归宿！我平时听课更关注学生是怎样学的，评课是"以学论教"。在教学过程中，我们可能要更多地思考如何改变学生的学习方式。

校长：过去课堂是"满堂灌"，现在是"满堂问"，使学生的主体性受到了限制。比如今天这节课不一定由老师规定为外婆买的东西，那些东西也不像外婆要的。购物买什么，怎么买，不如多让学生选择。

我：对！在课堂有限的40分钟里，我们要善于、乐于、敢于给学生留下自由时间，并通过组织活动让学生体会如何合理利用时间。

林：这节课好像始终是我在提问，我在播放录像，我在评价，即使是活动也都按我的预设进行，我占用的时间好像有3/4。

我：教育不是一件被告诉或被告知的事，而是一个主动的、建设性的过程。我们完全可以淡化课的概念，把买东西当做儿童生活中的一个话题，通过课前购物发现问题，课中小组活动澄清价值，课后生活实践增进体验。当然不必指望一节课就穷尽某个话题，因为儿童生活还在继续，儿童发展还在继续。

【思考题】

1. 说课的作用是什么？
2. 说课的基本思路与过程是怎样的？
3. 怎样做好听课记录？
4. 结合实际谈谈评课的原则与注意事项有哪些？

【技能训练】

1. 下面是《将进酒》（人教版高中语文第五册第五单元）的教学片段，试评析这段教学。

师：现在，让我们在刚才读"熟"的基础上来做一点读"透"的努力，请每一位同学都来细细咀嚼诗句，品味其中的妙处，谈谈自己的领悟。

（约三五分钟）

生1：我喜欢"天生我材必有用，千金散尽还复来"一句。因为这体现了诗人的豪气、自信，值得我们学习。

师：有没有什么词特别能体现这种"豪气"、"自信"的味道？

生1："必"、"还"。"必"是"一定"的意思，"还"是"仍旧"的意思，这两个词显得诗人很有自信，很有豪气。

师：我也有同感。我想在座的各位都会喜欢这句诗的。其实也许在我们学习这首诗之前，我们早已会用这一句诗了（许多同学表示认同），我就记得自己读中学那会，大家写同学录的时候，特别是男同学，是很喜欢写这一句的。现在我想问问大家，你们两年前初中毕业在写同学录时，有这样写的吗？（有七八位同学举手）看来还真不少，可见大家也有着李白的胸怀（生笑），不过，我想到一个问题：同样是"天生我材必有用，千金散尽还复来"一语，我们与李白真的一样吗？

生2：好像不一样。

师：是"好像"吗？立场要明确。

生2：不一样。因为我们不如李白有才华。他说"必有用"、"还复来"是有他的天才作基础的，而我们是普通人，只是说说而已。

师：我想你的意思是说，我们凡人只是借用一下长长志气、显显威风的，比起李白缺了点底气和资本。不知道其他同学是不是这样想的。

生3：我认为他说得不对，不能拿才华的高下来决定有没有充分的自信、豪气，每个人都是独一无二的，都有自己的价值，应该充满自信。李白诗写得比我们好，但是讲考试恐怕就不如我们吧？我认为我们说"天生我材必有用"时与李白的不同是，我们是在校园里，还没有去社会闯荡过，对未来充满了快乐的憧憬，自信心爆棚，而李白却已经闯荡过了，但没有成功。

师：你是说我们还很单纯，而李白经历过了人间沧桑。你从哪里看出来的呢？

生3：课文注释①中说，写这首诗时，"距诗人被唐玄宗'赐金放还'已达八年之久"，应该是处于很失意的状态中。

师：看得仔细，有道理。那么这个"必"、"还"有什么特别的意味吗？

生3：有感受着自己的怀才不遇的失落，但又对自己开创事业有着强烈的愿望、信心。

师：也正是这位受伤的天才对自己的一种勉励。这一句我觉得已经"嚼出味"来了，不妨再谈谈其他诗句。

生4：我喜欢"古来圣贤皆寂寞，惟有饮者留其名"一句。因为这里李白自比为圣贤，很可爱。

师：我觉得你用"可爱"这个词也很可爱（生笑）。我们想知道你怎么会用"可爱"这个词。

生4：因为上面他说"天生我材必有用，千金散尽还复来"，很自信，就像老师您刚才说的一样，在勉励自己。而这里，他把自己跟"古来圣贤"摆在一起，说他们向来都是寂寞的，自己寂寞是正常的。这好像就有一种"自我安慰"的味道了。上面自我勉励，这里变成了自我安慰，说明他情绪不稳定（生笑），有小孩子脾气，所以我觉得很可爱。

师：倒的确可爱，我们可以称他为"性情中人"。除了这"可爱"，有同学品出其他味道吗？

生5：悲凉。因为既然是圣贤，就该得到施展才华的舞台，但却"寂寞"、受冷落，这是很不正常的。李白在想到古来圣贤，又想到自己时，肯定会有一种悲凉感。

师：的确是咀嚼过了。所幸我们所处的时代，判断人才可不是那么单一了，我们可以在各行各业施展才华，不必领受悲凉了。

生6：无奈。"惟有饮者留其名"，像李白他们这些有才华的人无法施展才华，只好借酒消愁，心中是充满无奈的。

生7：愤恨。因为李白他们英雄无用武之地，是社会造成的。

师：能不能把"社会"具体化一点？

生7：是统治者造成的。

师：你是说诗里包含着对统治者的愤恨。不过这跟我们平常所感受的那种火山爆发式的"愤恨"好像有点不一样……你能指点一下吗？

生7：……他的愤恨是压抑着的。

师：为什么要压抑？

生7：反正爆发出来也没有用，弄不好还给自己带来麻烦，而且，闷在心里的愤恨，比爆发出来的愤恨更愤恨。

师：有点绕口。（问其他同学）不知道他讲得有没有道理？（生赞同）好，现在我们回顾一下几位同学对这一句诗的品味。我们细想一下，实际上诗人的感受是有层次的，最深层是"愤恨"，上一层是"悲凉"、"无奈"，再上一层是"自我安慰"。也就是说，我们几位同学是把不同层次上的作者情绪给品味出来了。如果我们要确定一种主导情绪，大家认为是哪一种？

生（众）：愤恨。

师：其实这种对不公正的世道的愤恨，作者的另一句诗也很干脆地表达出来了，是哪一句？请做一点具体的品味。

生8："钟鼓馔玉不足贵，但愿长醉不复醒"。他根本就不屑于过富贵豪华的生活，与其如此，还不如长醉不醒，表明他与这个世道是对立的，对它是愤恨的。

师：你谈到这一句话，倒使我想起《梦游天姥吟留别》里的一个相似的句子，大家能背出来吗？

生（齐背）：安能摧眉折腰事权贵，使我不得开心颜。

师：正是这一句。我想请大家再仔细品一品，刚才这位同学读出的一句与大家背出的一句，在表达诗人的情感上有什么异同？

生9：这两个句子都表达了诗人对权贵、荣华富贵的蔑视。

生10："安能摧眉折腰事权贵，使我不得开心颜"好像让我们看到了一个傲气十足的诗人的形象，而"钟鼓馔玉不足贵，但愿长醉不复醒"在有傲气的同时，又显得有点消极。

师：唉，看来如果世道不公，再大的天才也只能是暗自神伤了。不过，无论怎样，诗人李白都坚持一条：绝对不与权贵妥协。这是很可贵的。我们继续品味其他诗句。

2. 在中小学的教材中选择一课时的教学内容，进行说课设计。

3. 选择某教师的一堂课，以课堂实录的方式叙写听课记录，并撰写听课后记。

主要参考文献

1. 高艳. 现代教学基本技能〔M〕. 青岛：青岛海洋大学出版社，2000.

2. （美）Stephen L. Yelon，单文经等译. 教学原理〔M〕. 上海：华东师范大学出版社，2003.

3. 傅建明. 教育原理与教学技术〔M〕. 广州：广东教育出版社，2005.

4. 施良方，崔允漷主编. 教学理论：课堂教学的原理、策略与研究〔M〕. 上海：华东师范大学出版社，1999.

5. 余文森. 课堂教学〔M〕. 上海：华东师范大学出版社，2006.

6. （日）佐藤正夫著，钟启泉译. 教学原理〔M〕. 北京：教育科学出版社，2001.

7. 吴立岗，夏惠贤主编. 现代教学论基础〔M〕. 南宁：广西教育出版社，2001.

8. 伊恩·麦凯. 倾听技能〔M〕. 上海：上海人民出版社，2006.

9. 孙立仁主编. 微格教学理论与实践研究〔M〕. 北京：科学出版社，1997.

10. 安静娴，钱舍编著. 微格教学与微格教研〔M〕. 上海：华东师范大学出版社，2000.

11. 陈琪. 教育心理学〔M〕. 北京：北京师范大学出版社，1997.

12. 达尼洛夫，叶希波夫编著. 教学论〔M〕. 北京：人民教育出版社，1961.

13. 谭德姿. 教学语言艺术〔M〕. 杭州：浙江大学出版社，1991.

14. 全国小学语文特级教师教学艺术集萃〔M〕. 济南：山东教育出版社，1992.

15. 全国特级教师经验选〔M〕. 北京：人民教育出版社，1981.

16. 雷玲主编. 好课是这样炼成的（语文卷）〔M〕. 上海：华东师范大学出版社，2006.

17. 龙启连. 激励：教育的艺术〔M〕. 南昌：江西人民出版社，2002.

18. 史根东，傅道春. 教师创新行为案例与评议〔M〕. 北京：中国科学技术出版社，2000.

19. 沈思义，秦世才. 当代教学方法（上）〔M〕. 中国物资出版社，1989.

20. 默耕主编. 教学方法荟萃〔M〕. 福州：福建教育出版社，1993.

21. 杨九俊. 新课程说课、听课与评课〔M〕. 北京：教育科学出版社，2004.

22. 徐世贵. 怎样听课、评课〔M〕. 沈阳：辽宁民族出版社，2003.

23. （美）Julia G Thompson 著，赵丽，卢元娟译. 从教第一年——新教师职场攻略〔M〕. 北京：中国轻工业出版社，2007.

24. （美）Thomas L Good & Jere E Brophy 著，陶志琼，王凤，邓晓芳等译. 透视课堂〔M〕. 北京：中国轻工业出版社，2002.

25. 陈德华著. 成功教育理论与实践〔M〕. 上海：上海教育出版社，2002.

26. （美）Raymond Nakamura 著，王建平等译. 健康课堂管理——激发、交流和纪律〔M〕. 北京：中国轻工业出版社，2002.

27. （美）C. M. Charles 著，李庆，孙麒译. 建立课堂纪律〔M〕. 北京：中国轻工业出版社，2003.

28. （美）C. M. Charles & Gail W. Senter 著，吕良环等译. 小学课堂管理〔M〕. 北京：中国轻工业出版社，2003.

29. 郑金洲. 听课的技能与技巧〔J〕. 上海教育科研，2002（2）.

30. 江玲，邹霞. 微格教学与教学技能分类〔J〕. 四川师范学院学报（哲学社会科学版），1999（5）.

31. 田宝，王乐. 浅析"强化"及其在教学中的运用（一）〔J〕. 中小学教材教法（中学文科），2002（11）.

32. 方展画. 非智力因素的影响机制——非言语交流〔J〕. 教育研究，1998（4）.

33. 张国伟. 论课堂观察〔J〕. 教育探索，2005（1）.

34. 李政涛. 倾听着的教育——论教师对学生的倾听〔J〕. 教育理论与实践，2001（7）.

35. 田爱香. 课堂教学板书的四大功能〔J〕. 教学与管理（理论版），2004（4）.

36. 胡象岭，颜茜，李如密. 教学板书艺术原理与技巧探微〔J〕. 教育探索，2001（3）.

37. 彭小明. 教学板书设计再论〔J〕. 教育评论，2003（5）.

38. 孙昌达. 多媒体演示教学的理论与方法〔J〕. 中国远程教育，2002（7）.

后 记

　　课堂教学技能是每一位教师必备的职业技能之一，也是高等师范院校各专业学生必修的内容。《课堂教学技能》基于高等师范院校教师教育课程改革背景，结合我国基础教育改革与发展的要求，从教师职业技能训练的角度，对教师的课堂教学技能进行了理论和实践层面的梳理和探讨，以期有目的、有计划地训练高等师范院校学生的课堂教学技能，引导学生将教育理论知识和学科专业知识有效地转化为具体的课堂教学能力，帮助学生毕业后更快、更好地胜任教学工作。

　　本教材主要以专题的形式，围绕课堂教学的实施过程，分十章探讨了教师必须具备的课堂教学技能。其中，第一章由余文森撰写；第二章由闵钟撰写；第三章由刘冬岩撰写；第四章由闵钟撰写；第五章由谌启标撰写；第六章由谌启标撰写；第七章由苏莉撰写；第八章由王晞撰写；第九章由万作芳撰写；第十章由刘冬岩撰写。由王晞负责全书的修改、统稿和审定工作。

　　作为教师教育课程系列教材之一，本书的编写注重实践性，要求教师在精讲的基础上，重点指导学生进行针对性地实践，获得较稳定的教师职业技能。它可以作为师范生的教学用书，也可以作为中小学教师自我研修、培训的参考用书。在教材的编写过程中，我们参阅了同行大量的文献资料，在此表示深深的谢意。由于时间仓促，编写者水平所限，本书一定存在不足之处，敬请各位同行专家与读者批评指正。

王　晞

2007.10.6

图书在版编目（CIP）数据

课堂教学技能/王晞等编著. —福州：福建教育出版社，2008.3（2024.5重印）
教师教育课程系列教材
ISBN 978-7-5334-4928-5

Ⅰ.课… Ⅱ.王… Ⅲ.课堂教学－教学研究－师范大学－教材 Ⅳ.G424.21

中国版本图书馆CIP数据核字（2008）第022214号

教师教育课程系列教材
Ketang Jiaoxue Jineng
课堂教学技能
王　晞　等　编著

出版发行	福建教育出版社
	（福州市梦山路27号　邮编：350025　网址：www.fep.com.cn
	编辑部电话：0591-83726908
	发行部电话：0591-83721876　87115073　010-62024258）
出 版 人	江金辉
印　　刷	福建东南彩色印刷有限公司
	（福州市金山工业区　邮编：350002）
开　　本	890毫米×1240毫米　1/32
印　　张	10.125
字　　数	236千字
插　　页	2
版　　次	2008年3月第1版　2024年5月第18次印刷
书　　号	ISBN 978-7-5334-4928-5
定　　价	23.00元

如发现本书印装质量问题，请向本社出版科（电话：0591-83726019）调换。